EAT BETTER NOT LESS
Around the World

Für Mama, Papa und Fabia

die drei wertvollsten Menschen in meinem Leben,
denen ich alles zu verdanken habe.

Nadia Damaso

EAT BETTER NOT LESS
Around the World

Rezepte inspiriert von Aromen, Farben und Gewürzen aus aller Welt

atVERLAG

Ein Reisekochbuch mit Spotify-Playlist zu jedem Land.
Erlebe das Buch mit allen Sinnen auf einzigartige Art und Weise!
(Mehr dazu Seite 23)

Hinweise zu den Rezepten

GF = glutenfrei
LF = laktosefrei
V = vegetarisch
VGN = vegan
RZF = frei von raffiniertem Zucker

AT Verlag, Aarau
Lektorat: Monika Schmidhofer
Rezeptfotos: Nadia Damaso
Reisefotos: Nadia Damaso, Gian Giovanoli, Samira Meier, Tanja Wüthrich
Cover: Carmen Imhasly und Samira Meier
Rezepte und Foodstyling: Nadia Damaso
Grafische Gestaltung: Nadia Damaso und Heidy Schuppisser
Druck und Bindearbeiten: Druckerei Uhl, Radolfzell

ISBN 978-3-03800-972-6

www.at-verlag.ch

Der AT Verlag, AZ Fachverlage AG, wird vom Bundesamt für Kultur
mit einem Strukturbeitrag für die Jahre 2016–2020 unterstützt.

INHALT

Vorwort und Einleitung

Eat Better Not Less – Ein Lifestyle 7
Einmal um die halbe Welt 8
Küchenmaschinen und Kochutensilien 10
Kleine Tipps und Tricks – große Unterschiede 12
Mein Küchenschrank 14
Oft verwendete Zutaten näher beschrieben 16
Willkommen im Knusperland der Nüsse 20
Mit allen Sinnen auf die Reise 23

Länder und Rezepte

Brasilien 25
Peru 46
Guatemala 70
Puerto Rico 93
Indien 115
Israel 148
Marokko 170
Japan 199
Vietnam 225
Kambodscha 248
Thailand 272
Schweiz 297

Anhang

Danksagung 310
Rezeptübersicht 312
Register 316

EAT BETTER NOT LESS

Ein Lifestyle, nicht nur eine Art, sich zu ernähren.

Vor ziemlich genau zwei Jahren ist mein erstes Kochbuch »Eat Better Not Less« erschienen. Es fühlt sich einerseits so an, als wäre es gerade erst gestern gewesen, andererseits so, als hätte ich in der Zeit im Turbotempo zehn Weltreisen gemacht. Und dies ohne weitere Absicht, allein mit der Motivation, den Menschen Freude zu bereiten, und das zu vermitteln, was mir selbst Freude bereitet. In dieser kurzen Zeit hat sich vieles entwickelt; ich durfte mein Hobby zu meinem Beruf machen und so meine Leidenschaften – Kochen, Kreativsein, Fotografieren, Reisen und die Freude an gutem, gesundem Essen – mit immer mehr Menschen teilen. Ohne jeden einzelnen von euch wäre das alles nicht möglich gewesen, darum vorab schon mal ein riesiges Dankeschön rund um die Welt!

»Eat Better Not Less« ist nicht nur eine Art, sich zu ernähren, es ist ein Lifestyle. Ein Lifestyle, der Spaß machen soll, durch den man vor Energie nur so sprudelt, den man mit Freunden teilen kann, bei dem man den Gaumen täglich mit neuen Geschmacksnoten, Aromen und Kombinationen überraschen und begeistern kann. Meine Rezepte haben nichts mit Verzicht zu tun, ganz im Gegenteil! Mit Zutaten, die den Körper mit mehr Nährstoffen und Energie versorgen, durch die man sich besser fühlt und im Alltag besser funktionieren kann, bieten sie alles, was man braucht. Es geht um ein Gesundheitsbewusstsein im Alltag, um die Wertschätzung guter Produkte, darum, Bewegung ins tägliche Leben zu bringen und so physisch wie auch mental im Gleichgewicht zu sein. Es geht nicht darum, so aussehen zu wollen wie jemand anders, sondern sich in seinem eigenen Körper so wohlzufühlen, dass man sein bestes Ich erstrahlen lassen und damit hoffentlich auch andere Menschen anstecken kann. Wenn man sich wohlfühlt und sich selbst so akzeptiert, wie man ist, lernt man gutes Essen noch mehr zu genießen. Und nicht zuletzt lernt man dabei auch, dass Essen die Menschen auf der ganzen Welt miteinander verbindet. Mit der Idee von »Eat Better Not Less« möchte ich die Freude und den Genuss, die es mir tagtäglich bereitet, weitergeben, in der Hoffnung dass ihr genau dasselbe erfahren, leben und genießen könnt.

Kochen und Essen hat für mich viel mit Emotionen zu tun. Emotionen, die immer auch mit Geschichten, Erlebnissen oder Erinnerungen verbunden sind. Sie lösen etwas Positives in mir aus und lassen mich gedanklich in andere Welten abtauchen. Auf der Suche nach neuen Inspirationen und um kulinarisch neue Welten zu entdecken, mich weiterzuentwickeln und dazuzulernen, war mir schnell klar: Mein zweites Buch soll ein Reisekochbuch werden. Ein Buch, mit dem man etwas erleben kann, das einen mit allen Sinnen einmal rund um die ganze Welt mitnimmt und dabei neue Gerichte entdecken und auf raffinierte neue Art – nach dem Motto »Eat Better Not Less« – zubereiten lässt, um sie mit Freunden, Familie oder ganz für sich allein zu genießen. Ich lade euch ein, eure Geschmacksnerven zu spitzen und mit mir in neue Welten einzutauchen, euch von den Aromen, Farben und Gewürzen inspirieren und an die verschiedensten atemberaubenden Orte auf dieser Welt versetzen zu lassen. Lasst euch dazu inspirieren, selbst kreativ, ein Künstler, eine Künstlerin in der Küche zu werden. Es braucht nur etwas Mut, sich an Neues zu wagen, einfach mal auszuprobieren, neue Aromen zu kombinieren und sich auf unglaublich leckere Geschmacksexplosionen gefasst zu machen.

Mit reichlich Hunger und Neugier im Gepäck kann die Reise quer durch neue Geschmacks-, Gewürz- und Farbwelten losgehen. Ich wünsche euch viel Spaß, eine erlebnisreiche Reise und vor allem guten Appetit!

Nadia

EINMAL UM DIE HALBE WELT

Zur Hauptspeise bitte!

Wohin die Reise ging und was ich davon mitgenommen habe.

Brasilien, Peru, Guatemala, Puerto Rico, Indien, Israel, Marokko, Japan, Vietnam, Kambodscha, Thailand und zurück in die Schweiz. Zwölf Länder innerhalb von dreimal drei Wochen! Es war eine intensive Reise, doch sie war unbezahlbar reich an Eindrücken, Erlebnissen, Inspirationen und ganz viel atemberaubend leckerem Essen. Natürlich kann man in dieser kurzen Zeit nicht in allen Einzelheiten auf ein Land und seine Kulinarik eingehen und alles darüber erfahren; doch darum ging es auch nicht. Es ging vielmehr darum, gewisse Momente einzufangen, es ging um Begegnungen mit Menschen vor Ort, um Einblicke und Eindrücke, die mir heute noch im Kopf und in der Seele schweben und meine Augen zum Leuchten bringen. Um Geschmacksnoten, die ich jetzt noch auf dem Gaumen spüre, um Gerüche, die mir beim Durchblättern des Buches sofort wieder in die Nase steigen. All diese Impressionen von dem, was ich erlebt, gesehen, gekostet und gegessen habe, wollte ich in ein Buch packen. Die Rezepte, Bilder und Geschichten sollen die Stimmungen und Emotionen des jeweiligen Landes in eurer Küche aufleben lassen, sodass man einfach mal abtauchen kann in die vielfältige Welt der Geschmäcke, Farben und Aromen rund um die Welt.

Wovon die Rezepte inspiriert sind und was mir wichtig war.

Die Rezepte sind inspiriert von dem, was mir am besten geschmeckt hat, von den Gerüchen, die ich irgendwo in einer Gasse einer Stadt in Indien, am Meer in Vietnam oder in den Bergen Perus wahrgenommen habe. Von den Farben der Natur, ihren Strukturen, Formen und Konsistenzen, von Produkten und Zutaten, die ich noch nie zuvor gesehen oder probiert habe. Alle Rezepte habe ich dann, zurück in der Schweiz, nach meinem Motto »Eat Better Not Less« kreiert, und zwar so, dass sie immer noch den typischen Geschmack und die Aromen des jeweiligen Landes vermitteln, doch dies auf neue, raffinierte Art und Weise. Einige Rezepte beanspruchen mehr Zeit, andere sind im Nu gemacht. Dabei war mir immer wichtig, dass man sie einfach und ohne großen Aufwand mit hier erhältlichen Zutaten nachkochen kann. Natürlich kommen auch etwas weniger gebräuchliche Zutaten vor, die in gewissen Gerichten fast unverzichtbar oder unersetzbar sind, um das gewisse Etwas und die Aromen der jeweiligen Länderküche zu vermitteln. Doch dann steht immer geschrieben, wo man sie finden kann oder was eine Alternative dazu wäre.

Allein, zu zweit oder am allerbesten mit Familie und Freunden an einem Tisch.

Neben einigen Frühstücksrezepten, die für eine oder zwei Portionen rezeptiert sind, gibt es in diesem Buch viel mehr salzige Gerichte und Hauptspeisen und zahlreiche Rezepte für vier bis sechs Personen. Denn auf meiner Reise habe ich, ganz egal in welchem Land, immer wieder erlebt, dass es nichts Schöneres gibt, als mit anderen Menschen am Tisch zu sitzen, gemeinsam zu essen und zu teilen. Beim Essen tauscht man sich aus, es werden Geschichten erzählt, Erinnerungen geweckt und Gemeinsamkeiten entdeckt. Daher mein Wunsch und mein Rat: Kocht und esst gemeinsam, sei es mit Freunden, Bekannten oder Verwandten – umgeben von seinen Liebsten und in guter Stimmung genießt man jeden Bissen doppelt.

Das Geheimrezept für jedes Rezept und was man auf Reisen lernt.

Ich bin keine ausgebildete Köchin, doch ich habe die Erfahrung gemacht, dass man die wichtigen Fertigkeiten und typischen Handgriffe, wie man was in welchem Land zubereitet, am besten aus erster Hand lernt – dort, wo es herkommt und seinen Ursprung hat. Sei es in einem Dorf in Guatemala, wo die Frauen in einer kleinen Seitengasse seit Jahrzehnten frische Tortillas zubereiten, in Indien in der Küche einer Großmutter, die frisches Naanbrot bäckt, so wie sie es ihr ganzes Leben lang getan hat. In Japan in einem versteckten Restaurant in der Großstadt Tokyo, wo man über die kunstfertige Zubereitung von Sushi ins Staunen gerät, oder in Marokko beim Volk der Berber in der Sahara, die nur mit den Händen einen luftig leichten Couscous zubereiten. Es war mir auf meiner Reise besonders wichtig, den Menschen beim Kochen zuzuschauen, mit ihnen zusammen zu kochen und Fragen stellen zu können. Nicht nur über das Kochen selbst, sondern ebenso über ihre Geschichte, die Hintergründe des Landes und der Kulinarik. Die Erlebnisse der Menschen, ihre Wurzeln und Prägungen schwingen als eine weitere »Geschmacksnote« im Essen mit. So habe ich viel gelernt, um dann in meinem eigenen Stil möglichst authentische Rezepte zu schaffen. Dabei ist die Kreativität beim Kochen unendlich. Vielleicht regen euch meine Rezepte wiederum zu eigenen neuen Ideen und Kombinationen an, die genauso lecker oder noch besser sind. Das Geheimrezept, das jedes Gericht zu etwas Besonderem macht, ist nicht irgendein Goldstaub aus der Sahara, sondern Herzblut und Leidenschaft in jeden Kochschritt. Das macht jedes Gericht zu etwas Eigenem, etwas Persönlichem. Wie man mit den Zutaten umgeht, wie man etwas anbrät oder im Topf rührt, wie man die Aromen einsetzt und verbindet, wie man das Essen auf den Teller bringt und anrichtet. Beim Kochen kann man das ausdrücken, was man denkt und fühlt. Es ist für mich die schönste aller Künste. Essbare Kunst – die Belohnung darf schließlich nicht fehlen!

Was ist mit Vegetarisch, Vegan, Glutenfrei?

Wer um die Welt reist, wird sich bewusst, was für ein Privileg es ist, überhaupt wählen zu können, was man essen möchte und was nicht. Ich bin der festen Überzeugung, dass es, in einem gesunden Maß und mit Verstand umgesetzt, kein Richtig oder Falsch gibt. An manchen Orten ist es sinnvoll, auf gewisse Produkte zu verzichten, an anderen weniger. An der Küste, wie zum Beispiel in Lima, Peru, ist es üblich und naheliegend, Fisch zu essen. Fisch, durch dessen Verkauf zahlreiche Menschen eine Arbeit haben und sich ihren Lebensunterhalt sichern können. In Kambodscha ist Fleisch oft billiger als Früchte, wobei sich viele Menschen selbst oft nur Rattenfleisch leisten können. Vegan ist da ein absolutes Fremdwort. In gewissen Teilen Südindiens wiederum sind die meisten Gerichte aufgrund des Glaubens und der Kultur vegetarisch, wenn nicht sogar vegan. Jede Kultur hat also andere Wertvorstellungen, hinter denen oft mehr steht als nur die eigenen Bedürfnisse und persönliche Entscheidungen. Wenn man die freie Entscheidung hat, was man essen möchte und was nicht, geht es letztendlich darum, sich gut zu fühlen bei dem, was man seinem Körper gibt, und sich bewusst zu sein, woher das Essen kommt.

Bei meinen Rezepten kommt niemand zu kurz, egal ob Vegetarier, Veganer, gluten- oder laktoseintolerant oder eben Allesesser. Ich persönlich esse seit einiger Zeit kein Fleisch mehr, und so sind mit Ausnahme einiger Fischrezepte alle Rezepte in diesem Buch vegetarisch; fast alle können mit den am Ende des Rezepts angegebenen Alternativen auch vegan zubereitet werden. Bei jedem Rezept ist zudem angegeben, ob es glutenfrei, frei von raffiniertem Zucker (was überall der Fall ist) und/oder laktosefrei ist bzw. mit welchem Ersatz es dazu wird.

Wenn man eine Zutat nicht zur Hand hat, lässt man am besten seiner Kreativität freien Lauf und kombiniert eine andere Zutat, ein anderes Gemüse oder Getreide dazu, das einem gut schmeckt. Mit der Zeit und mit zunehmender Erfahrung merkt man schnell, was zusammenpassen könnte und was nicht. Es muss nicht immer auf Anhieb klappen, doch Übung macht bekanntlich den Meister.

Die Verwendung von qualitativ guten und wenn möglich lokalen Produkten, zum Beispiel frisch vom Wochenmarkt, ist besser für die Umwelt und immer zu bevorzugen. Auch das ist Teil des guten Gefühls in Bezug auf sich selbst, seinen Körper und seine Umwelt.

KÜCHENMASCHINEN UND KOCHUTENSILIEN

Was in meiner Küche nicht fehlen darf und das Kochen vereinfacht.

Ich werde oft gefragt, was für Küchenmaschinen, vor allem was für einen Mixer, ich verwende und was in der Küche nicht fehlen sollte, um meine Rezepte möglichst einfach nachzukochen. Hier ein Überblick meiner Lieblingsmaschinen und -utensilien und wie ich sie in meiner Küche verwende.

Standmixer

Für Smoothies, Bananeneis, Nussmus, Shakes, Cremes, Pürees, Suppen usw.

Das A und O für ein cremiges, glattes und geschmeidiges Ergebnis ist ein leistungsstarker Standmixer. So leistungsstark, dass er auch Nüsse zu Nussmus, Eiswürfel und gefrorene Zutaten, Gemüse und Früchte ganz fein und glatt mixt. Ich habe schon unzählige Mixer ausprobiert, meinen Novis ProBlender 880L würde ich um nichts auf der Welt mehr hergeben. Er erfüllt alle oben genannten Anforderungen und sieht zudem gut aus. Er kostet zwar etwas mehr als andere, hält dafür aber Jahrzehnte. Er hat drei verschieden große Aufsätze, die man nach Belieben und je nach der zu verarbeitenden Menge von Pürees, Cremes oder Smoothies einsetzen kann.

Küchenmaschinen

Für größere Mengen sowie gröbere, festere Massen, Eis, Bananeneis, Nussmus, grobes bis feines Hacken, Raspeln, Schlagen und Kneten

Eine Küchenmaschine (auch Food Processor genannt) ist sehr praktisch, da sie im Gegensatz zum kleinen Blitzhacker (Cutter) viel leistungsstärker ist und außer Mixen mit den dazugehörigen Aufsätzen auch kneten und schlagen, in feine Scheiben schneiden und raspeln kann. Ein wahrer Alleskönner also, den ich für größere Mengen bevorzuge. Wieso manchmal die Küchenmaschine und manchmal der Mixer? Beim Mixer werden die Zutaten – wie es der Name sagt – schnell gleichmäßig glatt gemixt. In der Küchenmaschine bzw. dem Blitzhacker (Cutter) hat man eine viel bessere Kontrolle darüber, wie grob oder fein die Zutaten gehackt, geschnitten oder zerkleinert werden. (Ich verwende den KitchenAid Food Processor.)

Blitzhacker (Cutter)

Für Chutneys und um kleinere Mengen Nüsse, Kräuter usw schnell klein zu hacken

Ein Blitzhacker oder Cutter eignet sich perfekt, um kleinere Mengen an Nüssen, Kräutern, Zutaten für Chutneys oder Ähnliches zu zerkleinern. Bei kleinen Mengen werden die Zutaten im großen Gefäß der Küchenmaschine schnell an den Rand geschlagen, was im kleineren und handlicheren Blitzhacker nicht passiert. Alternativ dazu kann man die Zutaten natürlich auch mit einem guten Messer auf einem Schneidebrett von Hand fein hacken, was allerdings wiederum mehr Zeit erfordert. Ein Blitzhacker ist zwar kein Muss, aufgrund der Zeiterparnis aber sehr empfehlenswert. (Ich verwende den Novis ProBlender mit dem 0,6-Liter-Behälter oder den Kitchen Aid Zerhacker.)

Esslöffel, Teelöffel, Bund

Die Mengenangaben in den Rezepten sind oft in Esslöffeln oder Teelöffeln angegeben. Da diese unterschiedlich groß sein können, sollte für ein Rezept immer derselbe Löffel verwendet werden. Bei trockenen Zutaten sind immer leicht gehäufte Löffel gemeint, bei flüssigen Zutaten der bis zum Rand gefüllte Löffel. Grundsätzlich spielt es bei Zutaten, die in Esslöffeln bzw. Teelöffeln angegeben sind, jedoch keine Rolle, ob es ein paar Gramm mehr oder weniger sind. Mit etwas Kocherfahrung merkt man schnell, ob es zum Beispiel noch etwas mehr oder weniger Flüssigkeit braucht.

1 EL = ca. 15 ml (ca. 3 TL)
1 TL = ca. 5 ml
1 Bund Kräuter = 20 g

Gute Messer

Das A und O für gleichmäßige Stücke und Scheiben, was vor allem beim Anrichten zur Geltung kommt.

Schneidebrett

Wichtig, damit die guten Messer nicht kaputt gehen. Am besten ein Brett für Gemüse/Früchte und eines für Fisch/Tofu usw.

Verschieden große Schüsseln und Schalen

Um verschiedene Massen gleichzeitig zuzubereiten, zu mischen usw.

Weite, tiefe Töpfe

Für Suppen, Gerichte mit viel Flüssigkeit, zum Aufkochen von Wasser usw.

Kleine Saucenpfanne

Für kleinere Mengen, warme Frühstücksgerichte, Saucen usw.

Kleine und große, etwas tiefere Bratpfanne

Beschichtete Pfannen, um die Ölmenge reduzieren zu können. Zum Anbraten und Rösten, Größe je nach Menge der Zutaten.

Holzlöffel, -schaber

Damit die Pfannen beim Anbraten nicht verkratzt werden.

Große und kleine Gabeln

Um zum Beispiel Bananen zu zerdrücken, eine Mischung aufzulockern, Saucen und Cremes schnell und gründlich zu vermischen.

Gummischaber

Um Zutaten/Massen möglichst vollständig aus Topf, Schale usw. zu schaben.

Sparschäler

Um Gemüse zu schälen oder Gemüse/Früchte für Salate in feine, lange Streifen zu schneiden.

Julienne-Schneider

Zur Herstellung von feinen Streifen/Stängeln aus Gemüse, für Karotten- oder Zucchini-»Nudeln« (eine gute Alternative wäre hier auch ein Spiralschneider).

Weitere nützliche Utensilien

Waage
Messbecher (in ml und dl)
Siebe (klein und groß)
Reibe
Schnee-/Schwingbesen
Großer Schöpflöffel

KLEINE TIPPS UND TRICKS – GROSSE UNTERSCHIEDE

IN DER KÜCHE …

Immer aus vollem Korn und mit Schale

In meinen Rezepten verwende ich weder Weißmehl (Weizenmehl Type 405) noch weißen, raffinierten Zucker. Wo immer möglich verwende ich die Vollkornvariante. Wieso? In Vollkornprodukten ist der Keimling (sorgt für gute Sättigung) wie auch die Schale (enthält vor allem die Ballaststoffe) komplett erhalten und damit auch jede Menge Nährstoffe. Auch bei vielen Früchten und Gemüse, zum Beispiel bei Apfel oder Gurke, sind in der Schale oder unmittelbar darunter die meisten Nährstoffe und Vitamine enthalten.

»Flax Egg«, Ei-Ersatz aus Leinsamen

Wer auf Eier verzichten will oder muss, kann Ei in praktisch jedem Rezept durch sogenanntes »Flax Egg«, einen Ei-Ersatz auf Leinsamenbasis ersetzen. Die meisten Rezepte in diesem Buch enthalten diesen Ersatz bereits. Für 1 Ei nimmt man 1 Esslöffel geschrotete Leinsamen, vermischt sie gut mit 2 ½ Esslöffel Wasser und lässt sie 10–15 Minuten stehen, bis die Masse dicklich und gelatineartig gebunden ist; in dieser Form als Ei-Ersatz verwenden.

Getreide vorkochen

Um zeitsparend und trotzdem jeden Tag frisch zu kochen, empfiehlt es sich, eine größere Menge eines bestimmten Getreides wie Quinoa, Vollkornreis, Linsen usw. vorzukochen und fest verschlossen im Kühlschrank aufzubewahren. Daraus lassen sich dann verschiedenste Gerichte kreieren, die gut sättigen und Energie liefern, ohne dass das Getreide jedes Mal neu gekocht werden muss. Als Beispiel: Quinoa als Risotto, Quinoa mit Gemüse, Quinoa als Porridge zum Frühstück, Quinoa-Granola oder Quinoa zu einem Curry.

Frische Kräuter und Salate

Um Kräuter und Salate im Kühlschrank länger frisch und haltbar zu machen, diese in eine Schale geben, mit einem angefeuchteten Küchenpapier abdecken und in den Kühlschrank stellen. So behalten Kräuter, Salate und Gemüse Frische und Biss.

Früchte reifen lassen und kühlen

Was gibt es Erfrischenderes, als in einen kalten, knackigen Apfel zu beißen? Oder ein eiskaltes Stück Wassermelone zu genießen? Ich lasse praktisch alle Früchte zuerst bei Raumtemperatur reifen, gebe sie dann in den Kühlschrank und verwende oder genieße sie kalt und knackig direkt aus dem Kühlschrank. Ausnahme: reife Bananen. Sie werden im Kühlschrank schnell braun, weich und pampig.

Reife Bananen einfrieren

Reife bis überreife Bananen sollte man nie wegwerfen! Wenn die Schale voller brauner Punkte ist, ist der richtige Moment, um sie zu schälen, in Scheiben zu schneiden, portionsweise in kleine Beutel (am besten jeweils 2–3 Stück) zu geben und einzufrieren, mindestens 4 Stunden oder am besten über Nacht. Aus gefrorenen Bananscheiben lässt sich innerhalb von nur 10 Minuten ein Bananeneis (Seite 90) zubereiten. Unter Shakes und Smoothies gemixt, geben sie diesen eine dickflüssigere Konsistenz und zugleich eine erfrischende Note. Bananen liefern viel Energie, sind perfekt nach dem Sport oder um den Hunger zwischendurch zu stillen. Und in reifem Zustand sind sie nicht nur viel süßer, sondern auch leichter verdaulich und die Nährstoffe vom Körper besser aufzunehmen.

Crunches und Granolas einfrieren

Meine Rezepte enthalten oft einen Nuss-Crunch als knusprige Beigabe. Dabei lässt sich der Crunch des einen Rezepts auch gut zu einem anderen Gericht kombinieren. Crunches, genauso wie meine selbst gemachten Granolas und Müeslis, friere ich immer ein. So sind sie länger haltbar, viel knuspriger (Nüsse, Samen und Kerne frieren dabei nicht ganz durch) und wirken, zum Beispiel mit Milch und frischen Früchten zum Frühstück oder über Smoothie-Bowls gestreut, unglaublich erfrischend. Eine Handvoll davon stillt auch süße Gelüste zwischendurch und liefert gleichzeitig gute Fette.

... UND IM ALLTAG

Bewegung und Sport

Körperliche Bewegung, auch wenn es nur 20 bis 30 Minuten pro Tag sind, tut gut. Sie lüftet den Kopf durch, lässt einen klarer denken und effizienter arbeiten; man fühlt sich allgemein besser und entwickelt automatisch, auch was das Essen anbelangt, ein gesteigertes Gesundheitsbewusstsein. Dazu kommt, dass die Natur eine der größten Inspirationsquellen und ein Ort ist, an dem man zur Ruhe kommen und seine Gedanken ordnen kann, um dann einen ganzen Tag lang möglichst produktiv zu funktionieren. Ich mache jeweils beim morgendlichen Joggen meine Wochenplanung, mache davon einen »Screenshot« und habe so immer den Überblick vor meinem geistigen Auge. Unbedingt ausprobieren, sehr hilfreich!

Keine Zeit? Keine Ausrede!

Vermeintlich keine Zeit zu haben, hat immer mit der Frage zu tun, was einem etwas wert ist. Wenn man motiviert ist, etwas zu tun, nimmt man sich auch die Zeit dafür. Jeder kann zehn Minuten früher aufstehen oder eben zehn Minuten früher ins Bett geben oder zwanzig Minuten mal nicht aufs Handy schauen. Es ist alles eine Frage der Einstellung, braucht manchmal zwar etwas Überwindung, zahlt sich aber, sobald man sich daran gewöhnt hat, aus.

Erstes Getränk am Morgen und genügend Schlaf

Man hört es so oft und vergisst es dennoch allzu oft: Genügend Wasser zu trinken, bringt unzählige Vorteile. Wem es schwer fällt, 2 bis 3 Liter pro Tag zu trinken, sollte es sich zur Gewohnheit machen, gleich nach dem Aufstehen ein großes Glas Wasser zu trinken (bei mir sind es 800 ml). Das mache ich seit Jahren so, gebe noch etwas frischen Zitronensaft dazu und kann nur sagen: Es wirkt Wunder! Es regt die Verdauung an, man fühlt sich sofort wach, innerlich gereinigt und bereit für den Tag. Und hat damit zudem schon fast ein Drittel des Wasser-Tagesbedarfs abgedeckt.

Wer ausreichend schläft (optimal sind 6 bis 8 Stunden), hat den Tag über mehr Energie, die Verdauung ist besser, Haut und Haare sind ebenfalls dankbar, und die Stimmung ist ausgeglichener.

Körpergefühl und Freude an der Sache

Der Körper kennt unsere Bedürfnisse und weiß genau, was er wann und in welcher Form braucht und was nicht. Es ist nicht immer einfach und braucht eine Weile, bis man lernt, auf seinen eigenen Körper zu hören. Doch wenn der Hunger nach etwas Bestimmtem verlangt, sollte man dem Gefühl folgen. Je ausgewogener man sich ernährt, desto weniger Heißhungerattacken hat man. Die Hauptsache ist, nicht über den Hunger zu essen, aber auch nicht weniger. Und wenn der Körper müde ist, sollte man sich Erholung gönnen.

Balance und Maßhalten

5 Kilogramm Brokkoli und 5 Stunden Sport pro Tag sind nicht empfehlenswert. Für ein gutes Körpergefühl ist die Balance, sei es im Alltag, bei der Ernährung, beim Sport, in der Freizeit oder im Kopf, das A und O. Balance bedeutet auch ein gewisses Maßhalten und damit Ausgeglichenheit.

Ein gutes Umfeld und Genuss

Ein gutes Umfeld, das einen unterstützt, hat physisch wie psychisch einen großen Einfluss. Je wohler man sich in seinem Umfeld fühlt, desto weniger negative Gedanken hat man. Pizza, Pasta e Gelato? Das darf natürlich auch mal sein, am besten gemeinsam mit guten Freunden. Eine »ungesunde«, »schlechte« Mahlzeit macht einen nicht gleich dick, genauso wenig wie eine »gute Mahlzeit« einen blitzartig schlank macht. Man darf sich also zwischendurch ruhig etwas gönnen. Es tut dem Herzen und der Seele gut, und diese Mahlzeiten oder Snacks schmecken noch viel besser, wenn man sie zu einer besonderen Ausnahme macht. Wenn ich Lust auf Pizza habe, ist es nach meiner persönlichen Erfahrung noch viel befriedigender, eine Pizza selbst zu backen. Anstelle von Weißmehl nehme ich dann Vollkornmehl, und meist ist meine selbst gemachte Pizza dick belegt und vollgepackt mit allem, was ich liebe. Genuss pur! Nach einer Weile »Eat Better Not Less« ist mir die Lust an Fast Food fast vollständig vergangen, da der Körper an andere Zutaten gewöhnt ist und nach diesen verlangt. Doch wie gesagt, wenn der Körper mal nach etwas anderem verlangt, darf es das zwischendurch auch ohne schlechtes Gewissen sein. PS: Eat Better Not Less!

MEIN KÜCHENSCHRANK

Mit diesen Zutaten im Vorrat sind die Rezepte im Nu zubereitet.

Getreide, Pseudogetreide	Kartoffeln, Wurzeln, Hülsenfrüchte	Öl, Nüsse, Samen, Kerne	Pflanzenmilch und Joghurt
Haferflocken Buchweizen, Körner und Flocken Vollreis, Körner und Flocken Schwarzer Reis Gerste, Körner und Flocken Hirse, Körner und Flocken Quinoa, Körner und Flocken Amarant, Körner, Flocken, gepufft Vollkorncouscous	Süßkartoffeln, orange, weiß Kartoffeln Linsen, rot, gelb Kichererbsen, gekocht, im Glas Schwarze Bohnen, gekocht, im Glas Kidneybohnen, gekocht, im Glas Edamame, frisch oder gefroren Sojabohnen, geröstet	Kokosöl Olivenöl Sesamöl, geröstet Nüsse (ungesalzen, ungesüßt): Mandeln, Cashews, Pekannüsse, Haselnüsse, Walnüsse, Pistazien, Erdnüsse, Paranüsse, Kokosraspel, Kokoschips Samen: Sesamsamen, weiß und schwarz; Leinsamen, ganz und geschrotet; Hanfsamen	Pflanzliche Milch bzw. Joghurt, ungesüßt: Sojamilch, Sojajoghurt Mandelmilch Cashewmilch Haselnussmilch Hafermilch, Hafercreme Dinkelmilch Reismilch Kokosmilch, normal und light Kokosjoghurt, Kokoswasser
Mehlsorten	**Gewürze**	**Früchte, getrocknet und gefroren**	**Power-/Superfoods**
Vollkornweizenmehl Dinkelgrieß Vollkorndinkelmehl Buchweizenmehl Kichererbsenmehl Kokosmehl Sojamehl Erdmandelmehl Braunes Reismehl	Himalajasalz, Meersalz Schwarzer Pfeffer aus der Mühle Chiliflocken Zimt Vanille, Paste und Schoten Senfsamen, schwarz Kreuzkümmel, ganz, gemahlen Koriander, frisch gemahlen Ingwer, frisch gemahlen Kurkuma	Medjool-Datteln Frische Datteln Gojibeeren Aprikosen, ungesüßt Cranberrys, ungesüßt Himbeeren/Heidelbeeren, gefroren Açaipüree, gefroren, ungesüßt Bananen, reif, in Scheiben portionsweise gefroren	Macapulver Matchapulver Kakaonibs Rohes Kakaopulver Hanfproteinpulver Pflanzenproteinpulver
Basics	**Dressings**	**Süßmittel**	**Frisch und gekühlt**
Vollkorntoast Braune Reisnudeln Kichererbsennudeln, Sojanudeln Edamame-Nudeln Shirataki-Nudeln Zwiebeln und Knoblauch	Zitronen- und Limettensaft Tamari und Sojasauce, salzarm Weißer Balsamicoessig Reisessig Mirin Fischsauce Sriracha	Kokosblütenzucker und Kokosblütennektar Ahornsirup Blütenhonig (Akazienhonig, Waldhonig usw.) Vollreissirup Dattelsirup	Früchte Gemüse Kräuter Tofu, natur Tempeh Frischer Fisch

Tipp

Getreidesorten, Mehlsorten, Nüsse in fest verschließbaren Gläsern aufbewahren. So behält man nicht nur die Übersicht, sondern auch Ordnung. Und Ordnung in der Küche vereinfacht das Kochen und spart Zeit. Wer die Möglichkeit und einen Laden in der Nähe hat, wo man sich die Zutaten direkt in seine eigenen Gläser abfüllen lassen kann, umso besser! Das ist gut für die Umwelt und vermeidet unnötige (Plastik-)Verpackungen.

Um mit den Rezepten und dem Kochen gleich loszulegen, hier ein Überblick über die Zutaten, die ich (unabhängig von den besonderen länderspezifischen Zutaten) praktisch immer in meinem Küchenschrank vorrätig habe. Wenn man die meisten dieser Zutaten zuhause hat, sind die Rezepte schnell und einfach nachzukochen. Diese Liste kann auch hilfreich sein, um den eigenen Küchenschrank zu überprüfen und Zutaten wie raffinierten weißen Zucker, Weißmehl, Fertigprodukte und Konserven durch vollwertige, frische, nährstoffreiche und sättigende Grundprodukte wie die links stehenden zu ersetzen – für einen Neustart nach dem Motto »Eat Better Not Less«. Dann braucht es nur noch frische Früchte, Gemüse sowie Milch bzw. Pflanzenmilch, und schon kann man loslegen.

OFT VERWENDETE ZUTATEN NÄHER BESCHRIEBEN

... und zwei salzige Rezepte mit Suchtpotenzial, die ich immer auf Vorrat habe.

Kokos

Kokosmilch, Kokosöl, Kokoswasser, Kokosraspel, Kokoschips, Kokosfleisch – alles Kokos oder was? Nach meinen Reisen wurde mir bewusst, wie vielfältig Kokosprodukte auf der ganzen Welt verwendet werden. Kokosöl eignet sich perfekt zum Anbraten (auch bei hohen Temperaturen), für Desserts (Backen, rohe Kuchen usw.) und bringt eine leichte Kokosnote in jedes Gericht. Kokosmilch (normaler Fettgehalt) macht alles cremiger und ist eines meiner Lieblingsprodukte. Die etwas dünnflüssigere Light-Version mit einem geringeren Fettanteil für leichtere Gerichte ist in jedem größeren Supermarkt oder Bioladen erhältlich. Kokosraspel und Kokoschips verwende ich genauso gerne in süßen wie auch in salzigen Gerichten. Kokosprodukte sind, egal in welcher Form, eine wertvolle Fettquelle und schmecken dazu unglaublich gut.

Himalajasalz

Das im Salz enthaltene Natrium ist wichtig für unseren Körper, doch zu viel davon ist wie bei allem im Übermaß nicht gesund. Das normale handelsübliche Tafelsalz ist stark verarbeitet und hat dadurch wertvolle Nährstoffe eingebüßt, die im Himalajasalz noch vorhanden sind. Auch geschmacklich finde ich es besser. Egal ob für süße oder salzige Gerichte, etwas Salz bringt alle Geschmacksnoten stärker zur Geltung, und Himalajasalz verzaubert zusätzlich noch durch seine schöne rosa Farbe. In allen meinen Rezepten kann Meersalz, das geschmacklich ebenfalls sehr gut ist, als Ersatz für Himalajasalz verwendet werden.

Tahini

Das in vielen meiner Rezepte verwendete Tahini sind zu einem feinen, glatten Mus gemixte Sesamsamen. Beim Kauf ist auf eine möglichst flüssige Konsistenz zu achten. Tahini ist mittlerweile auch in gut sortierten Supermärkten erhältlich, die besten Qualitäten findet man aber in landesspezifischen Spezialitätenläden. Fremdsprachig beschriftete Produkte sind in der Regel von guter Qualität und von flüssigerer Konsistenz. Für Nussallergiker ist Tahini eine gute Alternative zu Nussmus wie Mandelmus, Cashewmus usw.

Tofu und Tempeh

Proteine sind ein wichtiger Teil einer ausgewogenen Ernährung und in pflanzlichen Zutaten wie Tofu (die beste Qualität gibt es im Asialaden), Tempeh, Linsen, Hanfsamen, Quinoa, Bohnen, Federkohl, Brokkoli und vielen weiteren Zutaten in größerer Menge vorhanden. Wer kein Fleisch isst, deckt damit genauso gut seinen täglichen Proteinbedarf, und dies zudem hundertprozentig natürlich.

Milchsorten

Sojamilch, Mandelmilch, Hafermilch, Dinkelmilch, Reismilch, Cashewmilch, Haselnussmilch – ich liebe pflanzliche Milchsorten und verwende sie je nach Art der Gerichte unterschiedlich. Für salzige und gefrorene Gerichte verwende ich außer Kokosmilch fast ausschließlich Sojamilch. Sie ist am geschmacksneutralsten, beeinflusst damit den Geschmack kaum und sorgt für das cremigste Ergebnis. Mandelmilch, Cashewmilch, Haselnussmilch, Dinkelmilch und Hafermilch haben einen stärkeren Eigengeschmack; diese Sorten verwende ich vor allem in Frühstücksgerichten. Reismilch und Dinkelmilch sind etwas wässriger und passen gut zu Granola, in Porridge oder Smoothies, eignen sich aber weniger für salzige Gerichte. In den Rezepten ist die Sorte jeweils zuerst erwähnt, die für mich geschmacklich am besten passt. Kuhmilch verwende ich selbst zwar nie, fettarme Kuhmilch kann aber als Alternative zu pflanzlicher Milch verwendet werden.

Süßungsmittel

Kokosblütenzucker, Kokosblütensirup, Ahornsirup, Dattelsirup, Honig, Vollreissirup – es gibt viele Alternativen zu raffiniertem weißem Zucker, die zusätzlich einen tollen Geschmack verleihen und auch mehr Nährstoffe liefern. Doch egal welches Süßungsmittel, es ist schlussendlich immer Zucker und daher ein maßvoller Umgang damit angebracht. In meinen Rezepten gebe ich jeweils das Süßungsmittel an, das mir persönlich geschmacklich am besten zum jeweiligen Gericht passt. Bei Honig verwende ich meist Akazienhonig, da er am geschmacksneutralsten ist.

Medjool-Datteln

Abgesehen von frischen Datteln verwende ich am häufigsten die großen, weichen Medjool-Datteln. Sie sind nicht nur viel süßer als die kleinen, eher trockenen Früchte, sondern auch viel einfacher zu verarbeiten. Ich verwende sie, um ein Gericht, eine Sauce, einen Shake oder Smoothie auf natürliche Art zu süßen. Datteln liefern viel Energie, stillen durch ihren karamellartigen Geschmack süße Gelüste und sind zudem extrem fettarm. Durch den hohen Anteil an Ballaststoffen sorgen sie zudem für eine gute Verdauung. Medjool-Datteln findet man auf dem Markt, in großen Supermärkten im Offenverkauf bei den Früchten oder in landesspezifischen Spezialitätenläden.

Samen-Cracker für alle und zu allem

Ergibt 2 Backbleche

100 g Leinsamen, Gold
100 g Leinsamen, geschrotet
100 g Sesamsamen, hell
100 g Sesamsamen, schwarz
(oder insgesamt 200 g Sesamsamen, hell)
100 g Sonnenblumenkerne
100 g Kürbiskerne
1½ TL Himalajasalz
½–1 TL Kokosblütenzucker
500 ml Wasser

1 Alle Zutaten in einer großen Schüssel gut vermischen und 30–40 Minuten stehen lassen, bis die Samen das Wasser aufgesogen haben und eine gelatineartige Masse entstanden ist.
2 Gut umrühren und etwa 3 mm dünn auf zwei mit Backpapier belegten Blechen ausstreichen. Im 170 Grad heißen Ofen mit Umluft 30–35 Minuten goldbraun backen. Herausnehmen, vollständig abkühlen lassen und in beliebige Stücke brechen.

Meine Dunukkah-Gewürzmischung

Ergibt 4 Gläser à 180 g

70 g Mandeln
70 g Paranüsse
70 g Macadamianüsse
70 g Haselnüsse
70 g Pistazien
70 g Sesamsamen, schwarz
50 g Sesamsamen, hell
50 g Walnüsse
50 g Hanfsamen
50 g Sojabohnen, geröstet
30 g Kokosblütenzucker
2 TL Himalajasalz
2 TL Pfeffer aus der Mühle
1–2 TL Chiliflocken, je nach gewünschter Schärfe
1½–2 EL Oregano, getrocknet
20 g Kreuzkümmelpulver
15 g Korianderpulver
¼ TL Zimt, gemahlen
1 große unbehandelte Limette, fein abgeriebene Schale
3 EL (45 ml) Limettensaft
1 EL (15 ml) Zitronensaft

1 Sämtliche Nüsse, Pistazien und Sesamsamen auf mehreren Backblechen verteilen und im Ofen bei 170 Grad Umluft etwa 10 Minuten rösten. Herausnehmen und vollständig abkühlen lassen.
2 Den Kokosblütenzucker mit sämtlichen Gewürzen in einer großen Schüssel gut vermischen.
3 Die gerösteten Nüsse und Samen einschließlich Sojabohnen im Blitzhacker (Cutter) oder in der Küchenmaschine klein hacken. In die Schüssel zur Gewürzmischung geben, vermischen.
4 Limettenschale und Limetten- sowie Zitronensaft darüberträufeln, alles nochmals gründlich vermischen.
5 Eine Portion in ein Schraubglas füllen und bis zum Gebrauch im Kühlschrank lagern, den Rest portionsweise in Gefrierbeutel füllen und im Tiefkühler aufbewahren.

Tipps

- *Die Samen-Cracker halten sich in einem verschließbaren Frischhaltebeutel mindestens 2 Wochen. Am besten im Kühlschrank aufbewahren.*
- *Die Gewürzmischung hält sich im Tiefkühler etwa 1 Monat. Sie schmeckt am besten direkt aus dem Kühlschrank oder dem Tiefkühler über die Gerichte gestreut. So hat sie einen noch knackigeren Biss und ist sehr erfrischend. Falls eine oder zwei der Nusssorten nicht verfügbar sind, einfach durch dieselbe Menge anderer Sorten ersetzen.*

Ab und zu reicht die Zeit nur für den Griff nach einem kleinen Snack oder Cracker.
Da in den handelsüblichen Produkten meist viele Zusatzstoffe, Zucker und Weißmehl enthalten sind, habe ich diese Cracker – nur aus Samen, Kernen, Wasser und etwas Salz – kreiert. Sie sind einer meiner Lieblingssnacks für zwischendurch. Man kann sie süß oder salzig belegen, zum Dippen verwenden (lecker mit dem 2-Minuten-Nutella auf Seite 21 oder der Dattelpaste, Seite 181) oder als Extra-Crunch über das Frühstückmüesli bröseln. Wahre Alleskönner, die man einmal und dann immer wieder macht!
Und was ist mein wichtigstes Gewürz neben Salz und Pfeffer (und Chili!)? Ganz einfach: Es ist meine von den Aromen und Gewürzen der ganzen Welt inspirierte Dunukkah-Mischung. Sie erinnert an das orientalische Dukkah, doch meine Version enthält viel mehr verschiedene Nusssorten und heißt deswegen Du-NU(von Nuss)-kkah. Sie schmeckt unglaublich lecker und passt zu allen salzigen Gerichten oder als Abwechslung auch super auf ein Porridge oder Ähnliches. Liebe auf die erste Geschmacksprobe ist garantiert!

WILKOMMEN IM KNUSPERLAND DER NÜSSE

Und wieso Fett in einer ausgewogenen Ernährung wichtig ist.

Nüsse, Samen und Kerne gehören neben pflanzlichen Ölen und Avocados zu den besten Fettquellen und bestehen hauptsächlich aus ungesättigten Fettsäuren. Ungesättigte Fettsäuren erhöhen den Spiegel des guten Cholesterins im Blut und verringern unter anderem das Risiko von Herz-Kreislauf-Erkrankungen. Fette enthalten viele Kalorien, sind für eine ausgewogene Ernährung aber wichtig. Maßvoll und in richtiger Form verwendet, muss man Fette keineswegs meiden. In meinen Rezepten verwende ich Cashewmus, helles oder dunkles Mandelmus sowie Erdnussmus bzw. -butter, die man auch ganz einfach selbst machen kann (siehe unten).

Einweichen

Vor allem für Desserts, für Cashew-Creme oder selbst gemachte Nussmilch weiche ich Nüsse immer über Nacht ein. Dies ergibt nicht nur ein geschmeidigeres Ergebnis, sondern hilft auch, die Phythinsäure in den Nüssen zu neutralisieren, und sorgt dafür, dass die in den Nüssen enthaltenen Ballaststoffe, Proteine, Vitamine und Mineralien besser aufgenommen werden und die Nüsse leichter verdaulich sind.

Rösten

Ich kaufe meistens viele Packungen Nüsse verschiedener Sorten und röste sie im Ofen bei 170 Grad Umluft je nach Sorte 10–15 Minuten goldbraun, fülle sie in Gläser ab und habe so immer geröstete Nüsse auf Vorrat zur Verwendung in der Küche oder als Snack. Der Eigengeschmack kommt durch das Rösten stärker zur Geltung, die Nüsse schmecken viel besser und intensiver, sind knuspriger und in geröstetem Zustand auch einfacher zu brechen, zu hacken und zu verarbeiten.

Allergien

Wer auf Nüsse allergisch ist, kann als Alternative Samenkerne und Kernmus verwenden. Zum Beispiel Tahini (hell oder dunkel), Kürbiskernmus, Sonnenblumenkernmus oder auch Sojabohnen- und Kokosmus. Ich rate, verschiedene Sorten auszuprobieren, um herauszufinden, welches Produkt einem am besten schmeckt. Tahini lässt sich genauso gut süß wie salzig verwenden, Kürbiskern- und Sonnenblumenkernmus sind eher eine Alternative für salzige Gerichte.

Cashewmus, Mandelmus, Erdnussmus

Ergibt je 1 Glas von 160–180 ml

Mandelmus, hell: 200 g Mandeln, geschält
Mandelmus, dunkel: 200 g Mandeln, ungeschält
Cashewmus: 200 g Cashews
Erdnussmus: 200 g Erdnüsse, ungesalzen (aus dem Asialaden)
½ TL Himalajasalz
Süßungsmittel (z. B. Kokosblütenzucker, Ahornsirup, Honig), nach Bedarf

1 Den Ofen auf 170 Grad vorheizen, die ausgewählten Nüsse oder Samen auf einem Blech im Ofen je nach Sorte 12–15 Minuten leicht goldbraun rösten, herausnehmen und etwas abkühlen lassen.

2 Im Blitzhacker (Cutter), in der Küchenmaschine oder in einem leistungsstarken Mixer auf mittlerer Stufe feinkörnig mixen. Die Mischung von den Wänden abstreifen. Dann mindestens 5 Minuten zu einem glatten Mus mixen. Zuerst bildet sich eine etwas klumpige Masse, aber je länger man mixt, desto cremiger, glatter und flüssiger wird die Masse. Das Mus in ein Glas füllen und verschließen, bereit zur Verwendung.

Tipps

- *Nussmus ist in einem fest verschlossenen Glas mehrere Monate haltbar. Bei Raumtemperatur, nicht im Kühlschrank aufbewahren.*
- *Man kann auch verschiedene Sorten mischen. Meine Favoriten sind Mandel-Sesam, Erdnuss-Cashews, Pistazien-Kokos, Haselnuss-Macadamia.*

Hier noch drei supereinfache Rezepte, die alle Nussliebhaber und Naschkatzen begeistern werden.

Süß-salziger Haselnuss-Crunch

150 g Haselnüsse
50 g Pekannüsse
60 ml (4 EL) Ahornsirup
¾ TL Himalajasalz
¼ TL Zimt, gemahlen

1 Den Backofen auf 170 Grad Umluft vorheizen, ein Blech mit Backpapier belegen.
2 Die Hasel- und die Pekannüsse grob hacken, mit Ahornsirup, Salz und Zimt vermischen, auf ein Backblech verteilen und im Ofen 15–17 Minuten goldbraun backen. Herausnehmen und vollständig abkühlen lassen.
3 In ein Glas füllen und im Kühlschrank aufbewahren. Schmeckt als Topping auf Frühstücksgerichten genauso lecker wie auf Salaten und salzigen Gerichten.

2-Minuten-Nutella

2 EL Haselnussmus, ungesüßt
2 EL Ahornsirup
1 EL Kakaopulver
2 EL Sojamilch
1 TL Vanillepaste
einige Haselnüsse, geröstet, gehackt, nach Belieben

1 Alle Zutaten in einer Schale zu einer glatten Masse vermischen, kühl stellen.
2 Für mehr Crunch einige geröstete, gehackte Haselnüsse daruntermischen.
3 Im Kühlschrank aufbewahren und innerhalb 3–4 Tagen aufbrauchen (wegen der Milch).

5-Minuten-Snickers

Medjool-Datteln, halbiert, entsteint
Haselnussmus oder Erdnussmus
Haselnüsse bzw. Erdnüsse, geröstet
Kakaonibs
Honig oder Ahornsirup

1 Auf die Dattelhälften jeweils 1 Teelöffel Nussmus streichen, 2–4 geröstete Nüsse und einige Kakaonibs daraufgeben, mit wenig Honig beträufeln, zusammenklappen und (für alle, die warten können) mindestens 30 Minuten in das Gefrierfach stellen.
2 Herausnehmen, genussvoll hineinbeißen und realisieren, dass es etwas viel Besseres als »Snickers« gibt – es schmeckt nämlich genau gleich, wenn nicht noch viel besser, und ist völlig sündenfrei!

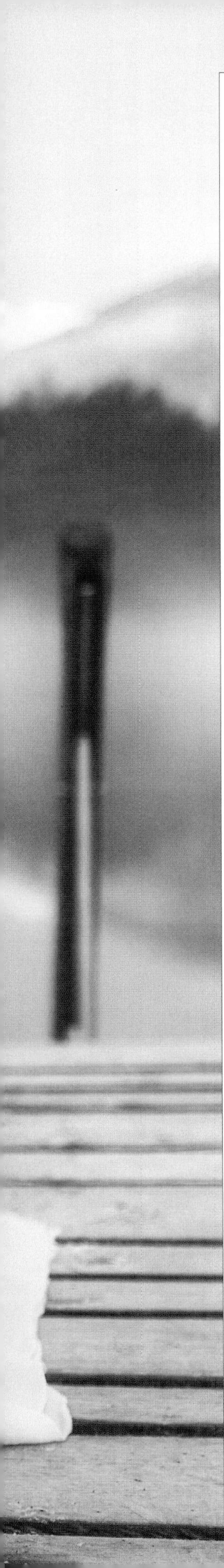

ALLE SINNE IN DEN RUCKSACK PACKEN – UND AB GEHT'S AUF DIE REISE

Meine Reise während dreimal drei Wochen durch zwölf verschiedene Länder war intensiv und brachte es mit sich, dass ich viel Zeit im Auto, im Taxi, im Bus, im Zug und im Flieger verbrachte. Um die Eindrücke und alles, was ich erlebt und gesehen habe oder gerade draußen vor dem Fenster beobachten konnte, in Gedanken wirken zu lassen, habe ich wenn immer möglich die passende Musik des jeweiligen Landes dazu gehört. Im Taxi war die erste Frage daher stets, ob es möglich wäre, landestypische Musik zu hören. Musik ist eine Sprache, die jeder versteht. Sie spricht die Gefühlsebene an, verbindet alle Sinne auf schöne Art und Weise und lässt sie miteinander verschmelzen, sie weckt Emotionen und lässt einen alles noch viel authentischer wahrnehmen. Egal in welchem Land ich war, jeder Taxifahrer hatte eine riesige Freude daran, und einige haben gleich auch mitgesungen oder mitgesummt. Auf der Fahrt vorbei an den mystisch wirkenden Teefeldern in Indien, an den lachenden und tanzenden Menschen auf den Straßen Brasiliens oder auf dem Weg in die Weiten der Sahara in Marokko, taucht man begleitet von der landestypischen Musik noch viel schneller und unmittelbarer in die fremden Welten ein. Man ist mit den Gedanken voll und ganz da, weit weg von der gewohnten Welt.

Zurück in der Schweiz habe ich beim Kreieren und Fotografieren der Rezepte und beim Schreiben der Texte ebenfalls die jeweils landestypische Musik laufen lassen und mich sogleich wieder zurückversetzt gefühlt. Die Erlebnisse, Aromen, Eindrücke und Emotionen waren sofort wieder da und noch viel intensiver. Genau diese Möglichkeit möchte ich euch auch bieten und habe für jedes Land eine Playlist erstellt, die ihr passend zu dem, was ihr gerade lest, kocht oder durchblättert, laufen lassen könnt. So taucht man innert Sekunden in die verschiedenen Welten ein, spürt die Menschen mit ihrer Geschichte, die Farben, Gerüche und Aromen noch unmittelbarer und kann sie erleben, wie ich sie erlebt habe.

Die Playlists sind für jeden zugänglich und kostenfrei; es braucht lediglich das Spotify-App auf dem Laptop, Computer oder Handy. Reisen heißt erleben, und mit der Musik wird dieses Reisekochbuch zu einem wahren Erlebnisbuch. Ein Erlebnisbuch, mit dem jeder, egal wo er ist, mit allen Sinnen auf Reisen gehen kann. Der Anleitung unten folgen, Musik starten und wo auch immer hineinlesen und kochen! Unbedingt ausprobieren!

Motivation gefällig?

Ich hoffe, euch mit diesem Buch motivieren und inspirieren zu können, gemeinsam zu kochen und euch gemeinsam an den Tisch zu setzen. Sich zum Beispiel einmal im Monat mit einer Gruppe von Freunden und Freundinnen zu treffen, ein Drei-Gänge-Menü nach einem der Länder zu kochen. Oder sich durch alle Länder hindurchkochen, jedes Mal kocht jemand anders für die ganze Gruppe. Oder eine Vorspeise von Marokko, ein Hauptgang aus Guatemala und ein Dessert aus Thailand. Es gibt vielerlei Möglichkeiten, Spaß und kulinarisches Erlebnis vorprogrammiert!

Spotify

Musik zum Buch, so geht's

- Auf meine Website: nadiadamaso.com
- Beim Menü auf Spotify clicken.
- Dein gewünschtes Land/Playlist auswählen.
- Bei Spotify anmelden (falls noch kein Account vorhanden).
- Die Musik zum Lesen, Kochen und Eintauchen in die verschiedenen Welten genießen.

- *Wer einen passenden Song kennt, mir unbedingt mitteilen; ich kann ihn zur Playlist einfach hinzufügen.*

Mirante Dona Marta, Rio de Janeiro

BRASILIEN

Rezepte

Açaí na Tigela, die brasilianische Wunderbeere
als unwiderstehliche Frühstücks-Bowl

Papaya-Früchteboote mit Limetten-Kokosjoghurt
und Samba on top

Tapioka-Crêpes nach Lust und Laune

Feijoada-Traum mit dem besten Paranuss-Farofa überhaupt

Avocado-Erbsen-Süppchen mit Gemüsechips,
Ofenblumenkohl und Cashew-Tofu

Süße Versuchungen:
Beijinhos de coco und Brigadeiros

RIO DE JANEIRO

Auf der Suche nach Frühstück

Mit Samba in den Ohren war ich vom ersten Moment an sofort verzaubert von Rio de Janeiro. Was für eine Stimmung, was für eine Lebensfreude! Ich konnte kaum erwarten zu entdecken, was die Stadt vor allem auch kulinarisch zu bieten hat.

Am Morgen früh über Rio de Janeiro zu blicken (siehe Seite 25), wenn die Großstadt noch zu schlafen scheint, die Farben am Himmel in allen Nuancen spielen, der frische Morgenwind über die Haut streicht und den Häusern in den kleinen, farbigen Gassen fremde Gerüche entsteigen, dann fühlt man sich in einer völlig anderen Welt. Einfach magisch! Doch was ist an der Stadt eigentlich so einzigartig? Für mich vor allem dies: die besten, süßesten und saftigsten Früchte, die ich je aß, Açai-Bowls an jeder Ecke, unzählige lachende, fröhliche Menschen von morgens früh bis abends spät, die allein schon mit ihren Blicken zu tanzen scheinen und eine unheimlich positive Energie und Lebensfreude ausstrahlen, Aussichten, von denen man nur träumen kann und schwarze Bohnen. Ganz viel schwarze Bohnen (doch dazu mehr bei den Rezepten).

Ich bin ein großer Frühstücksfan und habe in Rio de Janeiro neben all den zuckersüßen, eher dessertartigen Gebäcken, die dort überall erhältlich sind, auch einige etwas gesündere Optionen für mich entdeckt. Hier meine Top 3:

Ein Kaffee in Lapa, Rio de Janeiro

- Açai-Bowls, die ich so sehr liebe, gibt es in Brasilien überall. Einer unserer Taxifahrer meinte, die beste Açai-Bar der Stadt zu kennen, und er hatte recht! Zu den 800 Gramm »Açai na Tigela«, die ich bestellt und Löffel um Löffel genossen habe, als gäbe es kein Morgen, habe ich noch den Inhalt von etwa zwei Streudosen Granola daraufgeleert, die bereitstanden wie bei uns Salz und Pfeffer. Mein Mund war sowas von blau und ich einfach nur sowas von glücklich! Das Rezept auf der nächsten Seite wird hoffentlich ähnliche Gefühle auslösen. Happy Açai Bowling!

- Frische Kokosnüsse werden in Rio ebenfalls an jeder Ecke verkauft. Und das darin enthaltene Kokoswasser ist unglaublich süß. Mit einem großen scharfen Messer werden die jungen Kokosnüsse oben einmal aufgeschlagen, dann kommt ein Strohhalm hinein, und los geht das Schlürfen. Einmal ausgetrunken, wird einem angeboten, die Kokosnuss zu halbieren, damit man das Fruchtfleisch herauskratzen und essen kann. Megalecker, liefert Energie und ist gut für Verdauung, Haut, Haare und Seele!

- Ein weiteres typisches Frühstück oder ein Snack für zwischendurch sind Tapioka-Crêpes. Man kann sie sich an den Straßenständen mit allem Möglichen, von süß bis salzig, füllen lassen. Einfach und schnell gemacht, völlig neu im Geschmack und gesund dazu (wenn man sich nicht gleich für Kondensmilch und Karamellaufstrich als Füllung entscheidet). Meine Rezepte dazu finden sich auf Seite 35. Unbedingt ausprobieren!

Wer mehr wissen will, taucht nun ein in das brasilianische Leben, kommt mit auf die kulinarische Reise und stürzt sich in die Küche, um die brasilianischen Gerüche und Farben auf den eigenen Teller zu bringen.

Açaí na Tigela – die brasilianische Wunderbeere als unwiderstehliche Frühstücks-Bowl

Wer den Tag mit einer Açai-Bowl startet, hat Energie für drei (und einen überglücklichen Bauch dazu).

Ich könnte von morgens früh bis abends spät Açai-Bowls essen. Sie sind so unglaublich lecker und erfrischend, dass man kaum genug davon bekommen kann. Umso besser, dass Açai endlich auch bei uns als gefrorenes Püree und nicht mehr nur als Pulver erhältlich ist. Açai-Bowls und -Smoothies findet man in Brasilien an jeder Straßenecke – die Brasilianer lieben sie. Die Beere wächst im Amazonasgebiet im Norden Brasiliens und enthält doppelt so viel Antioxidantien wie Blaubeeren. Der Eigengeschmack der Beere kommt erst richtig zur Geltung, wenn das Püree leicht gesüßt wird. In Brasilien verwendet man zum Süßen immer Guarana. Ich nehme dafür gerne Banane und Datteln. Bei den Toppings kann man seine Kreativität ausleben; knuspriges Granola, Bananen und Beeren sind für mich jedoch ein Muss. Açai stillt nicht nur Süßgelüste, sondern gibt dank seinem hohen Gehalt an wertvollen Nährstoffen auch so viel Energie, dass man gleich nach Brasilien rennen könnte, um dort noch mehr »Acai na Tigela« zu essen. In der Tat, man kann damit sogar übers Wasser gehen. Wer's nicht glaubt, probiert dieses Rezept aus und findet es selbst heraus.

ERGIBT 2 PORTIONEN AÇAI UND 6–8 PORTIONEN GRANOLA // *GF / LF / RZF / V / VGN

GRANOLA
150 g Paranüsse
150 g Cashewkerne
8 EL Haferflocken, grobblättrig
4 EL Sesamsamen
4 EL Sonnenblumenkerne
5–6 EL Ahornsirup
1 TL Kokosöl, geschmolzen
2 TL Vanillepaste
1 Prise Himalajasalz
¼ TL Zimt, gemahlen

AÇAI-PÜREE
2 Packungen (2 × 100 g) Açai-Püree (Rainforest Foods), gefroren, leicht angetaut
100 g Blaubeeren, gefroren
1 reife Banane, gefroren, 5–7 Minuten angetaut
150–200 ml Sojamilch
1 TL Vanillepaste
1 Prise Zimt, gemahlen
2 Medjool-Datteln, entsteint

TOPPINGS
Blaubeeren
Banane
Buchweizen-Pops
Mandelmus, dunkel

1 Den Ofen auf 180 Grad Umluft vorheizen. Ein Backblech mit Backpapier belegen.

2 Für das Granola Paranüsse und Cashewkerne im Blitzhacker (Cutter) oder mit einem großen Messer grob bis fein hacken. Mit allen weiteren Zutaten gut vermischen, gleichmäßig auf das Backblech verteilen und im Ofen 20 Minuten backen. Nach etwa 10 Minuten mit einer Gabel etwas auflockern, sodass das Granola gleichmäßig goldbraun wird. Herausnehmen, vollständig auskühlen und knusprig werden lassen.

3 Für das Açai-Püree alle Zutaten in einem leistungsstarken Mixer 2–3 Minuten glatt und cremig mixen, in 2 Schalen verteilen. Mit dem frisch gebackenen Granola, Blaubeeren, Bananenscheiben, Buchweizen-Pops und nach Wunsch etwas Mandelmus garnieren und sofort genießen.

Tipps

- *Immer genügend reife Bananen, geschält, in Stücke geschnitten und in kleine Gefrierbeutel abgefüllt, im Gefrierfach vorrätig haben. Sie geben der Açai-Bowl die perfekte eiscremeartige Konsistenz.*
- *Das Granola reicht für 6–8 Bowls als Topping. Hat man es auf Vorrat zubereitet, braucht man nur noch die Açai-Mischung zu mixen.*
- *Für die *glutenfreie Variante glutenfreie Haferflocken, Quinoa- oder Amarantflocken anstelle der Haferflocken verwenden.*

ANGEKOMMEN IM FRÜCHTEHIMMEL

Kostproben inklusive

Wenn ich auf Reisen gehe und ein neues Land besuche, gehe ich meistens ganz ohne Erwartungen dorthin. Ich lasse mich, sobald ich ankomme, voll und ganz darauf ein und freue mich vor allem darauf, das typische Essen des jeweiligen Ortes oder Landes kennenzulernen. Die Kultur der Menschen zu erspüren und einzutauchen in ihre Lebensweise, mich in den Straßen und Gassen, auf Märkten und unter den Menschen treiben zu lassen und mit unbändiger Neugier alles zu sehen und vor allem zu probieren, wo auch immer die Gerüche und Aromen einen hinziehen mögen.

In Rio de Janeiro wird man überall vom Geschmack der frischen Früchte angezogen. Wenn man über den Früchtemarkt schlendert, mit der Kamera in der Hand und einem Lächeln im Gesicht, landet man unweigerlich mitten im »Probier mal dies, probier mal das«-Rummel. Nach geschätzten fünf Kilogramm Fruchtproben im Magen und Augenmuskelkater vom Staunen über all die süßen, saftigen und geschmacksintensiven Früchte, ähnelte mein Bauch fast einer Wassermelone. Doch die Lust, noch mehr Früchte zu probieren, war ungebrochen.

Deshalb machten wir Halt auf dem größten Früchte- und Gemüsehändlermarkt in ganz Südamerika. Hunderte von Lastwagen, beladen mit köstlichen Schätzen. Von den Lastwagen wurden sie von jungen bis älteren fast ausschließlich Männern in riesige Hallen getragen. Dort lagern also zum Beispiel im Mango-Raum geschätzte 10 000 Mangos. In der Tat ein wahrer Früchtehimmel, reich gefüllt mit Schätzen! Riesig und eindrücklich. Keine Touristen, nur Einheimische und ein Spektakel hoch zehn. Ich hätte Stunden dort verbringen können. Man wurde von der positiven Energie der Brasilianer geradezu angesteckt. Jeder schenkte mir ein noch größeres Lachen in die Kamera und ein noch größeres und süßeres Stück irgendeiner Frucht; doch es warteten weitere Märkte und weitere spektakuläre Aussichten auf mich – denn Rio de Janeiro hat viel mehr zu bieten als nur unglaublich gute Früchte!

Papaya-Früchteboote mit Limetten-Kokosjoghurt und Samba on top

Auf dem Früchteboot direkt nach Brasilien bitte!

Dass ich Früchte liebe und sie gerne in jeglicher Art meiner Rezepte – egal ob süß oder salzig – verwende, ist nach meinem ersten Kochbuch kein Geheimnis mehr. In Brasilien lernt man Früchte wie Ananas, Mango, Wassermelone und Papaya auf ganz neue Art und Weise kennen. Bleiben wir gleich bei den Papayas. Sie hatten bei meinem Besuch in Brasilien gerade Saison und stapelten sich in riesigen Bergen an den Marktständen. Ich hätte den ganzen Berg essen können, so himmlisch waren sie! Es ist nicht einfach, bei uns dieselbe Qualität an Früchten zu finden, doch für dieses Rezept lohnt sich die Suche nach einem großen, süßen Papaya-»Boot« und den dazugehörigen genauso süßen Sambatänzerinnen Madame Passion Fruit und Lady Berry, nicht zu vergessen der charmante Tänzer Monsieur Crunchy Granola. Es soll auf dem Boot schließlich eine tolle Samba-Party steigen! Und wenn man die Augen schließt und den Blick im Geist über die Papaya-Berge in Rio schweben lässt, schmecken die Papaya-Boote noch viel süßer.

FÜR 2 FRÜCHTEBOOTE // GF / LF / RZF / V / VGN

1 große reife Papaya

TOPPINGS
250 g Kokosnussjoghurt, ungesüßt (z. B. Harvest Moon)
2–3 TL Honig oder Ahornsirup
2 TL Limettensaft
2 Handvoll Granola (Seite 28 oder 55)
2 Handvoll Himbeeren, frisch oder gefroren, leicht angetaut
2 Passionsfrüchte
2 Baby-Bananen oder ½ normale Banane, in Scheiben geschnitten
Honig oder Ahornsirup zum Beträufeln

1 Die Papaya halbieren, die Samen mit einem Löffel sorgfältig auskratzen und beiseitestellen (siehe Tipps).
2 Den Kokosnussjoghurt mit Honig oder Ahornsirup und Limettensaft gut vermischen und gleichmäßig in die Papayahälften füllen.
3 Mit Granola, Himbeeren, Passionsfrucht und Bananenscheiben garnieren, etwas Honig oder Ahornsirup darüberträufeln und sofort genießen.

Tipps
- *Man kann alle möglichen Früchte als Topping verwenden. Aber Kokosjoghurt, der unheimlich gut dazu passt, und ein crunchy Granola oder geröstete, gehackte Nüsse wie Pistazien, Mandeln oder Kokosraspel sind ein Muss.*
- *Die reife Papaya und die Bananen über Nacht in den Kühlschrank legen – das sorgt für einen Frischekick.*
- *Die ausgekratzten schwarzen Papayasamen nicht wegwerfen! Die Samen gründlich waschen, um den Schleim zu entfernen, trocken tupfen und im Backofen bei 60 Grad 2 Stunden trocknen.*
  Die Samen haben einen pfefferartigen Geschmack und können im Mörser zerdrückt auch als Pfefferersatz verwendet werden.

Tapioka-Crêpes nach Lust und Laune

Weiß wie Schnee und im Geschmack so vielfältig wie Rio.

Ich staunte nicht schlecht, als ich zum ersten Mal sah, wie Tapioka-Crêpes zubereitet werden. Auf geringer Stufe und ganz ohne Öl in der Pfanne gebacken, formt sich aus der bröseligen Tapiokamischung von selbst eine schneeweiße Crêpe. In Brasilien kann man an unzähligen Tapiokaständen seine Crêpe nach Lust und Laune süß oder salzig füllen lassen. Dann wird sie zu einem Halbmond zusammengeklappt und als Street Food gleich aus der Hand gegessen. Bei den »Tapiocas salgadas«, den salzigen also, sind die beliebtesten Kombinationen der Brasilianer meist mit Käse, Gemüse oder Huhn. Auf die süßen »Tapiocas doces« kommt oft frisch geraspelte Kokosnuss, dazu süße Kondensmilch, Doce de Leite, Banane oder auch mal Käse (ja, auch zu Banane und Kokos!). Eine weitere beliebte Kombination ist »Romeu e Julieta«, die ebenfalls Käse enthält und dazu »Goiaba«, eine typisch brasilianische Süßigkeit, hergestellt aus der Guava-Frucht. Ich entschied mich für Kokos, Banane, Zimt und Honig, obwohl diese Kombination nicht zu den zwanzig angebotenen Varianten zählte (Nadia bestellt mal wieder eine Extrawurst). Bei jedem Bissen kamen mir neue Ideen, was man sonst noch so alles miteinander kombinieren könnte.

FÜR 2–3 TAPIOKAS VON 20 CM DURCHMESSER // GF / LF / RZF / V / VGN

CRÊPES
120 g Tapiokastärke (siehe Tipps)
¼ TL Himalajasalz
4–6 EL Wasser

FÜLLUNGEN ZUR AUSWAHL:
MADAME TROPICALE (1 Portion)
½ Banane, in feine Scheiben geschnitten
1 EL Kokosraspel, goldbraun geröstet
2 TL Ahornsirup oder Honig

MONSIER EXTRAVAGANT (1 Portion)
1 große, reife Feige, in feine Scheiben geschnitten
1 Bund Minze, Blätter abgezupft
2 TL Tahini, schwarz (oder weiß)
2 TL Ahornsirup oder Honig

MADAME GREENIE (1 Portion)
1 Handvoll Rucola oder Spinat
½ Avocado, in feine Scheiben geschnitten
½ Limette, Saft
Himalajasalz, Pfeffer aus der Mühle
etwas Olivenöl oder Cashewmus

WEITERE IDEEN:
Apple-Pie Apfel, Zimt, Ahornsirup
Bella Italia Tomate, Parmesan, Basilikum
Peanut-Jelly Erdnussmus, zuckerfreie Konfitüre, geröstete Erdnüsse
Death by Chocolate 2-Minuten-Nutella (Seite 21), geröstete Nüsse

Geduld und Sorgfalt ist bei Crêpes elementar, sonst brechen sie schnell. Es braucht vielleicht ein, zwei Versuche, doch wenn man den Dreh heraushat, gibt es nichts Einfacheres. Bei der Wahl der Füllung kann man der Kreativität freien Lauf lassen.

1 Die Tapiokastärke mit dem Salz in eine große Schüssel geben, das Wasser dazugeben und mit den Händen ganz fein verreiben.
2 Eine Pfanne auf tiefer bis mittlerer Stufe leer erhitzen. Die Tapiokamischung durch ein großes Sieb zu einer bis an den Rand gleichmäßigen 2–3 mm dicken Schicht in die Pfanne sieben und nicht weiter berühren!
3 Nach etwa 2 Minuten mit einem Löffel ganz leicht andrücken und weitere 2 Minuten warten, bis sich die Crêpe vom Boden löst.
4 Auf einer Hälfte mit der gewünschten Füllung belegen, mit einem Rührspachtel sorgfältig zuklappen, leicht andrücken und nochmals 2 Minuten backen.
5 Wenn man feuchte Zutaten darauflegt und diese etwas karamellisieren möchte, wenig Tapiokamischung auf die Zutaten sieben, einmal wenden und diese unter der Tapiokaschicht karamellisieren lassen; wieder wenden, falten und aus der Pfanne nehmen.
6 Die gefüllte Crêpe zu einem Halbmond zusammenfalten, auf eine Serviette legen und sofort genießen.

Tipps

- *Das Rezept funktioniert nur mit Tapiokastärke, nicht mit anderen Stärkemehlen wie etwa Maisstärke. Tapiokastärke findet man in Asialäden oder in Geschäften mit südamerikanischen Zutaten. Die Tapiokamischung ist glutenfrei, enthält kein Fett und ist geschmacksneutral.*
- *Die Tapiokamischung kann fest verschlossen bis zu 7 Tage im Kühlschrank aufbewahrt werden.*
- *Auf Youtube gibt es Videos, die die Herstellung genau zeigen; damit ist das Rezept leichter zu verstehen und nachzumachen.*

Praia de Piratininga, Niterói

CAFEZINHOS, KOKOSKÜSSE UND SCHWARZE BOHNEN,

so weit das Auge reicht

Der morgendliche »Cafezinho« und fünf bis sechs weitere pro Tag, das sei ganz normal für Brasilianer, meinte ein alter Herr in einem kleinen Café in der Altstadt von Rio. Meist werde er schwarz oder mit viel Zucker getrunken. Was mir der nette Herr ebenfalls mitteilte und ich nicht gewusst hatte: Brasilien ist weltweit der größte Exporteur von Kaffee. Doch nüchterne Fakten beiseite, ich musste den typischen brasilianischen Filterkaffee zuerst einmal selbst probieren, um zu verstehen, was die Brasilianer daran so lieben. Ein kleiner Schluck reichte schon – mir war er klar zszs (zu schwarz und zu stark, was auch kein Wunder ist angesichts dessen, dass ich üblicherweise Milchkaffee mit extra Milchschaum trinke). Doch zum Glück gab es zum Kaffee eine kleine Leckerei namens »Beijinho de Coco«. Ein Kokoskuss also. Mmmhh, war der lecker! Strotzend vor Zucker und anderen Dingen, die ich sonst nicht essen oder für meine Rezepte verwenden würde, aber definitiv gut für die Seele! An der Theke zwinkerte mir auch noch der Schoko-Brigadeiro zu, dem ich nur schwer widerstehen konnte und der mich auf Geschmackswolke sieben trug. Natürlich habe ich mir dazu sogleich ein eigenes Rezept nach dem Motto »Eat Better Not Less« überlegt. Was dabei herausgekommen ist? Die beiden unwiderstehlich süßen Versuchungen auf Seite 45.

Genug von den Naschereien und Süßigkeiten Ich wollte mehr über die salzigen Geschmacksgefilde Rios erfahren. Eines ist sicher: Wenn man schwarze Bohnen mag, ist man hier richtig. Nachdem ich sie anfangs eher gemieden hatte, sind sie bei mir mittlerweile schon fast zu einer Sucht geworden. Sie sind fettarm, vollgepackt mit Proteinen, machen satt und sind unglaublich vielfältig einsetzbar. Doch stimmt es wirklich, dass die Brasilianer jeden Tag schwarze Bohnen mit Reis essen? Maria Lopez, die selbst in Rio aufgewachsen ist, erklärte es mir so: Reis und Bohnen seien überall äußerst günstig erhältlich; dass sich praktisch alle nur davon ernähren, sei aber mehr Klischee als Wirklichkeit. Was essen die Menschen in Rio denn tagsüber, fragte ich sie. Über Mittag gehen viele Leute in sogenannte »Kilo-Restaurants«: Von einem großen Buffet mit allerlei Speisen holt man sich das, was man möchte, lässt den Teller wiegen, bezahlt nach Gewicht, isst und geht wieder. Oder man bezahlt etwas mehr und kann dann so viel essen, wie man möchte. Da musste ich natürlich sofort hin! Maria begleitete mich zu einem ihrer Lieblings-»Kilo-Restaurants«. Hier konnte ich auch typisch brasilianische Gerichte wie Feijoada mit Farofa, Moqueca und viele weitere Spezialitäten probieren. Es schmeckte alles sehr gut, doch die schwarzen Bohnen, die waren einfach umwerfend gut. Auch nach Teller Nummer drei noch. Einmal umblättern, und ihr seht selbst, dass die kleinen schwarzen Dinger es einfach in sich haben.

Feijoada-Traum mit dem besten Paranuss-Farofa überhaupt

Das Nationalgericht Brasiliens einmal anders.

Einst von den Sklaven erfunden und heute in ganz Brasilien als wahres Festmahl gefeiert. In jeder Region und bei jeder Familie schmeckt die Feijoada etwas anders, doch eines ist sicher: Alle lieben sie. Die typische brasilianische Feijoada ist ein Eintopf mit schwarzen Bohnen, viel Fleisch, von den Ohren bis zu den Füßen des Tieres, und meist mit Reis und Farofa serviert. Farofa ist geröstetes Maniokmehl, das in Brasilien nie fehlen darf. Da es bei uns schwer zu finden ist, schlage ich hier eine abgeänderte Version vor, die aber mindestens genauso lecker schmeckt und noch dazu einen Crunch-Effekt hat. Ich wollte die Feijoada auf meine Art etwas aufpeppen, mehr Farbe, Frische und Leichtigkeit hineinbringen. Limette verleiht dem Gericht Frische, das Açai-Püree, das aus dem brasilianischen Amazonasgebiet stammt, die nötige Süße und der Salat dazu die Leichtigkeit. Ein wunderbares Geschmacksspiel!

FÜR 2–3 PORTIONEN // GF / LF / RZF / V / VGN

BOHNEN
1 EL Kokosöl
2 Knoblauchzehen, fein gehackt
1 mittelgroße Zwiebel, fein gehackt
1 TL Kreuzkümmelsamen
1 TL Oregano, getrocknet
250 ml Wasser
520 g schwarze Bohnen, gekocht (aus dem Glas)
1 TL Korianderpulver
2 TL Kokosblütenzucker
1 TL Himalajasalz
½ TL Pfeffer aus der Mühle
2 rote Chilischoten, halbiert
250 ml Kokosmilch
100 g Açai-Püree, mit Guarana gesüßt, angetaut und glatt gerührt
1 Limette, Saft

FAROFA
100 g Paranüsse
2 EL Kokoschips
½ TL Salz
1½ TL Kokosblütenzucker
1½ TL Koriander, gemahlen

SALAT
100 g Nüsslisalat (Feldsalat), gewaschen
½ Limette, Saft
1 EL Olivenöl
Himalajasalz, Pfeffer aus der Mühle

frischer Koriander zum Garnieren, nach Wunsch

1 Das Kokosöl in einer weiten Pfanne auf mittlerer bis hoher Stufe erhitzen, Knoblauch, Zwiebel, Kreuzkümmel und Oregano 2–3 Minuten goldbraun anbraten, dann mit dem Wasser ablöschen.

2 Die schwarzen Bohnen gut waschen, abtropfen lassen und zusammen mit den restlichen Gewürzen, den Chilischoten, der Kokosmilch und ¾ des Açai-Pürees dazugeben, gut umrühren, zudecken und 15–20 Minuten auf tiefer bis mittlerer Hitze köcheln lassen. Ab und zu umrühren.

3 Für das Farofa Paranüsse und Kokoschips im Mixer oder Blitzhacker (Cutter) ganz fein hacken, die Gewürze dazugeben und in einer Bratpfanne auf mittlerer Stufe 5–7 Minuten unter ständigem Rühren goldbraun braten, bis ein schönes Röstaroma entsteht. Von der Herdplatte nehmen, in eine Schale umfüllen und vollständig auskühlen lassen.

4 Den Salat mit Limettensaft, Olivenöl, Salz und Pfeffer vermischen und auf Tellern anrichten.

5 Die Chilischoten aus dem Eintopf entfernen, den Limettensaft dazugeben und die Feijoada noch einmal gut durchrühren. In der Mitte der Teller anrichten, Farofa darüberstreuen (je mehr desto besser!), das restliche Açai-Pürees darüberträufeln und nach Wunsch mit frischem Koriander garnieren.

Tipps

- *Farofa kann in einem fest verschlossenen Gefäß gut aufbewahrt werden und passt zu fast allem, sogar aufs Müesli. Die auch in Brasilien wachsenden Paranüsse (ebenfalls bekannt als »Brazil Nuts«) gehören zu den besten pflanzlichen Selenquellen. Selen ist wichtig für viele körperliche Funktionen, von der Stimmung bis zu entzündungshemmenden Wirkungen.*
- *Wenn Açai als gefrorenes Püree nicht erhältlich ist, kann man ohne Weiteres auch gefrorene Blaubeeren (angetaut, nach Wunsch leicht gesüßt und glatt gemixt) verwenden.*
- *Als Salat kann auch kleinblättriger, junger Spinat verwendet werden.*
- *Für hungrige Esser Vollkornreis oder Quinoa dazu servieren.*

Avocado-Erbsen-Süppchen mit Gemüsechips, Ofenblumenkohl und Cashew-Tofu

Eine cremig-knusprige Reise in eine völlig neue Geschmackswelt.

In Brasilien isst man Avocado nie salzig, sondern nur süß, als Obst. Diese Entdeckung kurbelte meine Kreativität für neue Rezepte gleich an. Ein Avocadosüppchen, das leicht süßlich ist, aber doch als salziges Gericht serviert wird, schien mir perfekt. Da ich in Farben und Bildern denke, musste die grüne Farbe der Suppe durch eine weitere Komponente verstärkt, ihre Konsistenz abgerundet und verfeinert werden. Was könnte da besser passen als Erbsen, die zudem noch mit guten Nährstoffen vollgepackt sind. Und, ganz egal ob salzig oder süß zubereitet, zur Avocado gehört immer auch Limette. Dieses leichte Süppchen bringt enorm viel Geschmack, und die Toppings wecken bei jedem Löffel die Neugier, wie wohl der nächste Löffel schmecken wird. Ich kann nur sagen: unbedingt ausprobieren!

FÜR 2 PORTIONEN // GF / LF / RZF / V / VGN

GEMÜSE
1 kleine Pastinake, geschält
1 kleine Rande (Rote Bete), roh, geschält
ca. 300 g Blumenkohl
Himalajasalz, Pfeffer aus der Mühle
Kokosöl zum Bestreichen

TOFU
150 g Tofu, natur
Himalajasalz, Pfeffer aus der Mühle
¼ TL Chiliflocken
1 TL Tamari oder Sojasauce
1½–2 TL Kokosblütenzucker
2 EL Cashews, grob gehackt

SUPPE
1 große reife Avocado
2 Limetten, Saft und etwas abgeriebene Schale
250 g Erbsen, tiefgefroren, angetaut
200 ml Kokoswasser
200 ml Soja- oder Cashewmilch
1½ EL Kokosblütenzucker
½ TL Himalajasalz
¼ TL Pfeffer aus der Mühle

1 TL Kokosöl
1 TL Senfsamen, schwarz (oder evtl. gelb)

frische Salatblätter nach Wahl (z. B. Portulak, Kresse, Asia-Mix)
Limettensaft zum Beträufeln

1 Den Ofen auf 180 Grad Umluft vorheizen. 2 Bleche mit Backpapier belegen. Pastinake und Rande (Rote Bete) in feine Scheiben schneiden (ca. 2 mm) und auf dem Blech verteilen. Den Blumenkohl in kleine Röschen zupfen, auf dem zweiten Blech verteilen. Beides würzen und den Blumenkohl mit Kokosöl bestreichen. Den Blumenkohl rund 25 Minuten, die Pastinaken- und Randenchips 30–35 Minuten goldbraun backen. (Achtung, gut im Auge behalten; je nach Dicke dauert es unterschiedlich lang.) Aus dem Ofen nehmen, etwas abkühlen lassen.

2 Den Tofu in kleine Würfel schneiden (ca. 4 × 4 mm). Die Gewürze und die gehackten Cashews dazugeben und gut mischen. In einer Pfanne bei mittlerer Hitze 6–7 Minuten goldbraun braten. Die Herdplatte ausschalten und vor dem Servieren nochmals kurz erwärmen.

3 Für die Avocadosuppe alle Zutaten in einem leistungsstarken Mixer glatt mixen. Das Kokosöl in einem Topf erhitzen, die Senfsamen darin rösten, bis sie aufpoppen. Die Avocadosuppe dazugießen, einmal aufkochen, gut rühren und auf sehr niedriger Hitze warm halten.

4 Die Avocadosuppe abschmecken und nach Bedarf noch etwas nachwürzen. In Tellern anrichten, die Toppings daraufgeben, mit Salatblättern nach Wahl garnieren, etwas Limettensaft darüberträufeln und servieren.

Tipps

- *Das Süppchen eignet sich auch super als Vorspeise für 4 Personen und schmeckt am besten lauwarm serviert.*
- *Anstelle von Rande (Roter Bete) und Pastinake kann man für die Chips auch Karotten oder Süßkartoffeln verwenden.*

Copacabana, Rio de Janeiro

COPACABANA

Ein Ort, an dem man genießt und genießen lässt

Rio ist eine Stadt, die nie schläft. Morgens, noch vor Sonnenaufgang, lief ich jeweils der vier Kilometer langen Copacabana entlang. Ich war überrascht, wie sportlich die »Cariocas« (so nennt man die Bewohner Rios) sind, denn ich war nur eine von sehr vielen, die schon in Turnschuhen unterwegs waren. Und auch viele andere, die nicht Sport trieben, waren bereits auf den Beinen. Die Fischer kamen in ihren kleinen Booten mit der fangfrischen Beute zurück, die Baristas der Strandbars trafen ihre Vorbereitungen für einen weiteren Tag voller Rambazamba und unzähliger ausgeschenkter Caipirinhas, junge verliebte Pärchen kamen gerade erst vom Ausgang zurück, sprangen mitsamt den Kleidern ins Wasser und genossen den Sonnenaufgang. Einige saßen mit geschlossenen Augen ganz friedlich da, tranken erst mal einen »Cafezinho«, um wach zu werden, oder schlürften das Wasser aus einer frischen Kokosnuss, und andere liefen mit einem Sandwich oder einer Açai-Bowl in den Händen die Copacabana entlang, um sich für den Tag zu stärken.

Alle schienen die Morgenstimmung zu genießen und gemeinsam in den Tag zu starten. Es fühlte sich so an, als wäre jeder willkommen – egal, woher er kommt, was er macht, wie er ist oder nicht ist. Ob Einheimischer oder Tourist, arm oder reich, hell- oder dunkelhäutig. Es war deutlich zu spüren, dass die »Cariocas« ein extrem offenes, tolerantes und entspanntes Volk sind und jeder jeden leben lässt, so wie es ihm passt. Stress scheint hier ein Fremdwort zu sein, zumindest wenn man sich in der Nähe eines Strandes befindet. Diesen Eindruck bestätigte mir auch ein Kellner, der erklärte, dass der Strand der demokratischste aller Orte sei. Bei allen Kontrasten und Widersprüchen, welche die Stadt prägen, von Nobelgegenden zu riesigen Favelas voller Drogen und Gewalt, scheinen die Unterschiede und Hintergründe der Menschen am Strand keine Rolle zu spielen. Ob am frühen Morgen oder in der atemberaubenden Abendstimmung bei Sonnenuntergang scheinen sie alle völlig miteinander zu verschmelzen.

Kondensmilch, Butter und Kakao – nicht mehr und nicht weniger enthält die beliebte brasilianische Nascherei »Brigadeiro«. Die Bällchen werden in Schokostreuseln gewendet und sind vor allem bei Kindergeburtstagen ein Muss. Unglaublich schokoladig, süß und cremig – die pure Verführung, von der mehr als ein Stück schon fast einen Zuckerschock bewirkt. Die »Beijinhos de coco« sind die Kokosversion des »Brigadeiro«; sie erinnern stark an die bekannten »Raffaello«-Kugeln – wer die mag, ist hier genau richtig. Meine Version dieser beiden Leckereien enthält weder Butter noch Kondensmilch und schmeckt dennoch genauso süß und einfach unwiderstehlich. Ich kann nur raten, beide auszuprobieren. Sie können ganz ohne schlechtes Gewissen vernascht werden, und es liegt auch mehr als ein Stück drin! Bis wir in Peru landen, müssen aber alle weg sein, denn dort geht es genauso lecker weiter.

Beijinhos de coco und Brigadeiros

Kokosküsse, die einen träumen lassen, und Schokoträume, die diesen Traum noch versüßen!

ERGIBT 14–16 BEIJINHOS, 8–10 BRIGADEIROS // GF / LF / RZF / V / VGN

BEIJINHOS (KOKOSKÜSSE)
100 g Mandeln, geschält
100 ml Kokosmilch
7 Medjool-Datteln, entsteint
4 EL Mandelmus, hell
1 Prise Himalajasalz
½ TL Vanillepaste
1 EL Ahornsirup
100 g Kokosraspel
3 EL Kokosflocken

KOKOSCREME
100 ml Kokosmilch, normal oder light
1½ EL Mandelmus, hell
1–1½ EL Ahornsirup
½ TL Vanillepaste
1 Prise Himalajasalz

BRIGADEIROS (SCHOKOTRÜFFEL)
100 ml Kokosmilch
7 Medjool-Datteln, entsteint
1 Prise Himalajasalz
½ TL Vanillepaste
1 EL Ahornsirup
30–40 g Kakaopulver, je nachdem wie schokoladig man es mag
3 EL Kakaonibs

1 Für die Kokosküsse den Ofen auf 170 Grad Umluft vorheizen. Die Mandeln auf ein Backblech geben und etwa 10–12 Minuten goldbraun rösten. Gut im Auge behalten; sie sollten nicht zu dunkel werden. Herausnehmen, vollständig auskühlen lassen. 16 Stück davon beiseitelegen, die restlichen Mandeln etwa 2 mm fein hacken.
2 Kokosmilch, Datteln, Mandelmus, Salz, Vanillepaste und Ahornsirup in einem lesitungsstarken Mixer fein mixen. Die Kokosraspel und 60 g der gerösteten, gehackten Mandeln daruntermischen. In ein Gefäß füllen und mindestens 1–2 Stunden im Gefrierfach fest werden lassen.
3 Die Kokosflocken nach Wunsch in einer Pfanne auf mittlerer Hitze unter ständigem Rühren goldbraun rösten oder ungeröstet verwenden. In eine Schale geben.
4 Die Masse aus dem Gefrierfach nehmen und daraus 14–16 gleich große Kugeln formen. In jede Kugel eine geröstete Mandel stecken und die Kugeln in den Kokosflocken wenden. Weitere 1–2 Stunden oder über Nacht in das Gefrierfach geben.
5 Für den »Raffaello«-Effekt eine Kokoscreme zubereiten: In einem kleinen Topf die Kokosmilch mit Mandelmus, Ahornsirup, Vanillepaste und Himalajasalz unter Rühren aufkochen, die Hitze stark reduzieren und weiterrühren, bis die Masse eindickt, dann von der Herdplatte nehmen, auskühlen lassen und glatt rühren.
6 Vor dem Verzehr die Kokosküsse mit etwas Kokoscreme und den restlichen gerösteten, gehackten Mandeln garnieren.

1 Für die Schokotrüffel Kokosmilch, Datteln, Salz, Vanillepaste und Ahornsirup in einem leistungsstarken Mixer fein mixen. In einen Topf geben, unter Rühren einmal kurz aufkochen und etwas eindicken lassen, dann sofort von der Herdplatte nehmen und in eine Schale füllen. Das Kakaopulver gründlich daruntermischen. Die Masse in ein Gefäß füllen und mindestens 2 Stunden im Gefrierfach fest werden lassen.
2 Die Kakaonibs im Blitzhacker (Cutter) fein hacken und in eine Schale geben.
3 Die Masse aus dem Gefrierfach nehmen und daraus 8–10 gleich große Kugeln formen. In den Kakaonibs wenden, bis sie rundum bedeckt sind. Weitere 1–2 Stunden oder über Nacht in das Gefrierfach geben.

Kokosküsse und Schokotrüffel etwa 5 Minuten vor dem Genuss aus dem Gefrierfach nehmen; dann haben sie die gewünschte cremig-feuchte Konsistenz.

Tipps
- *Die Kokoscreme separat, am besten frisch machen und erst vor dem Servieren auf die Kokosküsse geben (nicht mitgefrieren).*
- *Kokosküsse und Schokotrüffel können im Gefrierfach bis zu 2 Wochen aufbewahrt werden.*

PERU

Rezepte

Gebackene Süßkartoffeln zum Frühstück
mit allerlei Toppings

Rainbow-Knusper-Quinoa-Granola
mit cremiger Nussmilch und warmen Kirschen

Quinoa-Maca-Porridge
mit erfrischender Blaubeer-Randen-Creme und Minze

Lachsfilet auf Sellerie-Kartoffel-Pastinaken-Püree
mit Passionsfrucht-Mango-Sauce und Nuss-Crunch

Ceviche mit Süßkartoffelnestern
und Mais-Mango-Koriander-Püree

Erfrischender Hirsesalat mit Aprikosen-Süßkartoffel-Karotten-Püree
und gebratenen Jakobsmuscheln

Rainbow Mountain, Vinicunca

BIENVENIDO EN EL MUNDO DE LAS PAPAS!

Peru – ein Land, das ich bis anhin nur als Ursprungsland vieler Superfoods kannte, die ich selbst oft verwende – ist kulinarisch von Kreativität, aber auch Einfachheit, Vielfalt und Liebe zu den Zutaten wie zum Essen überhaupt geprägt. Es gibt praktisch nichts, was in Peru nicht wächst – vom Ozean bis in eine Höhe von über 4000 m ü. M. Da kullern zum Beispiel die von den Peruanern so heiß geliebten Kartoffeln nur so aus dem Boden. »Papas, papas, papas para todos!« Ein Paradies für alle Kartoffelliebhaber – und natürlich auch für alle Süßkartoffelliebhaber! (Obwohl Süßkartoffeln botanisch gar nicht zu den Kartoffeln gehören.)

Wie viele Sorten es davon nun eigentlich gibt, darüber sind sich die Peruaner nicht ganz einig. Die Antwort liegt irgendwo zwischen 3500 und 4000. Richtig gelesen, und da steht auch keine Null zu viel. Es gibt wirklich so viele verschiedene Sorten. Meinen Plan, jede Sorte zu probieren, musste ich damit definitiv aufgeben. Ich habe aber doch einige Sorten gekostet und muss sagen, dass es schon fast wie beim Wein ist. Jede Sorte schmeckt anders, die einen etwas runder im Geschmack, die anderen etwas intensiver, die einen süßlich, die anderen eher kräftig. Mein Favorit war die Sorte »La Peruanita« (ganz unten rechts).

Doch wie und wo wachsen diese Kartoffeln eigentlich? Um das herauszufinden, führte mich meine Reise hoch in die Anden nach Cusco, einer Stadt inmitten einer atemberaubenden Bergwelt auf über 3400 m ü. M. Hier empfing mich ein frischer Wind, der mich an meine Heimat, das Engadin, erinnerte. Und es schwebte eine magische Stimmung in der Luft, vergleichbar mit der Ruhe nach einem heftigen Sturm. Irgendwie hatte man das Gefühl, dass hier die Vergangenheit in der Gegenwart weiterlebt und man selbst mittendrin ist. Obwohl Cusco über 300 000 Einwohner zählt, fühlt man sich in den alten Gassen wie in einem kleinen Bergdorf, in dem Geschichten und Abenteuer durch die Straßen wehen. Die Menschen – alle etwa zwei Köpfe kleiner als der durchschnittliche Westeuropäer – leben mit und von der Natur, und das mit einer Subtilität und Sorgfalt, wie ich sie kaum sonst jemals erlebt habe. Die Anden Perus waren nicht nur kulinarisch, sondern auch kulturell und landschaftlich einfach Spitze.

Gebackene Süßkartoffeln zum Frühstück mit allerlei Toppings

So einfach, so lecker, so vielfältig – ganz egal ob süß oder salzig.

Das Durchprobieren ganz vieler Kartoffelsorten in Peru hat mich auf einige Ideen gebracht. Die Peruaner lieben Kartoffeln, ganz egal zu welcher Tageszeit. Daher wollte ich für dieses Buch unbedingt ein Frühstücksgericht mit Kartoffeln kreieren. Da kommen Süßkartoffeln absolut gelegen, denn sie haben von Natur aus einen leicht süßlichen Geschmack und im Vergleich zu normalen Kartoffeln zwar einen höheren Zuckergehalt, dafür aber einen geringeren Stärkeanteil. Ihre Süße wird noch um einiges intensiviert, wenn man sie für gut eine Stunde im Ofen bäckt. Nussbutter (verschiedener Sorten), direkt in die aufgeschnittene, noch dampfende Kartoffel geträufelt, frische Kräuter, Beeren und Granola oben drauf – ein Traum! Wer lieber salzig in den Tag starten möchte, wählt die mindestens ebenso leckere Avocado-Version. Bei diesem Rezept kann man seiner Kreativität freien Lauf lassen. Was normalerweise aufs Müesli, ins Porridge oder auf den Toast kommt, wandert stattdessen auf die Süßkartoffel. Supergesund, sättigend und eine schöne Abwechslung!

JEWEILS FÜR 1 PORTION // GF / LF / RZF / V / VGN

1 mittelgroße Süßkartoffel, Sorte nach Wahl (siehe Tipps)

HIMBEERE-TAHINI-MINZE
1 Handvoll frische Himbeeren (oder gefrorene, leicht aufgetaut)
2–3 TL Tahini
1–2 TL Ahornsirup
Sesamsamen, geröstet
1 Sträußchen frische Minze

BLAUBEERE-GRANOLA-MANDELMUS
1 Handvoll Blaubeeren
2–3 TL Mandelmus, hell oder dunkel
1–2 TL Ahornsirup oder Honig
1–2 EL Granola (z. B. Buchweizen-Granola von Seite 212)
einige Blätter frische Zitronenmelisse

AVOCADO-LIMETTE-KORIANDER
½ Avocado
½ Limette, Saft
¼ TL Himalajasalz
¼ TL Pfeffer aus der Mühle
1 Bund frischer Koriander
2 TL Dukkah oder Danukkah-Gewürzmischung von Seite 19, nach Bedarf
2 TL Kokosjoghurt, ungesüßt, oder 2 TL Cashew-Sauce von Seite 158

1 Den Ofen auf 180 Grad Umluft vorheizen. Ein Backblech mit Backpapier belegen. Die Süßkartoffel gründlich waschen und abbürsten. Mit einer Gabel rundherum einstechen und auf einem Blech im Ofen 60 Minuten backen, bis sich Tropfen des kristallisierten und karamellisierten Zuckers auf der Schale bilden.
2 Herausnehmen, kurz etwas abkühlen lassen, dann oben einschneiden und mit den gewünschten Toppings garnieren und genießen.

Übrigens: Die Schale unbedingt mitessen – für mich das Beste an der Süßkartoffel. Sie ist nach dem Backen nämlich schön knusprig und bringt auf einfache Art eine zusätzliche Geschmacksnote und vor allem bei der weißen Süßkartoffel zusätzliche Textur.

Tipps

- *Süßkartoffeln gibt es in verschiedenen Sorten, zum Beispiel außen braun und innen orange; außen und innen weiß; außen violett und innen weiß. Jede Sorte schmeckt leicht unterschiedlich. Ich habe in den Rezepten jeweils die Kombinationen gewählt, die für mich am besten passen. Die weiße Süßkartoffel ist mein Favorit; man findet sie in größeren Städten in türkischen, indischen oder teilweise auch asiatischen Lebensmittelläden.*
- *Die fertig zubereitete Süßkartoffel lässt sich auch gut mitnehmen als sättigendes, nahrhaftes und superleckeres Essen im Büro oder unterwegs.*
- *Für mehrere Esser und perfekt zum Brunch: Einige Süßkartoffeln backen und halbieren, dazu verschiedene Toppings in Schalen auf den Tisch stellen – jeder toppt nach Lust und Laune.*

La Montaña de Siete Colores, Vinicunca

EINE REGENBOGENWELT WIE IM MÄRCHEN

Was liegt nicht allzu weit von Cusco, heißt nicht Machu Picchu und ist (noch) nicht mit Touristen überfüllt? Ganz einfach: La Montaña de Siete Colores, auch Vinicunca oder Rainbow Mountain genannt. Man glaubt erst, dass es real ist, wenn man es selbst gesehen hat. Wenn ich an den Tag zurückdenke, als ich diese Berglandschaft zum ersten Mal sah, steigen in mir gleich wieder Hunderte Erinnerungen hoch. Eine Unmenge faszinierender Eindrücke, die mich einfach nur in den Moment eintauchen ließen – Zeit und Welt darumherum vollkommen vergessen, die Stimmung, die Landschaft, die Atmosphäre mit jeder Faser des Körpers spürbar. Der Rainbow Mountain hat mich sprachlos gemacht (und das will etwas heißen, wenn man weiß, wie gerne ich rede!).

Nach einer dreistündigen Autofahrt von Cusco, ganz früh am Morgen, sind wir mit dem Rucksack und mit viel Vorfreude von einem winzigen Dorf auf 4300 m ü. M., wo man immer noch die indigene Sprache Quechua spricht, losgelaufen. Die nahezu vierstündige Wanderung führte durch eine Landschaft wie im Garten Eden, in der sich mit jedem Schritt etwas mehr von der farbigen Bergwelt erblicken ließ. Ganz oben, auf über 5000 m ü. M. angekommen, hatte ich das Gefühl, auf einem anderen Planeten zu sein. Ich sprudelte vor Glück, fühlte mich von den farbigen Bergen um mich herum zugleich beschützt, aber auch winzig klein. Ganz egal wo man hinsah, jeder Blick nach rechts, nach links, nach hinten, nach vorne war einfach nur atemberaubend, einem Gemälde gleich. Man kann es kaum in Worte fassen. Es war ein überwältigendes Gefühl – ein Überschuss an Emotion pur. Und genau das, das Erlebnis dieser einmaligen farbigen Bergwelt, hat mich auch zu neuen, kreativen, farbenfrohen Rezepten inspiriert.

Rainbow-Knusper-Quinoa-Granola mit cremiger Nussmilch und warmen Kirschen

Das perfekte Frühstück, das für anstrengende Tage in den Bergen wappnet.

Die Wanderung auf den knapp 5000 Meter hohen Rainbow Mountain kostet einiges an Energie. Immer wieder etwas essen und viel trinken ist da unverzichtbar, um nicht plötzlich flachzuliegen. Am Vorabend machte ich mich deshalb in den Gassen von Cusco auf die Suche nach einigen Snacks. Ich war erstaunt, dass ich in praktisch jedem auch noch so kleinen Shop unzählige Varianten von Quinoa-Amarant-Maca-Riegeln fand, nur mit Honig gesüßt. Alles typische Zutaten mit Ursprung in Peru. Genau das, wonach ich gesucht hatte, um mich für den nächsten Tag zu wappnen. Die Riegel schmeckten superlecker und waren von luftig-leichter Konsistenz, als würden sie gleich zerbröseln. Ich fand das so toll zu essen, dass ich mir ein knuspriges Granola mit einer ähnlichen Konsistenz ausgedacht habe. Die Nussmilch dazu liefert wertvolle Omega-3-Fettsäuren, die die Aktivität des Gehirns ankurbeln und einen auch auf 5000 m ü. M. noch einigermaßen klar denken lassen.

FÜR 4–6 PORTIONEN // *GF / LF / RZF / V / VGN

GRANOLA
150 g Pekannüsse
50 g Sonnenblumenkerne
100 g Quinoaflocken
80 g Hirseflocken* (oder Haferflocken)
80 g Mohnsamen
5–6 EL Ahorn- oder Reissirup
½ TL Zimt, gemahlen
2 EL Kokosöl, geschmolzen

NUSSMILCH
50 g Pekannüsse
50 g Macadamianüsse
200 ml Wasser
200 ml Hafermilch (oder Soja- bzw. Mandelmilch)
2 TL Vanillepaste
5 Medjool-Datteln, entsteint
1 Prise Himalajasalz
20 Eiswürfel

Kirschen, frisch und entsteint oder gefroren mit wenig Wasser und etwas Kokosblütenzucker oder Ahornsirup weich gekocht
frische Beeren nach Wahl

1 Den Ofen auf 180 Grad Umluft vorheizen. Zwei Backbleche mit Backpapier belegen. Für das Granola Pekannüsse und Sonnenblumenkerne unterschiedlich grob hacken und in eine große Schüssel geben. Die restlichen Zutaten dazugeben, alles gut vermischen, auf den Backblechen verteilen und im Ofen etwa 25 Minuten goldbraun backen. Herausnehmen und vollständig auskühlen lassen.
2 Für die Nussmilch die Pekan- und Macadamianüsse ebenfalls im Ofen etwa 7 Minuten leicht goldbraun rösten. Herausnehmen, in einen leistungsstarken Mixer geben und mit allen weiteren Zutaten außer den Eiswürfeln mindestens 5 Minuten auf hoher Stufe mixen. Durch ein Sieb in ein Gefäß gießen, den Mixer ausspülen und die Milch durchs Sieb wieder zurück in den Mixer gießen. Die Eiswürfel dazugeben, fein mixen und kalt zum Granola servieren.
3 Die Kirschen und die Beeren nach Wahl daraufgeben. Sofort genießen und energiegeladen in den Tag starten.

Tipps

- *Für die Nussmilch unbedingt Medjool-Datteln verwenden, da diese einfacher zu verarbeiten und viel weicher und süßer sind als die kleinen, festen Datteln.*
- *Die Nussmilch passt ebenfalls zu meinen anderen Granolas. Auf die gleiche Weise kann aber auch mit jeder anderen Art von Nüssen eine Milch zubereitet werden (z. B. Erdnüsse). Sie hält sich gut verschlossen 2 Tage im Kühlschrank. Vor dem Gebrauch gut schütteln oder nochmals mit einigen Eiswürfeln mixen.*
- *Das Granola im Tiefkühlfach aufbewahren; so bleibt es schön knusprig und schmeckt erfrischend. Es kann auch mit einer anderen (fertigen) Milch nach Wahl genossen werden, falls keine Zeit für die Zubereitung der Nussmilch ist.*

IM PARADIES DER SUPERFOODS

Einmal im Ursprungsland der Produkte zu sein, die ich oft verwende, und zu erfahren, wo sie herkommen und wie sie wachsen, welchen Stellenwert sie in Peru selbst haben und wie sie seit Jahrhunderten eingesetzt werden, war für mich unglaublich spannend und bereichernd.

Doch was genau sind eigentlich Superfoods? Schmecken sie überhaupt, und braucht man sie? »Super« hin oder her, für mich sind Superfoods ganz einfach Produkte, die mir Energie geben, die viele Nährstoffe haben und – ganz klar – die mir auch schmecken. Ich esse und verwende in meinen Rezepten nur Dinge, die den Geschmack verbessern, abrunden oder interessant machen – da mache ich auch bei den heute so beliebten Superfoods keine Ausnahme. Chiasamen, Maca oder Quinoa verwende ich oft. Genauso ist für mich zum Beispiel aber auch eine Banane oder ein großer, knackiger Apfel ein »Superfood«. Kurz gesagt: Alles, was nährstoffreich ist, aus der Natur kommt und mir Energie gibt, zählt für mich zu den Superfoods. Und dann gibt es natürlich noch die »mentalen Superfoods«, wie etwa gute Schokolade, die allerdings mehr Nährstoffe für die Seele als den Körper hat.

Meine beiden Favoriten, Maca und Quinoa, werden auf der folgenden Seite näher vorgestellt. Und was ist mit Chiasamen? Die finde ich zwar toll, da sie cool aussehen (und sehr fotogen sind), doch kann man von den Nährstoffen her an ihrer Stelle genauso gut Leinsamen verwenden, die erstens billiger und zweitens ein Wundermittel für eine gute Verdauung sind. Kommt hinzu, dass der Konsum von Chiasamen so stark zugenommen hat, dass man nicht mehr sicher sein kann, wo chemische Zusatzstoffe drinstecken und wo nicht.

Doch ob Chia- oder Leinsamen bleibt euch überlassen. Super sind beide.

MACA

Maca soll gut sein für die Verdauung, den Cholesterinspiegel senken, stressresistenter, leistungsfähiger und wacher machen, stimulierend wirken und den Hormonhaushalt regulieren. Egal, was nun stimmt und was nicht, Maca ist lecker und gibt Energie. Bei uns ist es in Pulverform erhältlich, das ich hauptsächlich unter Shakes und Smoothies mixe, unter das Porridge rühre oder für eine besonders leckere Geschmacksnote in meinen Granola-Mischungen verwende.

Maca wächst in Peru auf 4000 bis 4500 m ü. M. Es wurde von den Inkas und wird auch heute noch von den meisten Peruanern als stärkendes und wärmendes Lebensmittel verwendet. In Cusco ist frühmorgens an jeder Ecke schon für 30 Cent ein Maca-Getränk erhältlich. Was bei uns der Kaffee, ist in Peru das morgendliche Maca. Einmal umblättern und die Geschichte dazu lesen!

QUINOA

Quinoa gibt es in drei Farben: weiß – mein Favorit – schmeckt eher neutral (gut für Frühstück und Müesli), rot (für Salate und in salzigen Gerichten) und dunkelbraun bis schwarz mit einem eher erdigen Geschmack (z. B. für Quinoa-Risotto oder andere salzige Gerichte). Bei uns ist Quinoa neben den ganzen Samen auch als Flocken, Pops und Mehl erhältlich. Quinoa hat einen sehr hohen Anteil an Protein (ca. 14 Prozent), einen tiefen Kohlenhydratanteil und ist zudem glutenfrei. Zur selben Pflanzenfamilie wie Quinoa gehören auch Amarant und Kaniwa (Canihua), die aber bedeutend kleinere Samenkörner als Quinoa aufweisen.

Zum Kochen benötigt man für Quinoa und Kaniwa, die im Geschmack ähnlich sind, etwa die doppelte Menge Wasser. Amarant braucht im Gegensatz dazu die zweieinhalb- bis dreifache Menge an Wasser. Quinoa und Amarant müssen im Gegensatz zu Kaniwa vor dem Kochen gut gewaschen werden. Dies, um die Saponine zu entfernen, die einen bitteren Beigeschmack ergeben können.

Fazit: Egal ob Quinoa, Amarant oder Kaniwa, sie bringen in jedes Gericht eine gute Portion Proteine und schmecken superlecker.

Quinoa-Maca-Porridge mit erfrischender Blaubeer-Randen-Creme und Minze

Ein cremig-beeriger peruanischer Frühstückstraum.

Quinoa und Maca – zwei peruanische Top-Nahrungsmittel und Energielieferanten, die es nicht nur den Nährwerten nach, sondern noch viel mehr geschmacklich in sich haben. In Peru ist ein Quinoa-Maca-Porridge-Getränk zum Frühstück so normal wie in der Schweiz das Birchermüesli. Die Inspiration zu diesem Rezept entstand frühmorgens auf dem lokalen Markt in Cusco. Ich schlenderte durch die engen Gassen, nahm die verschiedenen Gerüche wahr und versuchte, sie in meinem Kopf zusammenzuwirbeln und in meine Inspirationskartei einzuordnen. Die vielen Straßenstände, an denen das typische dickflüssige Getränk zubereitet wurde, kamen mir wie gerufen, denn es war ziemlich kühl in Cusco auf 3400 m ü. M., und etwas Warmes musste her. Eine ältere Frau mit einem Gesicht voller Geschichten streckte mir auf die Frage, was das genau sei, einen Becher mit dem Getränk hin und meinte mit einem breiten Lächeln, sie würde es seit über sechzig Jahren trinken, und es sei die beste Medizin für alles. Das Getränk war unheimlich süß, doch geschmacklich top. Hundert Meter weiter stiegen mir die Gerüche frischer Kräuter in die Nase, und ich erblickte die womöglich größten Randen (Rote Bete), die ich je gesehen habe. Das reichte schon, um daraus dieses Rezept zu kreieren. Lecker!

FÜR 2–3 PORTIONEN // GF / LF / RZF / V / VGN

PORRIDGE
400 ml Wasser
1 Prise Himalajasalz
200 g Quinoa

250 ml Mandelmilch
2 TL Macapulver
1 gehäufter EL Cashewmus
2 TL Vanillepaste
1½–2 EL Ahornsirup oder Honig
1 Prise Himalajasalz
2–3 TL Hanfsamen (für eine Extraportion Omega-3), nach Bedarf

CREME
150 g Randen (Rote Bete), gekocht
200 g Blaubeeren, gefroren
100 ml Wasser
3 Medjool-Datteln
1 Prise Zimt, gemahlen
½ TL Vanillepaste

TOPPINGS
Blaubeeren, frisch oder gefrorene, leicht angetaut
frische Minzeblätter
geröstete Cashews, klein gehackt, und/oder Cashewmus
etwas Mandelmilch zusätzlich

1 Das Wasser mit dem Salz in einem weiten Topf zum Kochen bringen. Das Quinoa gut waschen, in das kochende Wasser geben, 4 Minuten kochen lassen, dann die Hitze stark reduzieren und zugedeckt etwa 10–15 Minuten quellen lassen.
2 Inzwischen für die Creme die Randen (Rote Bete) schälen und zusammen mit den gefrorenen Blaubeeren, Wasser, Datteln, Zimt und Vanille in einem leistungsstarken Mixer fein und glatt mixen.
3 Die Mandelmilch mit allen weiteren Zutaten bis einschließlich Hanfsamen glatt mixen, zum aufgequollenen Quinoa geben, im Topf noch ein paar Minuten auf niedriger Stufe cremig rühren, dann in Schalen anrichten.
4 Etwas der kalten Blaubeer-Randen-Creme auf das Porridge geben. Mit Blaubeeren, Minzeblättern und gerösteten Cashews und/oder 1 TL Cashewmus garnieren. Wenig Mandelmilch um das Porridge träufeln und genießen.

Tipps
- *Anstelle von Minze kann man auch Zitronenmelisse verwenden. Die aromatischen Kräuter harmonieren unglaublich gut mit dem wärmenden Porridge und bringen etwas von der Frische von Cusco auf den Löffel.*
- *Wenn Quinoa vor dem Kochen in der Pfanne trocken angeröstet wird, erhält es einen leicht nussigen Geschmack, der ihm noch das gewisse Etwas verleiht.*
- *Das Porridge schmeckt auch kalt (bis maximal 2 Tage im Kühlschrank gelagert) sehr gut. Es lässt sich gut in einem fest verschließbaren Glas als Frühstück oder Lunch mitnehmen.*

El Parque del Amor, Lima

VON DEN ANDEN DIREKT AN DIE KÜSTE NACH LIMA

Die Stadt der atemberaubenden kulinarischen Feuerwerke

Lima hat mich in jeder Hinsicht überzeugt. Kulinarisch wie auch von der ganzen Atmosphäre. Der Kontrast zu den vorherigen Tagen in den Anden machte die Erfahrung noch eindrücklicher – immer noch Peru, aber trotzdem eine ganz andere Welt. Sowohl in Cusco als auch in Lima werden viele derselben Grundzutaten verwendet, und trotzdem schmeckt das Essen sehr unterschiedlich. In den Anden ist die Küche eher von Einfachheit und der Verwendung regionaler Zutaten geprägt, am Meer und in der Großstadt wird mehr mit verschiedensten Zutaten experimentiert, ohne dabei allerdings den landestypischen Hauptzutaten untreu zu werden.

Auch in der Mentalität zeigten sich Unterschiede: Von der Zurückhaltung der Menschen, wie ich sie in Cusco erlebt hatte, war in Lima keine Spur mehr. Mit 8,5 Millionen Einwohnern ist Lima eine Metropole und in vielen Bereichen natürlich weiter entwickelt als Cusco in den Bergen. Dennoch haben beide Städte diese spezielle magische Atmosphäre, strahlen Wärme aus und präsentieren Peru von unterschiedlichen, aber gleichermaßen spannenden Seiten.

Lima liegt direkt am Meer, das heißt, hier gibt es den frischesten und besten Fisch. Die Stadt strotzt von tollen Restaurants, von ganz einfachen bis zu gehobenen, in denen die besten Fischgerichte angeboten werden, die ich jemals kosten durfte. Die Köche trauen sich hier an Kombinationen, die den Gaumen überraschen und beglücken und in ihrer gekonnten Verbindung aller Geschmackskomponenten genau der Art von Kreativität entsprechen, die ich mir wünsche.

Peru ist weltweit bekannt für ein supereinfaches, doch unglaublich leckeres Fischgericht. Wie das heißt? »Ceviche!« Ich konnte es kaum erwarten, selbst zu sehen, wie dieses Nationalgericht zubereitet wird, und zu erfahren, wie es schmeckt. Zuerst aber wollte ich wissen, wo die Fischer am Morgen die Fische fangen, welcher Fisch sich am besten für Ceviche eignet und wie man es Schritt für Schritt zubereitet, sodass sich jedes Aroma voll entfalten kann. Am besten ganz nach peruanischer Hausfrauenart. Was dabei entstanden ist, und warum Ceviche ein solches Bomben-Gericht ist, ist auf Seite 66 nachzulesen.

Lachsfilet auf Sellerie-Kartoffel-Pastinaken-Püree mit Passionsfrucht-Mango-Sauce und Nuss-Crunch

Wenn das geschmackliche Feuerwerk auf dem Teller gezündet und im Gaumen zum Leben erweckt wird.

Was mich in Lima kulinarisch so begeisterte? Jeder Teller, der mir aufgetischt wurde, enthielt die verschiedensten Geschmackskomponenten und Texturen, es wurde sehr viel Wert auf die Präsentation gelegt, und die Leidenschaft der Köche war in jedem Bissen herauszuschmecken. Ein Lachsfilet wurde beispielsweise nicht einfach mit Spinat und Kartoffel serviert, sondern mit einem Papaya-Mais-Schaum, einem leichten Quinoa-Mandel-Mango-Salat, dazu feinstes Kartoffelpüree aus drei verschiedenen Kartoffelsorten und alles präsentiert wie ein Gemälde. Diese Kreativität habe ich – nach dem Motto »Eat Better Not Less« ohne die viele Butter, in der Fisch oft gebraten wird – in eines meiner Rezepte zu packen versucht. Jede Komponente spielt darin eine genau gleich wichtige Rolle. Es ist eines meiner absoluten Favoriten, und ich kann nur wärmstens empfehlen, dieses Gericht auszuprobieren.

FÜR 2–3 PORTIONEN // GF / LF / RZF

CRUNCH
60 g Nüsse, gemischt (Cashews, Mandeln, Haselnüsse, Walnüsse)
¼ TL Himalajasalz
½ TL Zimt, gemahlen
1 EL Ahornsirup

LACHS
1 Zitrone, Saft und abgeriebene Schale
1 Knoblauchzehe, fein gehackt
2–3 TL Olivenöl
Himalajasalz, Pfeffer aus der Mühle
1 Bund Zitronenthymian
400 g Lachs
Kokos- oder Avocadoöl zum Braten
1 Kopf Radicchio Rosso

PÜREE
100 g Pastinake
100 g Sellerieknolle
100 g kleine Kartoffeln
1 Knoblauchzehe, ganz
1 kleine rote Zwiebel, grob geschnitten
Himalajasalz, Pfeffer aus der Mühle
2–3 TL Olivenöl
50 ml Sojamilch

SAUCE
2–2½ EL Kokosblütenzucker
3 EL Wasser
1 kleine sehr reife Mango (ca. 200 g)
4 reife Passionsfrüchte
4–5 EL Wasser
¼ TL Chiliflocken

1 Den Ofen auf 170 Grad Umluft vorheizen. Für den Crunch die Nüsse im Blitzhacker (Cutter) grob bis klein hacken, mit den restlichen Zutaten vermischen, auf einem Backblech verteilen und im Ofen 10 Minuten goldbraun backen. Herausnehmen und vollständig auskühlen lassen.
2 Für den Lachs Zitronensaft und -schale, Knoblauch, Olivenöl, Salz, Pfeffer und die Zitronenthymianzweige in eine tiefe Schale geben, den Lachs hineinlegen, mehrmals wenden und etwa 20 Minuten marinieren lassen.
3 In einem Topf genügend Wasser aufkochen. Pastinake, Sellerie und Kartoffeln schälen, in kleinere Stücke schneiden und zusammen mit der Knoblauchzehe und der Zwiebel 20–30 Minuten ganz weich kochen.
4 Für die Sauce den Kokosblütenzucker mit dem Wasser in einem kleinen Topf auf mittlerer bis hoher Stufe 5 Minuten leicht karamellisieren lassen. Die Mango schälen, das Fruchtfleisch im Mixer fein pürieren. Zusammen mit dem Passionsfruchtfleisch und der zweiten Portion Wasser in den Topf geben und auf mittlerer Stufe mindestens 15 Minuten köcheln lassen, bis die Sauce auf die Hälfte reduziert ist und eine dickliche Konsistenz hat. Die Chiliflocken dazugeben, gut mischen und von der Herdplatte nehmen. Vor dem Servieren nochmals kurz erwärmen.
5 Die weich gekochten Pastinaken, Sellerie und Kartoffeln in ein Sieb abschütten, gut abtropfen lassen, dann in einem leistungsstarken Mixer zusammen mit den restlichen Zutaten zu einem glatten, cremigen Püree mixen. In einen Topf geben und vor dem Servieren etwas erwärmen.
6 In einer Bratpfanne Kokos- oder Avocadoöl erhitzen, den Lachs in die Pfanne geben, die Marinade darüberträufeln. Auf beiden Seiten goldbraun braten, herausnehmen und auf einem Teller kurz ruhen lassen. Den Radicchio in Achtel schneiden und in der gleichen Pfanne andünsten, bis er leicht zusammenfällt.
7 Etwas Püree auf die Teller geben, den gebratenen Radicchio und den Lachs darauf anrichten. Mit der Sauce beträufeln und mit Nuss-Crunch garnieren. Bei jedem Bissen, den man in den Mund schiebt, sollte etwas von jeder Komponente dabei sein – das ergibt eine wahre Geschmacksexplosion im Gaumen!

Tipps
- *Anstelle von Lachs Steinbutt- oder Wolfsbarschfilet verwenden.*
- *Für hungrigere Mäuler gekochtes Quinoa oder Hirse, mit wenig Zitronensaft, Himalajasalz, Pfeffer und etwas Olivenöl abgeschmeckt, dazu anrichten.*

Muelle de Pescadores, Lima

FRISCHER GEHT ES KAUM

Was soll man morgens um 5 Uhr in Lima tun? Auf zum Fischerhafen und zuschauen, wie die Fischerboote mit Netzen und Kübeln voller frisch gefangener Fische ankommen! Gesagt, getan. Ich setzte mich zu den Fischern, die nach getaner Arbeit zusammen Frühstück aßen, bekam gleich ebenfalls ein warmes Maca-Getränk vor die Nase gesetzt und begann sie auszufragen: »Seit wie vielen Jahren macht ihr das? Wie haben sich der Fischfang und der Fischkonsum über die Jahre verändert? Was ist euer Lieblingsfisch? Und esst ihr immer Fisch zum Frühstück?« Carlos, der schon seit über vierzig Jahren an diesem Hafen als Fischer arbeitet, erklärte, dass man eine große Nachfrage nach speziell guten und teuren Fischen spüre; es gebe immer mehr Restaurants, die nur noch die besten Sorten einkaufen. Die Armut in der Bevölkerung sei aber noch immer groß genug, dass auch die ganz kleinen Fische weggehen wie warme Brötchen. Denn am Morgen gibt es einen regelrechten Ansturm, und jeder will sich ein Stück (oder eben einen Sack voller kleiner Fische) ergattern. Und zu der Frühstücksfrage meinte er schmunzelnd, an eine Mahlzeit ohne Fisch könne er sich gar nicht erinnern.

Als ich erwähnte, dass ich noch nie zuvor Ceviche gegessen hatte, konnten das die Fischer kaum glauben (wer von ihnen schon mal eine Schweizer Rösti gegessen hat, fragte ich dennoch nicht zurück). Überaus freundlich nahmen sie sich die Zeit, mir die Zubereitung von »Ceviche für Dummies« Schritt für Schritt zu erklären. Ihre wichtigsten Tipps sind im Kasten rechts festgehalten. Ich ließ mir das von den Fischern empfohlene beste Stück Fisch filetieren und einpacken und besorgte auf dem Markt die typisch peruanischen Zutaten: Süßkartoffeln, Mais, ganz viele Limetten, Mangos, Avocado und und und. Bei Letty, der Cousine eines Bekannten aus der Schweiz, ging es damit gleich in die Küche, um aus dem gerade vor ein paar Stunden gefangenen Fisch ein Ceviche zuzubereiten. Sie zeigte mir nochmals genau, wie man es auf die richtige peruanische Hausfrauenart macht. Es schmeckte einfach mega!

Meine Inspiration? Einmal umblättern bitte!

Señor Pescador Carlos' Top-Tipps für die Zubereitung von Ceviche:

1. Den richtigen Fisch verwenden (weiße, festfleischige Fische, keine öligen Fische).
2. Den Fisch so frisch wie möglich kaufen und am besten am selben Tag verarbeiten.
3. Frischen Fisch immer gut gekühlt halten.
4. Den Fisch sauber filetieren und die sichtbaren Blutbahnen wegschneiden.
5. Genug Säure (Limetten-/Zitronensaft) für das »Garen« des Fisches verwenden.
6. Mit Herzblut und Leidenschaft zubereiten.

Ceviche mit Süßkartoffelnestern und Mais-Mango-Koriander-Püree

An alle Neulinge: Ceviche wird so in Nullkommanichts zum neuen Favoriten.

Kulinarisch eine meiner größten Neuentdeckungen auf meiner Reise. Bei Ceviche wird ganz frischer Fisch weder gebraten noch gekocht, sondern in einer Marinade auf Zitronen- oder Limettenbasis durch die Säure sozusagen »gegart«. Das Resultat ist butterzart und zergeht auf der Zunge. Je frischer der Fisch (siehe Tipps vorherige Seite), desto besser und zarter das Ceviche. Als ich Ceviche zum ersten Mal zusammen mit Letty in ihrer Küche in Lima zubereitet habe, machte ich dazu einen Salat aus Avocado, Mango, Passionsfrucht, Chili, Ingwer, Honig und Limette, der unglaublich gut zum Fisch passte. Die Peruaner essen Ceviche jedoch meistens mit gekochtem Mais, frittiertem, knusprigem Mais und im Ofen gebackenen Süßkartoffeln. In diesem Rezept habe ich den Salat und die für Peru typischen Beilagen miteinander kombiniert. Daraus entstand dieses umwerfende Gericht. So einfach zuzubereiten, so lecker, so leicht, so frisch und so zufriedenstellend!

FÜR 2 PORTIONEN // GF / LF / RZF

KARTOFFELN
2 mittelgroße Süßkartoffeln mit weißem oder orangem Fruchtfleisch
etwas Himalajasalz, Pfeffer aus der Mühle
1 EL Olivenöl

FISCH
200 g Wolfsbarschfilet (so frisch wie möglich!) sauber pariert und filetiert

MARINADE
1½ Frühlingszwiebeln, nur der grüne Stängel
2 Handvoll frische Minzeblätter
4 Limetten, Saft (ca. 100–120 ml)
1 EL Olivenöl
Himalajasalz, Pfeffer aus der Mühle

PÜREE
200 g Süßmais, gekocht, abgespült
½ reife Mango (ca. 100 g)
½ TL Himalajsalz
½ TL schwarzer Pfeffer aus der Mühle
2–3 TL Olivenöl
150 ml Sojamilch
1 Bund frischer Koriander

frischer Koriander und Schnittlauch, fein geschnitten, zum Garnieren

1 Den Backofen auf 180 Grad Umluft vorheizen. Die Kartoffeln mit einem Spiralschneider in dünne Streifen schneiden, in eine Schale geben, Gewürze und Olivenöl dazugeben, mit den Händen sorgfältig vermischen und zu 6–8 kleinen Nestern formen. Diese auf ein Backblech setzen und im Ofen etwa 25 Minuten goldbraun und an den Rändern leicht knusprig backen.
2 Das gut gekühlte Wolfsbarschfilet in kleine Würfel von etwa 0,7 cm Seitenlänge schneiden und in eine tiefe Schale geben.
3 Den grünen Teil (Stängel) der Frühlingszwiebeln und die Minze so fein wie möglich schneiden, mit Limettensaft, Olivenöl, Salz und Pfeffer vermischen, über den Fisch träufeln, bis er davon bedeckt ist, sorgfältig mischen und 15–30 Minuten (siehe Tipps) marinieren lassen.
4 Für das Püree sämtliche Zutaten in einem leistungsstarken Mixer fein und glatt mixen, in einen Topf geben und auf tiefer Stufe leicht erwärmen.
5 Das warme Püree auf die Teller verteilen, die Kartoffelnester daraufsetzen und jeweils einen Löffel Ceviche mit etwas Sauce auf die Nester geben. Mit den fein gehackten Kräutern garnieren und sofort genießen.

Für alle, die keinen Fisch essen: Die Beilagen allein schmecken mit etwas Limettensaft beträufelt und mit frischen Kräutern bestreut auch superlecker.

Tipps
- *Fischsorten, die sich gut für Ceviche eignen: Wolfsbarsch, Streifenbarsch, Zackenbarsch, Seezunge, Flunder.*
- *Die Marinierzeit des Fisches ist je nach Vorliebe (ähnlich wie bei den Garstufen bei Fleisch: rare, medium, well done) anzupassen. Bei der angegebenen Schnittgröße (0,7 × 0,7 cm) gelten folgende Richtwerte:*
  - *bis zu 10 Minuten: außen weißlich, innen so gut wie roh*
  - *nach 10–15 Minuten (rare): ca. 2 mm der Außenschicht ist gegart, innen roh*
  - *nach 15–20 Minuten (medium): nur noch ein kleiner Kern ist roh*
  - *20 bis maximal 30 Minuten (well done): komplett gegart; der Fisch ähnelt in der Textur der von gekochtem Fisch*

Erfrischender Hirsesalat mit Aprikosen-Süßkartoffel-Karotten-Püree und gebratenen Jakobsmuscheln

Erfrischend leicht und geschmacklich ein Traum.

In Lima fiel ich jeden Abend zu hundert Prozent erschöpft und zu hundertfünfzig Prozent verblüfft über das gute Essen ins Bett. Am letzten Abend zog es mich in ein einfaches Restaurant in einer Seitengasse nahe der Küste, etwas weg von dem mit Menschen gefüllten Stadtteil Miraflores. Schon von der Straße aus duftete es himmlisch. Es gab keine Menükarte, sondern jedes Gericht wurde einem mündlich vorgestellt, fast so, als wäre es ein Kunstwerk, was mir die Auswahl um einiges erschwerte. Ich entschied mich für Jakobsmuscheln auf einem Quinoa-Cranberry-Salat mit einem Kürbispüree auf hauchdünn gebratenen Auberginenscheiben. Jeder Bissen war umwerfend. Daraus musste ich selbst ein Rezept kreieren, und hier ist, was dabei aus meiner Erinnerung an die verschiedenen Geschmacksnoten herausgekommen ist.

FÜR 4 PORTIONEN // GF / LF / RZF / *V / *VGN

SALAT
100 g Mandeln, geschält
240 g Hirse, feinkörnig
50 g Berberitzen, getrocknet, oder Granatapfelkerne (oder 80 g Cranberrys, ungesüßt, klein geschnitten)
120–150 g Stangensellerie, klein geschnitten
6 EL Zitronensaft und etwas abgeriebene Schale
2 EL Honig oder Ahornsirup
Himalajasalz, Pfeffer aus der Mühle

PÜREE
350 g reife Aprikosen (ca. 4 große Stück)
250 g Karotten (ca. 4 Stück)
150 g Süßkartoffel (ca. 1 mittelgroße)
1 Knoblauchzehe, ganz
1 weiße Zwiebel, grob gehackt
2 TL Olivenöl
100 ml Sojamilch
1 EL Zitronensaft und etwas abgeriebene Schale
1 EL Mandelmus
Himalajasalz, Pfeffer aus der Mühle
½ TL Chiliflocken

JAKOBSMUSCHELN
4–6 frische Jakobsmuscheln pro Person
2 EL Zitronensaft
Himalajasalz, Pfeffer aus der Mühle
etwas Kokos- oder Avocadoöl zum Anbraten

1 Den Ofen auf 180 Grad Umluft vorheizen. Die Mandeln auf einem Blech 7–9 Minuten goldbraun rösten. Herausnehmen, kurz abkühlen lassen und im Blitzhacker (Cutter) grob bis fein hacken.
2 Die Hirse gut waschen. In einem Topf die doppelte Wassermenge aufkochen, die Hirse dazugeben, 2–3 Minuten kochen, dann von der Herdplatte nehmen und 10 Minuten zugedeckt quellen lassen. In eine große Schüssel geben, mit einer Gabel auflockern.
3 Für das Püree in einem weiteren, großen Topf genügend Wasser zum Kochen bringen. Die Aprikosen halbieren und entsteinen, Karotten und Süßkartoffel schälen. Alles zusammen mit Knoblauch und Zwiebel in den Topf geben und 20–25 Minuten weich kochen.
4 Die Jakobsmuscheln mit kaltem Wasser abspülen, in eine tiefe Schale geben, mit Zitronensaft, Salz und Pfeffer sorgfältig vermischen und 15–20 Minuten marinieren lassen.
5 Für den Salat 80 g der Mandeln, die Berberitzen (Granatapfelkerne oder Cranberrys), Stangensellerie sowie alle weiteren Zutaten zu der Hirse geben und gut vermischen.
6 Aprikosen, Karotten und Süßkartoffel in ein Sieb abschütten, gut abtropfen lassen, dann mit Olivenöl, Sojamilch und den weiteren Würzzutaten in einem leistungsstarken Mixer 3–4 Minuten glatt und cremig mixen. In einen Topf umfüllen und vor dem Servieren nur leicht erwärmen.
7 In einer Bratpfanne wenig Kokos- oder Avocadoöl erhitzen und die Jakobsmuscheln auf jeder Seite etwa 1½ Minuten goldbraun braten.
8 Das Püree auf die Teller verteilen, etwas Hirsesalat daraufgeben, die Jakobsmuscheln darauf anrichten und mit den restlichen gehackten Mandeln garnieren.

Tipps
- *Jeder Bissen sollte von jeder Komponente etwas enthalten. Wichtig sind auch die unterschiedlichen Temperaturen – der kühle Hirsesalat, das lauwarme Püree und die heiß gebratenen Jakobsmuscheln –, wodurch die Aromen auf den Punkt gebracht werden.*
- *Für eine *vegetarische/vegane Variante gebratenen Tofu oder Tempeh oder gegarten Brokkoli anstelle der Jakobsmuscheln verwenden.*

GUATEMALA

Rezepte

Maisgrieß-Tostadas mit Black-Bean-Püree,
gebratenen Zucchini und Äpfeln, Avocado und Nüsslisalat

Weiße Maistortillas mit Blumenkohl in Mandelkruste,
Sellerie-Limetten-Avocado-Salat und Koriander-Mais-Pesto

Salat-Tortillas mit herzhaften Patties, Randen-Mango-Chutney
und gebratenen Sesampilzen

Ein farbenfroher Power-Salat,
der einen auf Höchstleistungen bringt

Bananeneis mit Pekan-Haselnuss-Crunch auf
Espresso-Shot

San Juan La Laguna, Guatemala

Antigua, Guatemala

KUNTERBUNT UND CHARMANT

In Guatemala angekommen, ging es direkt in die ehemalige Hauptstadt der spanischen Kolonien in Mittelamerika, nach Antigua de Guatemala. Ein kleines, charmantes Städtchen, einst durch ein Erdbeben fast völlig zerstört, heute aber wieder quicklebendig und pulsierend. Ich schlenderte den holprigen, grob gepflasterten Straßen entlang, vorbei an niedrigen farbig gestrichenen Häusern und wunderschönen Wänden mit rustikalem Charme und ganz viel Patina. Hier fühlt man sich fast wie in uralte Zeiten zurückversetzt, einfach mit einem südamerikanischen Touch in den Ohren, den Augen und dem Bauch dazu. An den Straßen reihen sich Streetfood-Stände und winzig kleine Tortilla-Restaurants mit unglaublich leckerem und billigem Essen bis hin zu unzähligen Cafés, die mit dem Duft frisch gerösteten Kaffees locken und einen unweigerlich hineinziehen, ganz egal, wie sehr man sich dagegen sträubt.

Beim Street Food, der auf den Straßen verkauft wird, sind genauso wie im Nachbarland Mexiko Avocado, schwarze Bohnen, Mais und Co. Trumpf. Doch Guatemala hat noch ganz viele weitere leckere Gerichte zu bieten, die nichts mit Burritos, Fajitas und Nachos zu tun haben. Mein Favorit auf den Straßen Antiguas? Einmal umblättern und eintauchen in die Farbenwelt Guatemalas!

Maisgrieß-Tostadas mit Black-Bean-Püree, gebratenen Zucchini und Äpfeln, Avocado und Nüsslisalat

Der leckerste Streetfood-Snack aus Antigua de Guatemala auf meine Art.

In Antigua habe ich zum ersten Mal eine »Tostada«, diesen unglaublich leckeren Streedfood-Snack, probiert. Zubereitet wurde sie von einer älteren Dame, die schon seit über vierzig Jahren immer am gleichen Ort in der Stadt ihre Tostadas verkauft. Es sind meist frittierte, knusprige Maistortillas mit Schwarze-Bohnen-Püree oder mit Avocado, Tomatensauce, Zwiebeln und Parmesan darauf – oder mit allem zusammen. Bei mir wird die Tostada nicht frittiert, sondern gebacken; und die Zucchini-Apfel-Raspel lassen die Geschmacksnerven Freudensprünge machen.

ERGIBT CA. 10 TOSTADAS / BELAG FÜR 6–8 TOSTADAS // GF / LF / RZF / V / VGN

TOSTADAS
180 g Vollkorn-Maisgrieß
½ TL Himalajasalz
1 TL Kokosblütenzucker
1 EL Kokosöl, geschmolzen
100 g Kichererbsenmehl
300 ml Wasser, kochend
200 ml Sojamilch
2 TL Koriander, gemahlen

ZUCCHINI-APFEL-BELAG
2 mittelgroße Zucchini
1 Apfel (Golden Delicious)
2–3 TL Kokosöl
2 TL Kreuzkümmelsamen
2 TL Senfsamen, schwarz
Himalajasalz, Pfeffer aus der Mühle

SCHWARZE BOHNEN
240 g schwarze Bohnen, gekocht
½ Limette, Saft
100 ml Sojamilch
1 TL Koriander, gemahlen
1 TL Kreuzkümmelsamen
1 TL Kokosblütenzucker
½–1 TL Chiliflocken
Himalajasalz, Pfeffer aus der Mühle

SALAT
120 g Nüsslisalat (Feldsalat), gewaschen
1 Limette, Saft
2–3 TL Olivenöl
Himalajasalz, Pfeffer aus der Mühle

AVOCADO
2 Avocados
Limettensaft
Himalajasalz, Pfeffer aus der Mühle

1 Den Ofen auf 180 Grad Umluft vorheizen. Zwei Backbleche mit Backpapier belegen und mit wenig Kokosöl bestreichen. Sämtliche Zutaten für die Tostadas in einem leistungsstarken Mixer fein mixen. Die Masse (je ca. 1 gehäufter EL) auf den beiden Blechen zu etwa 10 Tostadas, etwa 3 mm dick und 10 cm im Durchmesser, ausstreichen. Im Ofen 25 Minuten goldbraun und knusprig backen.
2 Zucchini und Apfel fein raspeln. Das Kokosöl in einer weiten Bratpfanne auf mittlerer Stufe erhitzen, Kreuzkümmel- und Senfsamen darin rösten, bis die Samen aufpoppen, Zucchini und Apfel dazugeben und 10–15 Minuten auf mittlerer Stufe braten, ab und zu umrühren. Mit Salz und Pfeffer abschmecken, von der Herdplatte nehmen.
3 Die Bohnen zusammen mit allen weiteren Zutaten im Mixer fein pürieren.
4 Den Salat mit Limettensaft, Öl, Salz und Pfeffer sorgfältig vermischen.
5 Die Avocados halbieren und entsteinen. Eine Hälfte beiseitelegen, das restliche Fruchtfleisch mit einer Gabel zerdrücken, etwas Limettensaft, Salz und Pfeffer dazugeben und vermischen. Die beiseitegelegte Avocadohälfte in feine Scheiben schneiden.
6 Die knusprig gebackenen Tostadas mit etwas Schwarze-Bohnen-Masse (nach Wunsch leicht erwärmt) bestreichen, etwas Salat, 1 Esslöffel Avocadopüree und dann die Zucchini-Apfel-Mischung darauf verteilen. Mit Avocadoscheiben und nach Wunsch mit einigen ganzen schwarzen Bohnen und/oder mit Feta oder der Cashewsauce von Seite 158 toppen.

Tipps

- *Dieses Gericht ist perfekt für einen Brunch mit Familie oder Freunden am Wochenende. Jeder kann die Tostadas so belegen, wie er möchte.*
- *Die fertig gebackenen Tostadas kann man im Kühlschrank 2 Tage aufbewahren. Vor dem Essen im Ofen nochmals kurz erwärmen und zum Beispiel als »Sandwichbrot« verwenden oder nach Belieben und Kreativität mit anderen Zutaten belegen.*

DIE GEHEIMZUTAT FÜR UNWIDERSTEHLICHE TORTILLAS:

Langjährige Erfahrung und gute Armmuskeln

Frische Maistortillas gehören in Guatemala ausnahmslos zu jeder Mahlzeit und werden von allen heiß geliebt. Die traditionelle Art der Zubereitung geht bis in die Zeit der Maya zurück.

Die Tortillas aus Guatemala unterscheiden sich klar von jenen aus Mexiko, die wesentlich größer und dünner sind. In Guatemala hingegen sind sie weiß, luftig und schmecken am besten dampfend heiß serviert. In einem kleinen Dorf, nicht weit von Antigua, konnte ich die Tortilla-Werkstatt einer sympathischen »Tortillera« besuchen (so nennt man die Frauen, die seit Jahren mit Herz, Leidenschaft und Perfektion die Zubereitung der Tortillas betreiben) und lernen, wie man frische Tortillas macht.

Der eher feuchte Grundteig für die Tortillas, »masa« genannt (im Bild links), wird aus weißem Mais und Wasser jeden Tag frisch hergestellt. Davon nimmt man eine Handvoll zwischen beide Hände, formt den Teig zu einer runden Scheibe und schlägt diese geschickt und locker von einer Handfläche in die andere zu einer perfekt runden Tortilla. Danach werden die Tortillas auf dem »Comal«, einer heißen Eisenplatte über offenem Feuer, beidseitig leicht angebraten, was ihnen den authentischen Räuchergeschmack gibt. Sie werden, in einem Tuch warm gehalten, auf den Straßen verkauft oder von den Familien des Dorfes abgeholt. Zehn Stück kosten nicht einmal 10 Quetzales, was gut 1 Euro entspricht.

Meine ersten eigenen Tortilla-Versuche glichen eher einem missglückten Weihnachtskeks, aber nach mehreren Versuchen kam schließlich doch eine einigermaßen runde Tortilla dabei heraus. Das Geheimnis einer perfekten Tortilla ist ganz einfach Erfahrung und Übung über Jahre hinweg. Und Übung macht ja bekanntlich den Meister. In Guatemala stehen schließlich schon die kleinen Mädchen hinter den »Comales«.

Eines meiner Lieblingsrezepte in diesem Buch, weiße Maistortillas alla Nadia, folgt auf der nächsten Seite.

Weiße Maistortillas mit Blumenkohl in Mandelkruste, Sellerie-Limetten-Avocado-Salat und Koriander-Mais-Pesto

Einer meiner absoluten absotollen absosowieso Favoriten!

Die Herstellung der Maistortillas ist auf der vorangehenden Seite näher beschrieben. Da weißes Maismehl bei uns schwierig zu finden ist, verwende ich in diesem Rezept gekaufte weiße Maistortillas. Sie kommen zwar geschmacklich nicht ganz an die frischen Tortillas heran – doch die Toppings vermögen das leicht zu kompensieren. Der Mais in der Sauce bringt eine leichte Süße ins Spiel, zusammen mit dem gebackenen, knusprigen Blumenkohl ein Traum. Und wenn man die Augen schließt und sich gedanklich in die Tortilla-Werkstatt auf der vorherigen Seite versetzt, spürt man sogleich den Räuchergeschmack der frischen Tortillas im Gaumen. Garantiert!

FÜR 8 KLEINE TORTILLAS // GF / LF / RZF / V / VGN

BLUMENKOHL
120 g Mandeln, geschält
1 großer Blumenkohl (ca. 500 g)
2 TL Koriander, gemahlen
1 TL Himalajasalz
¼ TL Pfeffer aus der Mühle
100 ml Sojamilch
3 TL Kokosöl, geschmolzen

PESTO
50 g der restlichen Mandelmischung (siehe oben)
2 Bund frischer Koriander
100 g Mais, gekocht (gelb oder weiß)
2 Knoblauchzehen
1 EL Kokosöl, geschmolzen
½ TL Himalajasalz
¼ TL Pfeffer aus der Mühle
2–3 TL Kokosblütenzucker
1 Limette, etwas abgeriebene Schale und Saft
150 ml Sojamilch

SALAT
400 g Stangensellerie
1 reife Avocado
100 g Mais, gekocht (weiß oder gelb)
1 Limette, Saft
Himalajasalz, Pfeffer aus der Mühle

8 kleine Maistortillas, weiß
frischer Koriander zum Garnieren
½ Kopf Radicchio Rosso, in ganz feine Streifen geschnitten

1 Den Ofen auf 170 Grad Umluft vorheizen. Die geschälten Mandeln auf einem Blech im Ofen 10 Minuten goldbraun rösten, herausnehmen und vollständig auskühlen lassen.
2 Den Blumenkohl waschen und in Röschen zerteilen.
3 Die Mandeln im Blitzhacker (Cutter) sehr fein hacken, mit Koriander, Salz und Pfeffer in einer Schale vermischen. In einer zweiten Schale die Sojamilch mit dem geschmolzenen Kokosöl vermischen.
4 Die Blumenkohlröschen zuerst in die Milch tauchen, dann in der Mandelmischung wenden, bis sie rundum bedeckt sind. Nebeneinander auf ein Backblech legen. Die restliche Mandelmischung für den Pesto beiseitestellen. Eine ofenfeste Schale mit Wasser mit auf das Backblech stellen und den Blumenkohl im Ofen 30 Minuten goldbraun backen.
5 Für den Pesto die restliche Mandelmischung (es sollten mindestens 50 g sein) mit allen weiteren Zutaten in einem leistungsstarken Mixer zu einem glatten Pesto mixen. Kalt stellen.
6 Für den Salat die Selleriestangen waschen, Blätter und Strunk abschneiden, die Stangen mit dem Sparschäler in dünne lange Streifen schneiden, in eine Schüssel geben.
7 Die Avocado halbieren, entsteinen, schälen und in ganz feine Scheiben schneiden. Zusammen mit dem Mais und dem Limettensaft zu den Selleriestreifen geben, mit Salz und Pfeffer abschmecken und sorgfältig vermischen.
8 Die Maistortillas im Ofen 5–7 Minuten erwärmen (je nachdem, ob sie knusprig oder weich sein sollen, etwas länger oder weniger lang).
9 Die Tortillas mit etwas Pesto bestreichen, einen gute Handvoll Salat und einige Stücke Blumenkohl daraufgeben, mit frischen Korianderblättern und Radicchiostreifen garnieren und zum Schluss mit etwas zusätzlichem Pesto beträufeln.

Tipps

- *Weißen Mais, weißes Maismehl und fertige weiße Maistortillas findet man in größeren Städten in Geschäften, die auf südamerikanische oder mexikanische Produkte spezialisiert sind.*
- *Fertige weiße Maistortillas sind mittlerweile teilweise auch in größeren Supermärkten erhältlich. Notfalls kann man auch gelbe Maistortillas verwenden.*

AVOCADOS, DIE JEDES HERZ ZUM SCHMELZEN BRINGEN

Avocados, Aguacates, Avocados, so weit das Auge reicht. Was hierzulande als eher exotische, mittlerweile aber auch absolut trendige Frucht bekannt ist, wächst in Guatemala an allen Ecken und Enden und gehört dort quasi zum täglichen Brot. Die Avocados in Guatemala unterscheiden sich jedoch um einiges von den bei uns erhältlichen. Erstens sind sie viel größer, und man kann sie ganz einfach mit den Händen aufbrechen. Zweitens hat das Fruchtfleisch eine viel intensivere, leicht gelbliche Farbe, ist zudem zarter und cremiger, schmeckt intensiver und leicht süßer. Kurz und bündig: Die Aguacates in Guatemala sind einfach bombastisch!

Doch was bringen Avocados sonst noch? Wieso werden sie plötzlich so hochgejubelt? Sind sie wirklich so gesund? Ich verwende Avocados in meinen Rezepten in erster Linie, weil sie mir einfach supergut schmecken. Und das praktisch immer in Kombination mit Limette. (Eigentlich müssten sich die beiden Früchte vermählen und zusammen einen neuen Baum hervorbringen – ein »Avomettenbaum« im Garten wäre das Nonplusultra). Man kann aus Avocados nicht nur die altbekannte Guacamole machen, sondern sie genauso gut für Smoothies, Saucen, Pürees und Suppen verwenden, Sandwiches damit belegen, sie unter Salate mischen, einfach nur zerdrücken und auf knusprig gebackenes Vollkornbrot streichen, und sogar Desserts lassen sich damit kreieren. Avocados sind unglaublich vielseitig einsetzbar und verleihen jedem Gericht mehr Textur und eine cremige und fein erfrischende Note.

Natürlich sollte man nicht gleich mehrere Avocados aufs Mal essen, denn sie sind ziemlich kalorienreich, doch Avocado in die Ernährung zu integrieren, bringt praktisch nur Vorteile. Neben vielen wertvollen Vitaminen und einem hohen Anteil an Kalium (woran es den meisten Menschen etwas mangelt) haben sie zwar einen großen Fettanteil, doch es sind gesunde Fette mit einfach ungesättigten Fettsäuren. Diese helfen, den Blutzuckerspiegel zu regulieren, sie kurbeln die Fettverbrennung an und können, wenn sie zusammen mit Gemüse gegessen werden, den Anteil an aufgenommenen Antioxidanten erhöhen. Und zu guter Letzt, sie sättigen und senken damit das Hungergefühl.

Tipp: Anstelle von Kokosöl kann man für salzige Gerichte in meinen Rezepten auch das hochwertige Avocadoöl verwenden. Dieses ist ebenfalls hitzestabil und eignet sich super zum Kochen und Anbraten.

Salat-Tortillas mit herzhaften Patties, Randen-Mango-Chutney und gebratenen Sesampilzen

Eine andere Art Tortillas und leckere Burger, in ein Rezept gepackt.

Wohin ich auf Reisen auch komme, frage ich die Leute immer: »Was ist dein Lieblingsessen? Was ist das typischste Gericht deines Landes?« In Antigua gab mir eine junge Frau überraschenderweise folgende Antwort: »No me gustan las tortillas! Me gustan los frijoles negros y los mangos de Guatemala están muy ricas.« Mangos und schwarze Bohnen also mag sie, aber Tortillas nicht. So kam ich auf die Idee zu diesem Gericht. Anstelle von Tortillas habe ich knackige Kopfsalatblätter verwendet. Dazu Mango-Randen-Chutney, das man auch einfach so auslöffeln könnte, leckere Schwarze-Bohnen-Patties und Pilze, alles in einem frischen Salatblatt. Es entsteht eine wunderbare Symphonie der Geschmacksnoten. Dazu sagt garantiert niemand: »No me gustan las tortillas de ensalada!«

FÜR 3 PORTIONEN, ERGIBT 9 MINI-BURGER // LF / RZF / V / VGN

BURGER
1 EL Leinsamen, geschrotet
2½ EL Wasser
4 EL Haferflocken
2 EL Kokosraspel
2 EL Sesamsamen
2 EL Walnüsse
250–270 g schwarze Bohnen, gekocht, gut gewaschen und abgetropft
50 ml Sojamilch
2–3 TL Olivenöl
Oliven- oder Kokosöl zum Bestreichen

GEWÜRZMISCHUNG
1 Bund frischer Koriander
1 kleine rote Chilischote
2 Knoblauchzehen
2 rote Zwiebeln
je 1 TL Himalajasalz und Pfeffer aus der Mühle
1½ EL Kokosblütenzucker
½ Limette, Saft

CHUTNEY
1 mittelgroße Rande (Rote Bete), roh
1 extrareife Mango
2 Medjool-Datteln, entsteint
50 ml Wasser
1 TL Kokosöl

2 TL Kokosöl
200 g Pilze nach Wahl, gesäubert
2 TL Sesamsamen
Salatblätter, frischer Koriander, Limettensaft
1 Avocado

1 Den Ofen auf 200 Grad Umluft vorheizen. Ein Blech mit Backpapier belegen. Die Leinsamen mit dem Wasser vermischen und 15 Minuten einweichen.
2 Haferflocken, Kokosraspel, Sesam und Walnüsse im Blitzhacker (Cutter) fein hacken und in eine große Schüssel geben. Bohnen, Leinsamen, Sojamilch und Olivenöl hinzufügen und mit einer Gabel alles gut zerdrücken und vermischen.
3 Für die Gewürzmischung Koriander, Chili (je nach gewünschter Schärfe die Hälfte der Kerne entfernt), Knoblauch und Zwiebeln ganz fein hacken. Die restlichen Zutaten dazugeben und gut mischen. Die Hälfte davon zur Burgermasse geben; die andere Hälfte für das Chutney in eine Pfanne geben.
4 Aus der Burgermasse 9 gleich große Patties formen, auf das Backblech setzen, mit wenig Oliven- oder Kokosöl bestreichen und im Ofen 20–25 Minuten goldbraun backen.
5 Für das Chutney Rande (Rote Bete) und Mango schälen, das Fruchtfleisch der Mango vom Stein schneiden. Beides im Blitzhacker (Cutter) fein hacken. Die Datteln mit dem Wasser fein pürieren.
6 Das Kokosöl in die Bratpfanne zu den Gewürzen geben und diese unter Rühren kurz anbraten, die Randen-Mango-Mischung und die pürierten Datteln dazugeben, kurz aufkochen und dann bei geringer Hitze 20 Minuten köcheln lassen. Ab und zu umrühren. Abschmecken und, falls mehr Schärfe gewünscht ist, noch ½–1 TL Chiliflocken darunterrühren.
7 Für die Pilze das Kokosöl in der Pfanne erhitzen. Die Pilze mit den Sesamsamen darin goldbraun rösten, mit Salz und Pfeffer würzen.
8 Salatblätter, Korianderzweiglein und Limette bereitstellen. Jeweils 1 gehäuften Esslöffel Chutney auf ein Salatblatt geben, einen Burger daraufsetzen, mit Pilzen, Avocadoscheiben und Koriander garnieren, etwas Limettensaft darüberträufeln, einwickeln und genießen!

Tipps
- *Die Leinsamen, im Verhältnis 1:2½ in Wasser eingeweicht, können in jedem Rezept zum Binden verwendet werden. Stattdessen kann man die Burgermasse aber auch mit 1 verquirlten Ei binden.*
- *Die Patties lassen sich im Kühlschrank in Frischhaltefolie bis zu 2 Tage aufbewahren. Vor dem Essen in der Pfanne in etwas Kokosöl erhitzen und zum Beispiel zu einem Salat servieren.*

Ein farbenfroher Power-Salat, der einen auf Höchstleistungen bringt

Diesem Salat fehlt es an überhaupt nichts. Ein Ausprobier-Muss!

In Südamerika oder Mittelamerika kommt man um Reis und Bohnen kaum herum. Ich liebe schwarze Bohnen doch die roten Kidneybohnen können genauso lecker sein. Auch sie haben einen sehr geringen Fettanteil und einen hohen Proteingehalt. Der schwarze Reis bringt eine erdige, bodenständige Note in das Gericht, zu dem die Granatapfelkerne mit ihrer farbigen Frische einen schönen Kontrast bilden. Von guten Kohlenhydraten (schwarzer Reis), wertvollen Proteinen (Tempeh und Bohnen), gesunden Fetten (Avocado und Tahini), viel Gemüse und Balsam für den Gaumen ist in diesem Salat alles dabei. Er hält lange satt und erweckt die Farben Guatemalas in Gedanken zum Leben. (Die Inspiration für dieses Gericht kam einerseits von den typischen Zutaten Guatemalas, aber auch von dem Bild der Avocado-Frau auf Seite 80. Denken in Farben und Bildern – so entstehen oft die besten Rezepte.)

FÜR 3 PORTIONEN // GF / LF / RZF / V / VGN

REIS
200 g schwarzer Reis
500 ml Wasser
½ TL Himalajasalz

TEMPEH
200–300 g Tempeh (oder Tofu, natur)
2 TL Ahornsirup
Himalajasalz, Pfeffer aus der Mühle
1–2 TL Tahini

SAUCE
2–3 EL Tahini
1 EL Avocado- oder Olivenöl
2½ EL Zitronensaft
2 EL Soja- oder Mandelmilch
Himalajasalz, Pfeffer aus der Mühle
2 EL Weißweinessig
2 EL Ahornsirup
¼ TL Chilipulver

GEMÜSE
120 g Federkohlblätter
120 g Nüsslisalat (Feldsalat)
1½ Bund frischer Koriander
240 g Kidneybohnen, gekocht (aus dem Glas)
1 Granatapfel, Kerne ausgelöst (siehe Tipp)
1 reife Avocado
etwas Limettensaft

1 Das Wasser in einem Topf mit dem Salz aufkochen, den Reis dazugeben, umrühren, die Hitze auf mittlere Stufe stellen und zugedeckt 40 Minuten köcheln lassen.

2 Den Tempeh in kochendem Wasser etwa 8 Minuten kochen, herausnehmen, kalt abschrecken und in Würfel schneiden (ca. 1½ × 1½ cm). In eine Schüssel geben. Ahornsirup, Salz, Pfeffer und Tahini dazugeben, sorgfältig vermischen und etwa 20 Minuten ziehen lassen.

3 Für die Sauce alle Zutaten glatt und cremig mischen. Je nach gewünschter Schärfe etwas mehr oder weniger Chiliflocken dazugeben.

4 Die klein gezupften Federkohlblätter und den Salat waschen, trocken schleudern und in eine große Schüssel geben. Den Koriander klein schneiden und beifügen. Die Kidneybohnen in ein Sieb schütten, gut abspülen und ebenfalls in die Schüssel geben.

5 Den Tempeh in einer Bratpfanne auf mittlerer bis hoher Stufe rundherum goldbraun braten (falls gewünscht in wenig Kokosöl) und ebenfalls zum Salat in die Schüssel geben.

6 Die Granatapfelkerne dazugeben. Die Avocado halbieren, entsteinen, etwa drei Viertel des Fruchtfleischs in einer Schale mit etwas Limettensaft mit einer Gabel zerdrücken und unter den Salat mischen. Das restliche Fruchtfleisch in feine Scheiben schneiden und als Topping verwenden.

7 Den gekochten Reis in ein Sieb geben, mit kaltem Wasser abschrecken, leicht salzen und in die Schüssel zum Salat geben. Die Sauce darübergießen und alles gut vermischen. Mit den Avocadoscheiben garnieren.

Tipps

- *Bohnen vor dem Gebrauch immer gründlich waschen und abspülen; dadurch lässt sich ihre blähende Wirkung deutlich reduzieren.*
- *Um Granatapfelkerne schnell und einfach aus der Schale zu lösen, mit einem Löffel zuerst rundherum auf die Schale des Granatapfels klopfen, diesen halbieren, mit der Schnittfläche nach unten in die Hand nehmen, darunter eine Schale bereitstellen und mit dem Löffel auf die Granatapfelhälfte schlagen; dabei die Finger leicht spreizen, sodass die Kerne zwischen ihnen hindurch direkt in die Schale fallen.*

Antigua, de Guatemala

TOSTADAS UND TORTILLAS ADE –

Mein neuer Freund heißt »Señor Café«

Beim Herumschlendern in Antigua ließ ich die vergangenen beiden Wochen gedanklich nochmals Revue passieren. Knapp zwei Wochen und schon neun Flüge, unendlich viele Eindrücke, unzählige Tage mit einem rundum zufriedenen und angenehm gefüllten Bauch, was meine Inspiration für neue, kreative Rezepte im Turbotempo angekurbelt hat, spannende Geschichten und interessante Einblicke in das echte, authentische Leben der Menschen in Brasilien, Peru und Guatemala, aber – natürlich! – auch viel zu wenig Schlaf. Daher kam mir ein Kaffee, der mir für die anstehenden Tage wieder richtig viel Energie gibt, wie gerufen. Guatemala ist bekannt für seinen außerordentlich guten Kaffee. Doch zuerst wollte ich eine Kaffeeplantage besuchen, um zu sehen, wie der Kaffee von Grund auf entsteht und was alles dahintersteckt, bis man das heißgeliebte Getränk genießen kann.

KAFFEEPARADIES

Kaffee. Man liebt ihn oder man hasst ihn. Man kann nicht ohne ihn, oder man versteht nicht, wie man ohne ihn nicht kann. Man braucht ihn, um zu funktionieren, oder man funktioniert, ohne ihn zu brauchen. Egal ob man ihn nun mag oder nicht, der Besuch auf einer Kaffeeplantage lohnt sich auf alle Fälle.

Das Spannendste für mich ist immer, ganz nahe an den Ort der Entstehung verschiedenster Produkte zu kommen. Der Kaffee ist das beste Beispiel dafür. Ich wusste zwar in etwa, wie Kaffee hergestellt wird. Doch den Prozess auf der Kaffeefarm Buena Vista, eineinhalb Stunden von Antigua entfernt, von A bis Z mitzuerleben, zu sehen, was genau und wie viel Arbeit dahintersteckt, welche Unterschiede es gibt und wie viel Sorgfalt, Erfahrung und gutes Gespür die Herstellung von richtig gutem (und dabei meine ich wirklich richtig gutem!) Kaffee erfordert, war außerordentlich bereichernd. Bis die Kaffeepflanze überhaupt Kaffeefrüchte hervorbringt und man die Samen gewinnen kann, dauert es nach dem Setzen vier bis fünf Jahre. Die wichtigsten weiteren Schritte des Herstellungprozesses sind gegenüber aufgelistet.

Bei einer Tasse frisch gebrautem Kaffee, der eher goldfarben war und etwas an Tee erinnerte (übrigens auch für mich als Milchkaffetante ohne Milch superlecker schmeckte), erklärte mir der Kaffeemeister der Farm in einigen kurzen Schritten den Weg von der Bohne bis in die Tasse:

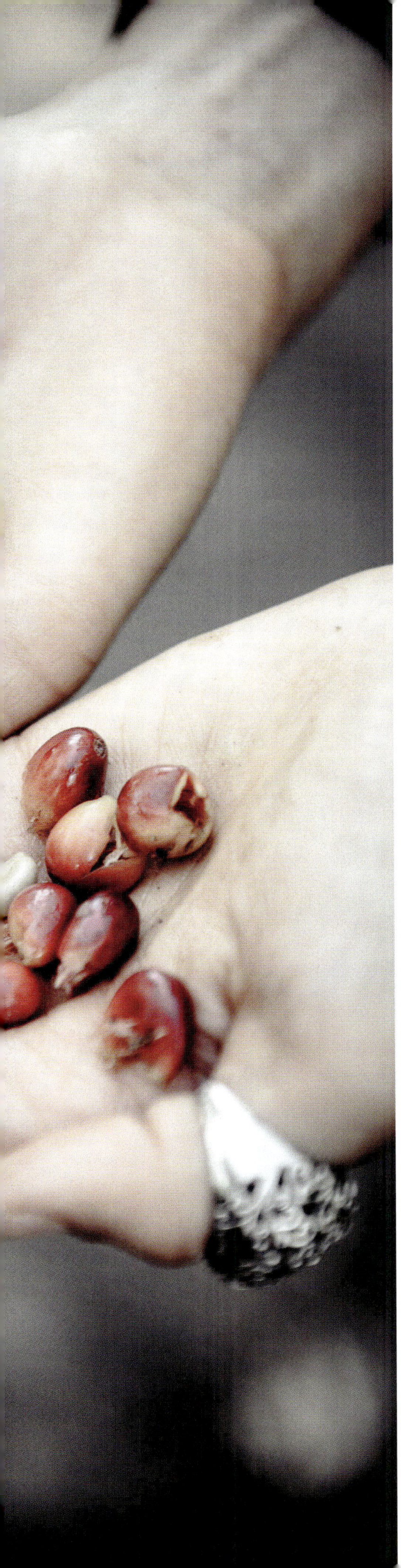

PFLANZEN
Die Kaffeesamen werden meist während der Regenzeit bei für die Pflanze günstigen klimatischen Bedingungen im Schatten gepflanzt.

ERNTEN
Reine Handarbeit! Jede »Kaffeekirsche« oder Beere wird einzeln von Hand gepflückt, sobald sie optimal reif ist; die Reifezeit variiert von Sorte zu Sorte.

TRENNEN/ENTHÜLSEN
Innerhalb von 24 Stunden nach der Ernte müssen die Samenkerne (dies sind die eigentlichen Kaffeebohnen) von der äußeren Schicht des Fruchtfleischs getrennt werden.

FERMENTIEREN UND WASCHEN
Die Bohnen werden in große, saubere Tanks geleert und während einem halben bis zu drei Tage fermentiert. Durch die Fermentation wird der Körper und Geschmack der Bohne verstärkt. Nach dem Fermentationsprozess werden die Bohnen gut gewaschen, um den Prozess zu stoppen.

TROCKNEN
Die gründlich gewaschenen Bohnen werden anschließend getrocknet, was von drei bis zu vierzehn Tage dauern kann, je nach Lufttemperatur und Sonneneinstrahlung.

SORTIEREN, SCHÄLEN, POLIEREN
Die Bohnen werden von Hand nach Qualität und Größe sortiert, um so die nicht ganz perfekten oder faulen Bohnen zu entfernen. Dann werden sie geschält und anschließend zur restlosen Entfernung der Silberhaut und zur Glättung der Oberfläche poliert.

RÖSTEN
Das Rösten des Kaffees ist eine wahre Kunst. Es erfordert viel Erfahrung und Können, um zu wissen, wie man das volle Aroma aus der Bohne erhält und wie die Balance zwischen der Bitterkeit und den verschiedenen weiteren Aromen sich entwickelt. Jede Rösterei hat ein anderes Röstverfahren, und genau dadurch entsteht schließlich der unterschiedliche Geschmack.

TESTEN UND EXPORTIEREN
Jede Sorte wird abschließend probiert und analysiert, um für eine konstant gleichbleibende Qualität zu sorgen oder sie zu verbessern. Dann werden die Bohnen für den Export verpackt oder lokal verkauft.

MAHLEN, BRÜHEN, GENIESSEN
Die gerösteten Kaffebohnen werden gemahlen und aufgebrüht, und dann heißt es einfach nur noch genießen.

Während diesen Ausführungen kam mit jedem Schluck des frisch gebrauten Buena-Vista-Kaffees eine andere Geschmacksnote hervor. Von einem leicht süßlichen, aber zugleich angenehm und nur eine Spur bitteren Geschmack, der an Kakao erinnerte, zu einem Hauch von Vanille und einer Ahnung von Apfel. Unglaublich!

Bananeneis mit Pekan-Haselnuss-Crunch auf Espresso-Shot

Das beste und einfachste Kaffeedessert überhaupt!

In Restaurants bestelle ich praktisch nie ein Dessert. Doch eines, das ich schlecht ablehnen kann, ist Affogato, eine Kugel Vanilleeis mit einem Espresso-Shot darüber. Als ich in Guatemala auf der Kaffeeplantage war und den lokalen Kaffee probiert habe, schwebte mir diese Kombination im Kopf herum. Eines meiner Lieblingsrezepte, in Nullkommanichts zubereitet, ist Bananeneis, das hier mit einem qualitativ guten Espresso (natürlich am besten mit Kaffee aus Guatemala) im Handumdrehen zu einem unglaublich leckeren Dessert wird. Es ist leicht, enthält weder raffinierten Zucker noch Butter oder Rahm und bietet von cremig bis knusprig, (dank dem Crunch dazu, der übrigens genauso süchtig machen kann wie Kaffee), von eiskalt bis warm alles an Konsistenz und Geschmack. Dazu ein paar frische Kirschen für die fruchtige Note – schließlich nennt man die Kaffeefrüchte, solange sie in ihrer weinroten Schale an der Pflanze hängen, auch »Kaffeekirschen«.

FÜR 3–4 DESSERTPORTIONEN // GF / LF / RZF / V / VGN

CRUNCH
50 g Haselnüsse
50 g Pekannüsse
1 Prise Himalajasalz
½ TL Vanillepaste
1½–2 EL Ahornsirup oder Reissirup

EIS
350 g reife Bananen, in Scheiben geschnitten eingefroren (ca. 3 Stück)
½ TL Vanillepaste
1 Prise Zimt, gemahlen
50–80 ml Sojamilch
etwas Ahornsirup zum Nachsüßen nach Bedarf

1 Espresso-Shot pro Portion
frische Kirschen zum Garnieren

1 Den Ofen auf 160 Grad Umluft vorheizen. Für den Crunch alle Zutaten im Blitzhacker (Cutter) einige Sekunden zerkleinern. Die Stücke sollten von eher fein bis grob sein. Auf ein mit Backpapier belegtes Blech geben und im Ofen etwa 20 Minuten goldbraun backen. Herausnehmen und vollständig auskühlen lassen.

2 Für das Eis die gefrorenen Bananenscheiben aus dem Gefrierfach nehmen und 5–7 Minuten antauen lassen. Dann die Bananen mit allen weiteren Zutaten in einem leistungsstarken Mixer ein paar Minuten zu einer glatten, eiscremeartigen Masse mixen. 2 Esslöffel Crunch dazugeben und ein paar Sekunden mitmixen. Nach Bedarf nachsüßen.

3 Für jede Portion einen Espresso oder Kaffee zubereiten und nach Wunsch heiß oder abgekühlt über das Bananeneis gießen. Mit Nuss-Crunch und Kirschen toppen und sofort genießen. Augen schließen und dem Duft von genauso gutem Kaffee bis nach Puerto Rico folgen!

Tipps

- *Je nachdem, wie stark man den Kaffeegeschmack möchte, einen doppelten Espresso, einen Espresso oder einen normalen Kaffee (»Lungo«) verwenden.*
- *Das Eis schmeckt auch ohne Kaffee mit dem Crunch als Topping super. Eventuell noch ein paar Beeren oder Bananenscheiben daraufgeben – ein feines, schnelles Dessert und auch gut zum Frühstück.*
- *Der Crunch kann in einem fest verschließbaren Glas im Kühlschrank mindestens 2 Wochen aufbewahrt werden und eignet sich als Topping für Smoothies, Müeslis oder als Snack zum Knabbern.*

Punta de Morro, San Juan

PUERTO RICO

Rezepte

Kakao-Knusper-Granola
mit unwiderstehlicher Haselnussmilch

Yuca-Knusper-Pommes mit Green-Glow-Sofrito
und Kokos-Mandel-Dip

Frühstücks-Burritos, gefüllt mit Lebensfreude
und erfrischender Zitronengrassauce

Platano-Tacos mit Pink-Berry-Sauce,
gebackenen Auberginen, Avocado und Pistazien-Crunch

Knusprige Platano-Chips auf erfrischendem
Piñita-Colada-Süppchen

Cookie Dough Shake mit den besten
Kakaonib-Pekan-Cookies

Kakao-Knusper-Granola mit unwiderstehlicher Haselnussmilch

Ein schokoladig energiegeladener Start in den Tag gefällig? Mit diesem Rezept gelingt es.

Dass Schokolade ungesund sein soll, können wir – bevor wir in die Welt von Puerto Rico eintauchen – ein für alle Mal vergessen. Der Ursprung des herzhaften Schokoladengeschmacks sind weder Zucker noch irgendwelche Zusätze, sondern die Kakaobohne, der Samen aus den Früchten des Kakaobaums, der unter anderem auch in Puerto Rico wächst. Auf Seite 108/109 ist zu sehen, wie die Kakaofrüchte aussehen. Bei meinem Besuch auf einer Kakaoplantage in Puerto Rico durfte ich hautnah miterleben, wie die Kakaobohnen gewonnen und zu Kakaopulver verarbeitet werden. Dieses Granola enthält kein bisschen Öl und keinen raffinierten Zucker und ist trotzdem unglaublich knusprig. Wer schon mal Kakaogeschmack als Raumduft ausprobieren wollte – ran an das Rezept! Einfach unwiderstehlich! Und zusammen mit der kalten Haselnussmilch unwiderschokostehlich hoch zwei!

GRANOLA FÜR 4–6 PORTIONEN / MILCH FÜR 2–3 PORTIONEN // GF / LF / RZF / V / VGN

GRANOLA
100 g Mandeln
100 g Haselnüsse
100 g Macadamianüsse
100 g Sonnenblumenkerne
60 g Amarant, gepufft
1-2 EL Kakaonibs
8 Medjool-Datteln, entsteint
100 ml Wasser
1 TL Vanillepaste
2 EL Kakaopulver
1 EL Mandelmus, hell oder dunkel
1½ EL Ahornsirup
2 Prisen Himalajasalz

HASELNUSSMILCH (ergibt ca. 500 ml)
50 g Haselnüsse, geröstet
200 ml Haselnuss- oder Hafermilch, ungesüßt
200 ml Wasser, kalt
12-14 Eiswürfel
2-3 Medjool-Datteln, entsteint
1 TL Vanillepaste

1 Den Ofen auf 160 Grad Umluft vorheizen. Mandeln, Hasel- und Macadamianüsse mit einem großen Messer oder im Blitzhacker (Cutter) in kleine bis grobe Stücke hacken; in eine Schüssel geben. Sonnenblumenkerne, Amarant und Kakaonibs dazugeben, gut vermischen.

2 Die Datteln mit dem Wasser und den weiteren Zutaten im Mixer zu einer glatten Paste mixen. Zu den Nüssen, Samen und Kernen in die Schüssel geben und alles gut und gleichmäßig vermischen. Auf zwei Backbleche verteilen und im vorgeheizten Ofen 30–35 Minuten backen. Nach der Hälfte der Backzeit mit einer Gabel etwas auflockern, damit das Granola gleichmäßig bäckt.

3 Für die Haselnussmilch die Haselnüsse auf ein kleines Blech geben und im Ofen 10–12 Minuten leicht goldbraun rösten. Dann zusammen mit Haselnuss- oder Hafermilch, Wasser, Eiswürfeln, Datteln und Vanillepaste in einem leistungsstarken Mixer 2–3 Minuten auf hoher Stufe mixen.

4 Die Milch durch ein Sieb in eine verschließbare Flasche oder ein Glas füllen und kühl stellen, bis das Granola fertig ist.

5 Das Granola aus dem Ofen nehmen und auskühlen lassen. Die gewünschte Menge in eine Schale geben, Beeren nach Wahl darauf verteilen und die Haselnussmilch (vorher nochmals gut schütteln oder aufmixen) dazu servieren. Löffel um Löffel, Crunch um Crunch genießen!

Tipps

- *Granola hält sich in einem fest verschließbaren Glas mindestens 1 Woche. Es schmeckt am besten und ist am knusprigsten direkt aus dem Kühlschrank oder dem Tiefkühler.*
- *Die Haselnussmilch schmeckt am besten gekühlt. Sie hält sich im Kühlschrank 2 Tage. Vor Gebrauch nochmals gut schütteln oder umrühren.*
- *Falls keine Medjool-Datteln verfügbar sind, die doppelte Menge an kleinen, entsteinten Datteln in Wasser weich kochen, abtropfen lassen und wie im Rezept angegeben weiterverarbeiten.*

PUERTO RICO,

San Juan

Der letzte Stopp meiner Südamerikareise war Puerto Rico. Ein Land, über das ich bis dahin nicht sehr viel wusste, außer dass es schöne Strände gibt, die Insel als 51. Staat der USA anerkannt wurde und das Essen von der kreolischen Küche beeinflusst ist. Was den Rest anbelangt, ließ ich mich überraschen. Hier ein Beispiel, wie ein Tag in San Juan, der Hauptstadt Puerto Ricos, aussehen könnte: den Sonnenaufgang an einem der Tausende atemberaubender Strände genießen, durch das farbenfrohe Städtchen San Juan schlendern, frische Cherimoyas vom Früchtemarkt essen, dazu den unglaublich guten, natürlich lokalen Kaffee trinken, Streetfood-Snacks am Hafen probieren, frische Kokosnüsse ausschlürfen, bis einem der Bauch fast platzt, und dann zu Piña Coladas wechseln, die übrigens nirgends so gut schmecken wie dort und das Volle-Bauch-Gefühl in Nullkommanichts verschwinden lassen. Dann ein kleines Restaurant mit Meersicht suchen und die Spezialität »Mofongo« probieren, die hauptsächlich aus frittierten Kochbananen, den Platanos, besteht (nicht das einzige, was in Puerto Rico frittiert wird – eher könnte man sich fragen, was hier nicht frittiert wird!), oder aber – genauso lecker und leichter – frisch gefangenen lokalen Fisch bestellen, der einem förmlich auf der Zunge zergeht. Zum Verdauen sich durch die lokalen Rumsorten probieren, die es hier in einer solchen Vielfalt gibt wie Wein in der Toskana, und dann einfach Sonne und Inselstimmung genießen. In Puerto Rico gilt das Motto: nicht nur einen, nicht zwei, sondern zehn Gänge herunterschalten, denn hier geht alles viel langsamer. Sich mit den Menschen vor Ort unterhalten und dazu vielleicht noch eine Piña Colada genießen, dem Sonnenuntergang von Punta del Morro aus zuschauen und den Abend mit Musik, gutem Essen und – wie könnte es anders sein – Rum und weiteren Piña Coladas ausklingen lassen. So macht man das in Puerto Rico!

Playa Vacía Talega, nähe San Juan

Yuca-Knusper-Pommes mit Green-Glow-Sofrito und Kokos-Mandel-Dip

Was in Puerto Rico frittiert wird, wird bei mir gebacken.

In Puerto Rico gibt es kaum etwas, was nicht noch schnell frittiert wird. Sogar das Steak wandert noch kurz in die Fritteuse, bevor es auf den Teller kommt. Das lieben die Menschen dort. Essen ist für sie das A und O, Gelegenheit, zusammenzukommen und Bissen um Bissen einfach zu genießen. Einige Kilo mehr auf den Rippen wird im Gegensatz zu anderen Ländern als gesund, attraktiv und Zeichen der Lebensfreude angesehen. Rundungen gehören dazu, und die Puerto Ricaner sind stolz auf sie. Aus den Spezialitäten des Landes Rezepte zu entwickeln, die dem Motto »Eat Better Not Less« folgen und dabei dennoch die Geschmackswelt Puerto Ricos auf die Zunge zaubern, hat meine Kreativität ziemlich gefordert. Frittieren gehört bei mir eben nicht dazu – aber Pommes müssen deshalb noch lange nicht von der Liste gestrichen werden. »Sofrito« ist in Puerto Rico eine Würzsauce, die als Basis für viele Gerichte verwendet wird. Hier meine Version davon, zusammen mit einem erfrischenden Kokos-Mandel-Dip, der das Pommes-Erlebnis auf eine höhere Stufe katapultiert.

FÜR 4–6 SNACK-PORTIONEN // GF / LF / RZF / V / VGN

POMMES
1 kg Yucawurzel
1½ EL Kokosöl, geschmolzen
1 TL Himalajasalz
½ TL Pfeffer aus der Mühle
2 TL Oregano, getrocknet

SOFRITO
100 g Mandeln, geschält
50 g Kokoschips, ungesüßt
2 grüne Paprikaschoten
1 frische grüne Chilischote
4 Knoblauchzehen
2 große weiße Zwiebeln
1 Apfel (z. B. Sorte Jazz)
2 Bund frischer Koriander
2–3 TL Kokosblütenzucker
½ TL Himalajasalz
½ TL Pfeffer aus der Mühle
1 Limette, Saft und etwas abgeriebene Schale

DIP
200 ml Kokosmilch
1 EL Mandelmus
1 Limette, Saft und etwas abgeriebene Schale
2–2½ TL Kokosblütenzucker
¼ TL Himalajasalz
1 TL Korianderpulver
100 ml Kokosmilch zusätzlich

frischer Koriander zum Garnieren
1 Limette zum Beträufeln

1 Den Ofen auf 180 Grad Umluft vorheizen. Mandeln und Kokoschips für den Sofrito im Ofen 10 Minuten goldbraun rösten, herausnehmen und im Blitzhacker (Cutter) fein hacken. Die Ofentemperatur auf 200 Grad erhöhen.
2 Die Yucawurzel schälen, die Enden abschneiden und die Wurzel in etwa ½ cm breite und 8–10 cm lange Pommes schneiden. In ein Sieb geben und mit Wasser gut abwaschen. Auf Küchenpapier gut abtupfen und in eine Schüssel geben.
3 Kokosöl, Salz, Pfeffer und Oregano dazugeben und mit den Händen sorgfältig vermischen. Auf ein Backblech verteilen und im Ofen 30 Minuten goldbraun und knusprig backen.
4 Für den Sofrito die Paprika halbieren und entkernen. Die Chilischote ebenfalls halbieren und die Kerne der einen Hälfte entfernen (je nachdem, wie scharf man es mag). Knoblauchzehen und Zwiebeln schälen. Paprika, Chili, Knoblauch, Zwiebeln, Apfel und Koriander im Blitzhacker (Cutter) fein hacken. Zusammen mit den gerösteten, fein gehackten Mandeln und Kokoschips in einer Pfanne auf mittlerer Stufe 15–20 Minuten leicht anbraten, dabei immer wieder rühren. Die restlichen Würzzutaten unterrühren, die Herdplatte ausschalten.
5 Für den Dip alle Zutaten bis einschliesslich Korianderpulver in einem Topf unter ständigem Rühren aufkochen, die Hitze stark reduzieren und den Dip etwa 10 Minuten köcheln und eindicken lassen. Von der Herdplatte nehmen, die zusätzliche Kokosmilch zugeben, gut mischen und glatt verrühren.
6 Die Yuca-Pommes aus dem Ofen nehmen, etwas abkühlen lassen und auf Teller verteilen. Eine gute Portion Sofrito auf die Pommes geben, etwas Dip darüberträufeln, mit frischem Koriander garnieren und für die nötige Frische mit wenig Limettensaft beträufeln. Den restlichen Dip separat dazu reichen.

Tipps
- *Anstelle von Yuca können auch Süßkartoffeln (orange und/oder weiße Sorte), Maniok, Yamswurzel oder Karotten verwendet werden.*
- *Ein Supersnack für Gäste, der geschmacklich neu ist und alle überzeugt.*

Frühstücks-Burritos, gefüllt mit Lebensfreude und erfrischender Zitronengrassauce

Proteinreich, farbenfroh und mit geschmacklicher Lebensfreude in den Tag.

Beeindruckt hat mich in Puerto Rico besonders, mit welcher Ruhe die Menschen in den Tag hineinleben. Obwohl ich eigentlich ständig etwas tun muss, hat es gut getan, einmal abzuschalten und sich voll und ganz diesem Lebensstil hinzugeben.
Essen ist für die Puerto Ricaner etwas vom Wichtigsten – das beginnt schon bei einem guten Frühstück. Diese Wraps sind farblich inspiriert von der Stimmung und Lebensfreude Puerto Ricos, geschmacklich von den frischen Kokosnüssen, die hier wachsen wie bei uns die Äpfel, und den schwarzen Bohnen, die für die richtige Textur und Bodenständigkeit sorgen (egal ob in Brasilien, Guatemala oder Puerto Rico, um schwarze Bohnen kommt man nicht herum, und das zu jeder Tageszeit). Alles umwickelt von knusprigen Vollkorn-Wraps. Abwechslungsreich, sättigend, proteinreich, erfrischend, knusprig, cremig – in diesen Frühstücks-Burritos ist alles enthalten.

FÜR 8 KLEINE ODER 4 GROSSE BURRITOS // *GF / LF / RZF / V / VGN

TOFU MIT BOHNEN UND MAIS
2 TL Kokosöl
2 Knoblauchzehen
200 g Tofu, natur
1 TL Kokosblütenzucker
¾ TL Kurkuma, gemahlen
2 EL Kokosraspel
200 g frischer Spinat
240 g schwarze Bohnen, gekocht (aus dem Glas)
160 g Maiskörner, gekocht (aus dem Glas)
2½ EL Zitronensaft
½ Bund frischer Koriander
½ Bund frische Zitronenmelisse

SAUCE
250 ml Sojamilch
2 Stängel Zitronengras, in Stücke geschnitten, etwas gequetscht
½ TL Himalajasalz
½ TL Pfeffer aus der Mühle
¼ TL Chiliflocken
2–3 TL Kokosblütenzucker
1½–2 EL Cashewmus
1 TL Koriander, gemahlen

8 kleine oder 4 große Vollkorn-Wraps oder -Tortillas

1 Das Kokosöl in einer großen Pfanne auf mittlerer Stufe erhitzen. Die Knoblauchzehen fein hacken und goldbraun rösten. Den Tofu mit den Händen fein zerbröckeln, in die Pfanne geben und unter Rühren einige Minuten mitbraten. Kokosblütenzucker, Kurkuma und Kokosraspel dazugeben und 5 Minuten weiterbraten, in der letzten Minute den Spinat dazugeben und zusammenfallen lassen. Die Pfanne vom Herd nehmen.
2 Für die Sauce alle Zutaten in einen Topf geben, kurz aufkochen, gut mischen und auf mittlerer Hitze 2–3 Minuten köcheln lassen, bis die Sauce etwas andickt. Etwa ein Fünftel der Sauce (zum späteren Beträufeln der Burritos) in eine kleine Schale füllen; den Rest zum Tofu geben.
3 Bohnen und Mais in ein Sieb geben, abspülen, abtropfen lassen und zum Tofu geben, den Zitronensaft darüberträufeln und alles gut vermischen.
4 Koriander und Zitronenmelisse klein schneiden, zur Tofu-Bohnen-Mischung geben und unterrühren. Die Zitronengrasstängel entfernen.
5 Jeweils einen großen Esslöffel Tofu-Bohnen-Mischung auf die Wraps geben und einrollen. Die Burritos in der Pfanne auf mittlerer Stufe auf allen Seiten goldbraun braten. Auf ein Schneidebrett geben, die restliche Sauce darüberträufeln, halbieren und genießen.

Tipps
- *Die Füllung schmeckt auch auf einem frischen Salat, dann einfach noch etwas Zitronensaft darüberträufeln, und ist auch ohne Wrap eine super Alternative zu Rührei.*
- *Man kann die Wraps, in Frischhaltefolie eingewickelt, maximal 2 Tage im Kühlschrank aufbewahren. Vor dem Essen im Ofen oder in der Pfanne aufwärmen und leicht anbraten.*
- *Für die *glutenfreie Version die Füllung entweder in große Salatblätter wickeln oder Quinoa-, Reis- oder Maistortillas verwenden.*

PLATANOS

Kochbananen, so weit das Äffchenauge reicht! Während sie in Europa eine eher unbekannte Zutat sind, werden sie in Puerto Rico in unzähligen Gerichten verwendet. Sie haben eine Menge zu bieten, sind vollgeladen mit Kalium, Magnesium und vielen weiteren Nährstoffen und unglaublich vielfältig einsetzbar für jegliche Art von Rezepten, von salzig bis süß.

Kochbananen werden in verschiedenen Reifestufen unterschiedlich genutzt:

- Die grünen erinnern geschmacklich und in der Textur an Kartoffeln, sind eher stärkehaltig, nicht wirklich süß und super geeignet für Chips, Pommes oder Tacos.
- Die gelben sind etwas süßer als die grünen und werden in Puerto Rico hauptsächlich für frittierte Gerichte verwendet. Oft werden sie auch gebraten, gekocht oder gegrillt.
- Die fast schon schwarz gereiften Kochbananen sind am süßesten; man kann sie gut für Desserts oder gebackene Gerichte verwenden.

Wie vielfältig Kochbananen sein können, zeigen die beiden nächsten Rezepte. Einmal habe ich die grünen, das andere Mal die schon gelben Kochbananen verwendet.

Platano, fertig, los! Beim Kochen dazu die Musik und den Hüftschwung nicht vergessen – die Kochbananen müssen schließlich in Stimmung kommen, um sich von ihrer besten Seite zu zeigen.

Platano-Tacos mit Pink-Berry-Sauce, gebackenen Auberginen, Avocado und Pistazien-Crunch

Mit diesen Tacos werden sogar Puerto Ricaner einen Gang zulegen.

Kochbananen habe ich zum ersten Mal vor gut zwei Jahren gekauft und wusste erst nicht so recht, was ich damit anfangen soll. Da ich zum Frühstück gerne Pancakes aus Bananen, Haferflocken und Nüssen mache, wollte ich anstelle der süßen Bananen die nicht wirklich süßen Kochbananen verwenden, um daraus eine salzige Variante von Pancakes oder eben Tacos herzustellen. Schon beim ersten Versuch war das Ergebnis eine Bombe! Als ich in Puerto Rico sah, was dort alles aus Platanos zubereitet wird, erinnerte ich mich wieder an die Idee mit den Tacos. Dieses Gericht ist einer meiner Favoriten und musste daher einen Platz in meinem Kochbuch finden. Die Sauce, die von der Herzlichkeit, der Lebensfreude und dem Rhythmusgefühl der Frauen Puerto Ricos inspiriert ist, verbindet alle Geschmacksnoten von salzig bis süß, leicht scharf, sauer, cremig und knusprig auf sinnliche Art.

FÜR 4 PORTIONEN // GF / LF / RZF / V / VGN

CRUNCH
50 g Pistazien, geschält
50 g Pekannüsse
Himalajasalz, Pfeffer aus der Mühle
2–3 TL Ahornsirup

TACOS
2 große Auberginen
Himalajasalz zum Bestreuen
Olivenöl zum Beträufeln
1 EL Leinsamen, geschrotet
2½ EL Wasser, lauwarm
2 grüne Kochbananen (ca. 600 g mit Schale, 350 g ohne Schale)
1 EL Cashewmus
1 TL Kokosblütenzucker
je ½ TL Himalajasalz und Pfeffer aus der Mühle
½ Limette, Saft
2 EL Kichererbsenmehl
100 ml Soja- oder Hafermilch
Kokosöl, geschmolzen, fürs Blech

SAUCE
100 g reife Mango, gewürfelt
80 g Blaubeeren, gefroren
100 ml Kokosmilch (normal oder light)
1 Knoblauchzehe
Himalajasalz, Pfeffer aus der Mühle
¼ TL Chiliflocken
2 TL Kokosblütenzucker (oder Ahornsirup)
1 Sträußchen frischer Thymian (12–15 g)
2 EL Kokosmilch zusätzlich
2 TL Zitronensaft

1–2 reife Avocado

1 Den Ofen auf 170 Grad Umluft vorheizen. Für den Crunch Pistazien und Pekannüsse klein hacken, mit etwas Salz, Pfeffer und dem Ahornsirup vermischen und im Ofen 8–10 Minuten goldbraun backen. Herausnehmen und auskühlen lassen.

2 Die Ofentemperatur auf 200 Grad Umluft erhöhen; drei weitere Bleche mit Backpapier belegen. Die Auberginen in etwa 1 cm dicke Scheiben schneiden, auf einem der Bleche auslegen, mit Salz bestreuen und 10–15 Minuten stehen lassen (um ihnen Bitterstoffe zu entziehen); das austretende Wasser mit einem Tuch abtupfen. Dann die Auberginen mit Olivenöl beträufeln und im Ofen etwa 35 Minuten backen.

3 Die Leinsamen mit dem Wasser gut vermischen und 10 Minuten stehen lassen. Die Kochbananen schälen, klein schneiden und mit allen weiteren Zutaten bis einschließlich Sojamilch in einem leistungsstarken Mixer glatt mixen. Die aufgequollenen Leinsamen dazugeben und nochmals 2–3 Minuten fein mixen.

4 Das Backpapier der beiden weiteren Bleche mit Kokosöl bestreichen und darauf je etwa 1 EL Taco-Masse zu 12 Kreisen (ca. 10–12 cm Durchmesser) flach ausstreichen. Zu den Auberginen in den Ofen schieben und 20–25 Minuten goldbraun backen. (Gut im Auge behalten, da sie je nach Dicke schnell zu dunkel werden können.)

5 Für die Sauce sämtliche Zutaten bis und mit Thymiansträußchen in einen Topf geben und etwa 15 Minuten auf mittlerer Stufe köcheln lassen; ab und zu umrühren. Von der Herdplatte nehmen, das Thymiansträußchen entfernen und die Sauce fein und glatt mixen. Die zusätzliche Kokosmilch und den Zitronensaft kurz vor dem Servieren darunterrühren.

6 Die Auberginen und die Tacos aus dem Ofen nehmen, ein paar Minuten abkühlen lassen, bis die Tacos knusprig sind. Die Avocado halbieren, entsteinen, schälen und in ganz feine Scheiben schneiden.

7 Die Tacos mit wenig Sauce bestreichen, jeweils 2–3 Auberginenscheiben und einige Avocadoscheiben daraufgeben, mit etwas Sauce beträufeln und mit dem Crunch bestreuen.

Tipp
Tacos eignen sich auch, zum Beispiel mit Honig und Mandelmus bestrichen und mit Bananenscheiben belegt, als Brotalternative zum Frühstück.

Knusprige Platano-Chips auf erfrischendem Piñita-Colada-Süppchen

Piña Colada mal anders!

Piña Colada erinnert an Urlaub und ist für alle Kokos- und Ananasliebhaber ein Traum. In San Juan besuchte ich das Restaurant »La Barranchina«, das bekannt ist für die besten Piña Coladas der ganzen Insel; hier soll das Getränk 1963 sogar entstanden sein. Dass eine Piña Colada so gut schmecken kann, hätte ich nicht gedacht. Frischer Ananassaft, Kokosnusscreme und Rum aus Puerto Rico, alles lokale Zutaten von bester Qualität, sorgten für ein unerwartetes Geschmackswunder. Das musste ich auf irgendeine Art in ein neues Rezept packen. Da ich ein großer Fan der Kombination von cremig und knusprig bin, kam ich auf die Idee, die Piña Colada als kaltes Süppchen zu servieren und dieses mit knusprigen Platano-Chips aus den in Puerto Rico so oft verwendeten Kochbananen und frischen Beeren zu toppen. Erfrischend und leicht, als Snack für zwischendurch oder als Dessert. (Und warum Piñita Colada? Ganz einfach, so nennen die Puerto Ricaner eine Piña Colada ohne Alkohol.)

FÜR 2 PORTIONEN // GF / LF / RZF / V / VGN

CHIPS
2 reife, gelbe bis braune Kochbananen
Kokosöl
einige Zweige Zitronenthymian

SÜPPCHEN
150 ml Kokosmilch
150 g reife Ananas, in Stücke zerteilt, über Nacht gefroren
2 EL Ahornsirup
1 TL Zitronensaft
½ TL Zimt, gemahlen
1 TL Zitronenthymianblättchen
1 Prise Himalajasalz
6–8 Eiswürfel
1 EL Rum, nach Wunsch

ZUM GARNIEREN
frische Blaubeeren und Brombeeren
Zitronenthymian
Honig oder Kokosblütennektar, nach Wunsch

Für dieses Rezept kann man die Platano-Chips auf zwei Arten zubereiten: In Version 1 ganz ohne Öl, in Version 2 werden sie in Kokosöl in der Pfanne knusprig gebraten. Version 2 mit dem gebratenen Thymian schmeckt mir persönlich besser und wäre typischer für Puerto Rico, da dort so gut wie alles frittiert wird.

1 VERSION 1: Den Ofen auf 180 Grad Umluft vorheizen. Die Kochbananen schälen, schräg in etwa 2 mm dicke Scheiben schneiden, auf einem Backblech auslegen und im Ofen etwa 25–30 Minuten goldbraun backen. Gut im Auge behalten, da die Chips je nach Dicke unterschiedlich lang brauchen, bis sie goldbraun sind. Aus dem Ofen nehmen und vollständig abkühlen lassen.
2 VERSION 2: Die Kochbananen schälen und schräg in etwa 2 mm dicke Scheiben schneiden. Genügend Kokosöl zusammen mit einigen Zweigen Zitronenthymian auf mittlerer bis hoher Stufe erhitzen, die Bananenscheiben darin beidseitig goldbraun und knusprig braten. Auf Küchenpapier geben und das Kokosfett abtupfen.
3 Für das Süppchen alle Zutaten in einem leistungsstarken Mixer glatt und cremig mixen. Sofort, solange es noch erfrischend kalt ist, in Schalen füllen, mit den Platano-Chips, einigen Beeren und Zitronenthymianblättchen garnieren und nach Wunsch mit wenig Honig oder Kokosblütennektar beträufeln. Sofort genießen und am besten mit einem Rum dazu anstoßen!

Tipps
- *Man kann auch die doppelte Menge des Süppchens zubereiten und als Shake genießen. Oder den oben erwähnten 1 EL Rum dazugeben und erhält so eine richtig leckere Piña Colada (ohne die Toppings).*
- *Für eine etwas dickere Konsistenz die Ananasstücke vorher für rund 2 Stunden in das Gefrierfach geben und dann mit den anderen Zutaten glatt mixen.*

HACIENDA JEANMARIE

Ein Besuch auf einer der wenigen Kakaoplantagen weltweit, auf der in einem Bestand von über 10 000 Bäumen eine unglaubliche Vielfalt von hochwertigen Kakaosorten absolut natürlich, biologisch und frei von irgendwelchen Chemikalien wachsen. Alles in Hand- und vor allem mit viel Herzarbeit gepflegt! Die reifen Früchte werden von Hand von den Bäumen gepflückt, dann aufgeschnitten, die Bohnen herausgelöst, anschließend fermentiert und auf natürliche Weise getrocknet. Was dabei herauskommt? Kakaobohnen, die zerbrochen als »Kakaonibs« und gemahlen als rohes hundertprozentig reines Kakaopulver bekannt sind.

Hacienda Jeanmarie Aguada, Puerto Rico

AUF DEN SPUREN DER WERTVOLLSTEN SCHOKOLADE PUERTO RICOS

Dieser freundliche Mann, Juan García, hat alles in seine Passion gesteckt und den Kakao in Puerto Rico wieder zum Leben erweckt. Es war toll, ihn auf seiner Kakaoplantage besuchen zu dürfen, zu sehen, wo die Kakaobäume inmitten und im Schatten anderer Pflanzen und Fruchtbäume wachsen, die verschiedenen Sorten kennenzulernen, und seine unendlich große Leidenschaft zu spüren.

Alles hat damit angefangen, dass Juan auf der Farm seiner Eltern wildwachsende Kakaofrüchte entdeckte und aus den in der Frucht enthaltenen Samen den ersten eigenen Schokoriegel hergestellt hat. Über die Jahre befasste er sich immer intensiver damit, wie man nachhaltig qualitativ hochstehende Schokolade herstellen kann, die dazu unglaublich gut schmeckt. Sein Ziel ist, dass Puerto Rico eines Tages zu den Ländern mit der besten Schokolade der Welt zählt. Das Potenzial für die Kakaoproduktion ist, wie er sagt, in Puerto Rico sehr hoch und könnte viele Arbeitsplätze schaffen.

Den Ursprung des Kakaos hautnah mitzuerleben und zu sehen, wie hochwertige Schokolade (so wie wir sie alle lieben – oder zumindest ich) von A bis Z entsteht, war für mich ein eindrückliches Erlebnis. Die im Innern der Frucht enthaltenen Kakaobohnen sind umhüllt von einer Schicht, die in der Konsistenz mit Litchis vergleichbar ist und zuckersüß schmeckt. Ich konnte fast nicht aufhören, sie im Mund von den Bohnen zu schlecken. Geschmacklich eine der besten Früchte, die ich je probiert habe! Wer die Chance hat, eine Kakaoplantage zu besuchen, die Frucht und reinen Kakao zu probieren, sollte sich dies auf keinen Fall entgehen lassen.

Cookie Dough Shake mit den besten Kakaonib-Pekan-Cookies

Dip 'n' sip! Wenn die Kindheitserinnerung, Cookies in Milch getaucht, zum Highlight wird.

Bei Juan García auf der Kakaoplantage durfte ich verschiedene Sorten seiner selbst hergestellten Schokoladen probieren. Von sechzig- bis hin zu hundertprozentigem Kakaogehalt. Entgegen meiner Erwartung schmeckte auch die hundertprozentige Schokolade unglaublich gut. Bei Kakaopulver ist die Qualität entscheidend. Je »roher« das Produkt, desto näher kommt der Geschmack dem Ursprung und desto mehr wertvolle Nährstoffe sind enthalten. Für meine Rezepte verwende ich ausschließlich rohes Kakaopulver und rohe Kakaonibs (gebrochene reine rohe Kakaobohnen). Für manche anfangs etwas gewöhnungsbedürftig, da der Geschmack viel intensiver ist als bei herkömmlichem Kakaopulver. Rohes Kakaopulver ist daran zu erkennen, dass es stark entölt und dadurch heller ist (entsprechenden Hinweis auf der Packung beachten). Meist ist es etwas teurer, doch man braucht auch entsprechend weniger davon. Bei weiteren Fragen einfach schnell nach Puerto Rico zu Juan García fliegen; er kann absolut jede Frage zu Kakao beantworten.

FÜR 12 COOKIES UND 2 PORTIONEN SHAKE // GF / VGN / VG / LF

COOKIES
100 g Pekannüsse
1 reife Banane
1 TL Vanillepaste
1 EL Erdnussmus, ungesüßt
1 EL Mandelmus, dunkel
2 EL Ahornsirup
150 ml Sojamilch
100 g Erdmandeln, gemahlen
3 EL Sojamehl
1 TL Backpulver
1 Prise Himalajasalz
3 EL Kakaonibs
6 Medjool-Datteln
Kokosöl fürs Blech
Kakaonibs zum Bestreuen
Ahornsirup zum Beträufeln

SHAKE
250 g reife Bananen, in Scheiben geschnitten, über Nacht gefroren
2–3 Medjool-Datteln, entsteint
1 TL Vanillepaste
¼ TL Himalajasalz
2–3 TL Erdmandeln, gemahlen, oder 1 EL Mandelmus, dunkel, oder 1 EL Mandeln, geröstet
1 EL Erdnussmus, ungesüßt
250 ml Sojamilch
2–3 EL Kakaonibs

1 Den Ofen auf 180 Grad Umluft vorheizen. Die Pekannüsse im Ofen 7–9 Minuten rösten, herausnehmen und klein hacken.
2 Die Banane mit einer Gabel gut zerdrücken. Vanillepaste, Erdnussmus, Mandelmus, Ahornsirup und Sojamilch dazugeben und gut vermischen. Das Erdmandelmehl mit Sojamehl, Backpulver, Salz, Kakaonibs und den klein gehackten Pekannüssen vermischen. Die Datteln entsteinen, in kleine Stücke schneiden und zusammen mit der Bananenmischung zur Mehlmischung geben. Alles gut vermischen.
3 Backpapier auf ein Blech legen und mit wenig flüssigem Kokosöl bestreichen. Etwa 12 Cookies aus je 1 EL Teig auf das Blech setzen, leicht flach drücken (ca. 6–7 cm Durchmesser). Kakaonibs darauf verteilen, mit wenig Ahornsirup beträufeln und im Ofen 18–20 Minuten goldbraun backen. Herausnehmen und auskühlen lassen.
4 Für den Shake die gefrorenen Bananenscheiben 5–7 Minuten antauen lassen. Zusammen mit allen weiteren Zutaten bis auf die Kakaonibs in einem leistungsstarken Mixer glatt und cremig mixen. Die Kakaonibs dazugeben und 5–10 Sekunden weitermixen. In Gläser füllen und sofort zusammen mit den Cookies servieren.

Die Cookies kann man im Tiefkühler bis zu 2 Wochen aufbewahren. GEHEIMTIPP: Mir schmecken sie am besten direkt aus dem Gefrierfach und nur ein paar Minuten leicht angetaut. Sie frieren nicht ganz durch und sind so wie ein erfrischender Kuchen mit dem Biss eines richtigen Cookies – perfekt als Snack für zwischendurch, um süße Gelüste zu stillen, oder in Stücke zerbröselt auf Porridge oder Bananeneis.

Tipp
Wer es extra-schokoladig mag, macht zusätzlich eine einfache, leckere, »sündenfreie« Schokoladensauce zum Beträufeln: 1 EL Kakaopulver mit 1 EL Ahornsirup und 1 EL geschmolzenem Kokosöl vermischen. Über die Cookies und/oder den Shake träufeln. Für die Variante ohne Öl: Anstelle von Kokosöl 1–2 EL Sojamilch und 1 TL Mandelmus verwenden.

Jodhpur, Rajasthan, Indien

INDIEN

Rezepte

Cremiges Vollreis-Pongal mit Kardamom, Brombeeren und Gewürz-Crumble

Karotten-Gewürz-Cake mit Mandel-Cashew-Ingwer-Creme

Masala Dosa mit zweierlei Chutneys und Fancy-Masala-Füllung

Papadams mit Kürbis-Mango-Kokos-Dal und Minze-Koriander-Chutney

Eiskalte Chai-Nussmilch-Gewürz-Latte

Okra-Tomaten-Bhindi-Masala mit erfrischender Raita und Vollkorn-Chapatis

Blumenkohl-Linsen-Aloo-Gobi mit Gurken-Apfel-Raita und Pfannen-Rotis

Eiskalter Blaubeer-Zimt-Cheesecake mit Kardamom-Nuss-Crunch

NAMASTÉ INDIA!

Wenn ich an meine Zeit in Indien zurückdenke, kommen mir unzählige Erinnerungen hoch – an Begegnungen mit Menschen, an die Aromen, Farben und Gewürze, die Sprache und die Musik, den Lärm auf den Straßen, die Ruhe auf den Teefeldern, das Lachen der Kinder, das Brutzeln der Streetfood-Snacks und die vielen Kühe auf den Straßen. Alles war für mich völlig neu und anders, aufregend und spannend und irgendwie magisch – kaum in Worte zu fassen. Allein schon die Gesichtsausdrücke der Menschen und wie sie miteinander umgehen, zu sehen, wie einfach und mit wie wenig sie leben und arbeiten und einem trotzdem immer gern ein großes Lachen schenken.

Vom ersten Moment an habe ich mich in Indien pudelwohl gefühlt. Ich konnte es kaum erwarten, in diese für mich neue Kultur einzutauchen, die verschiedenen Orte kennenzulernen und möglichst viel über Küche und Kulinarik zu erfahren. Dabei ist gleich festzuhalten, dass es »die indische Küche« nicht gibt. Denn jede Region, jede Ortschaft, jede Familie hat ihre Spezialitäten, ihre Art und Weise, die Gerichte zuzubereiten, ihre »geheimen« Zutaten. Die Kulinarik in Indien strotzt vor Vielfältigkeit und hat sehr viel mehr zu bieten als nur Currys und Naanbrot.

Nur zehn Tage in einem solch riesigen Land waren natürlich viel zu kurz – man könnte ein ganzes Jahr in Indien verbringen und hätte noch nicht mal ein Zehntel von dem probiert, was in irgendeinem Ort des Subkontinents als »typisch indisch« gilt. Ich habe mich zu meinen Rezepten von dem inspirieren lassen, was mir bis heute geschmacklich und mit Erinnerungen verbunden im Gaumen zurückgeblieben ist.

Jetzt heißt es nur noch: die Musik-Playlist starten und sich entführen lassen in eine Welt, die unglaublich eindrücklich, aufregend und einfach nur lecker ist!

Chennai, Tamil Nadu, Indien

Cremiges Vollreis-Pongal mit Kardamom, Brombeeren und Gewürz-Crumble

Man könnte es auch Milchreis mit indischem Touch nennen.

Ein Gericht, das mich, als ich es in Chennai probiert habe, sofort in die Kindheit zurückversetzt hat und die Milchreis-Alarmglocken erklingen ließ. Chennai, eine Großstadt an der Ostküste im Süden Indiens, hat mich bei der Ankunft fast schon etwas überfordert; selten habe ich so viele Menschen auf den Straßen gesehen wie dort. Einfach mal loslaufen, wo einen die Gerüche und Geräusche hinziehen, war genau richtig. Sie führten mich in eine Seitengasse, wo hinter einem großen Tor Hunderte junger Frauen und Mädchen »Pongal«, das viertägige tamilische Erntedankfest, feierten. Sie tanzten, lachten und vergnügten sich in ihren farbigen Kleidern auf dem Platz. Nicht nur das Fest, sondern auch das typische Reisgericht wird »Pongal« genannt, was wörtlich übersetzt »überkochen« heißt. Es besteht aus Reis, Milch, Jaggery (Rohzucker aus Zuckerrohr-Melasse) reichlich Ghee und Cashews und wird in einem Topf über offenem Feuer gekocht. Um Glück und Wohlstand anzuzeigen, muss das süße Reisgericht, wie es der Name sagt, fast überkochen. Wenn es so weit ist, wird es mit lauten »Pongal, pongal!«-Rufen verteilt. Es war sehr süß und durch das Ghee ziemlich fetthaltig. Meine Version ist mit Vollkornreisflocken innert kürzester Zeit zubereitet, wird ebenfalls wunderbar cremig, und das ganz ohne Ghee und Zuckerüberschuss. Milchreis ade, Pongal olé!

FÜR 2–3 PORTIONEN // GF / LF / RZF / V / VGN

PONGAL
2 TL Kokosöl
160 g Vollreisflocken
1 1/2 TL Kardamom, gemahlen
400 ml Mandelmilch
1/4 TL Zimt, gemahlen
1 Prise Muskatnuss
2–3 EL Honig
200 ml Mandelmilch zusätzlich (oder Cashewmilch)
2–3 TL Cashewmus

CRUNCH
50 g Cashews
50 g Kokoschips, ungesüßt
1 Prise Himalajasalz
½ TL Kardamom, gemahlen
¼ TL Zimt, gemahlen
1 EL Honig (oder Ahornsirup)

Brombeeren, frisch oder gefroren, leicht angetaut

1 Für den Crunch Cashews und Kokoschips im Blitzhacker (Cutter) fein hacken. Zusammen mit allen weiteren Zutaten in eine weite Bratpfanne geben und unter ständigem Rühren etwa 8 Minuten goldbraun rösten. Auf Backpapier geben und auskühlen lassen, damit der Crunch knusprig wird.
2 Für das Pongal das Kokosöl in einer Pfanne schmelzen, Reisflocken und Kardamom dazugeben und unter ständigem Rühren ein paar Minuten anbraten, bis es fein duftet, dann mit der Mandelmilch ablöschen, Zimt, Muskat und Honig hinzufügen, einmal aufkochen und gut umrühren. Die Hitze auf mittlere Stufe reduzieren und zugedeckt etwa 12 Minuten weich kochen. Von der Herdplatte nehmen, die zusätzlichen 200 ml Mandelmilch und das Cashewmus dazugeben und cremig rühren.
3 Den cremigen Reis auf Teller verteilen, mit Crunch und Brombeeren toppen.

Tipps
- *Gefrorene Himbeeren oder Blaubeeren passen ebenfalls sehr gut als Topping und ergeben ein leckeres Kalt-Warm-Spiel.*
- *Wer Kardamom gar nicht mag, ersetzt ihn durch Vanillepaste.*
- *Der Crunch ist kein Muss, wenn es schnell gehen soll, reichen auch die Beeren als Topping. Doch für das gewisse Etwas oder als Dessert lohnt sich der Crunch definitiv.*

Kochi, Kerala, Indien

DIE GEWÜRZWELT INDIENS

Indien ist bekannt für die vielen Gewürze, die in jedem Gericht die Nase umschmeicheln und den Gaumen begeistern. Auf die Frage, wo sich die Einheimischen ihre Gewürze besorgen, führte mich der Tuk-Tuk-Fahrer Naresh in Kochi in eine Seitengasse inmitten eines Gassenlabyrinths, aus dem ich den Weg selbst niemals wieder herausgefunden hätte. Dort, wo die Einheimischen täglich ihre Gewürze holen, durfte ich zusehen, wie verschiedenste Würzzutaten getrocknet und vorbereitet werden. Die Frauen bedeckten den Mund mit einem Tuch, um sich vor dem Staub zu schützen. Nashita (im Bild links) lud mich auf eine Tasse frischen Ingwer-Masala-Tee ein. Sie sprach zwar kein Englisch, aber streckte mir in ihren Händen ganz viele verschiedene Gewürze unter die Nase, die ich meist mit einem begeisterten »Mmmh«, »Ooh« oder »Woaaaah« quittierte. Nach geschätzten fünfzig Geschmacksproben war meine Nase »überwürzt« und mein Tee schon lange ausgeschlürft.

Noch heute kann ich in Gedanken die Düfte der dortigen Gewürze abrufen. Nachfolgend meine für die indische Küche grundlegenden Favoriten:

Rote Chili, getrocknet	Kreuzkümmel
Korianderkörner	Senfsamen
Kurkuma	Curryblätter
Garam Masala	Kardamom
Nelke	Sternanis
Muskatnuss	Ingwer
Zimt	Schwarzer Pfeffer

Jedes Gewürz bringt eine neue Geschmackskomponente in ein Gericht, und Kombinationen bringen wiederum neue Geschmäcke hervor. Die genannten Gewürze sind in jedem indischen Spezialitätenladen und auch in gut sortierten Supermärkten erhältlich.

Ich kann nur raten, sich die oben genannten Gewürze zu besorgen, einmal an jedem Gewürz zu riechen und sich mit der Geschmacksexplosion in der Nase an die Rezepte zu machen. Der Karotten-Gewürz-Cake auf der folgenden Seite gibt einen dezenten und süßen Vorgeschmack auf die faszinierende Gewürzwelt Indiens. Also: Ofen vorheizen und die Kochlöffel tanzen lassen!

Karotten-Gewürz-Cake mit Mandel-Cashew-Ingwer-Creme

Hoch lebe der geliebte Karottenkuchen – mit einer unwiderstehlichen Gewürznote dazu!

Schwarzwäldertorte, Schokoladencake oder Zitronenkuchen, das war noch nie mein Ding, schon als Kind nicht. Doch beim Karotten-Cake war ich meist die Erste in der Reihe. Nachdem ich in Kochi in das Gewürz- und Geruchsmeer eintauchen durfte und mich gleichzeitig auf den Märkten von der unglaublichen Süße der Riesenkarotten begeistern ließ, musste ich nur eins und eins zusammenzählen, und der Kuchen war schon fast gebacken! Dieser Cake ist wunderbar feucht und saftig und kann dazu mit bestem Gewissen gegessen werden. Er ist nämlich nur mit Datteln und wenig Ahornsirup gesüßt und komplett glutenfrei. Durch die Gewürze verbinden sich die Geschmacksnerven direkt mit Indien, und die Creme lässt die Herzen aller Ingwer-Liebhaber höher schlagen. Ob als perfekter Snack für zwischendurch, zum Frühstück oder als Dessert, er wird sicher schnell zu »everybody's favorite«.

FÜR 1 GROSSE KASTENFORM (38 CM LANG) ODER 2 VON 20 CM LÄNGE // GF / LF / RZF / V / VGN

CAKE
2 EL Leinsamen, geschrotet
5 EL Wasser
500 g Karotten
150 g Mandeln, geschält
150 g Cashews
100 g Kichererbsenmehl
1 TL Backpulver
1–1½ TL Ingwer, gemahlen
1–1½ TL Zimt, gemahlen
1 Vanillestange, ausgekratztes Mark
⅓ TL Kardamom, gemahlen
1 Messerspitze Muskatnuss, gemahlen
1 Messerspitze Nelken, gemahlen
2 Prisen schwarzer Pfeffer aus der Mühle
1 Apfel, geschält
3 EL Zitronensaft und abgeriebene Schale
2 EL Ahornsirup oder Honig
8 Medjool-Datteln, entsteint
150 ml Mandelmilch
1 Sternanis, ganz
60–80 g Pekannüsse, grob gehackt
6–8 Medjool-Datteln, entsteint, zerkleinert

CREME (TOPPING)
1½ EL Mandelmus, hell
1½ EL Cashewmus
½ TL frisch geriebener Ingwer
1 Prise Zimt, gemahlen
4 EL Mandelmilch
2½ EL Zitronensaft
2½ EL Ahornsirup oder Reissirup
2–3 EL Naturjoghurt

1 Den Ofen auf 180 Grad Umluft vorheizen. Die Cakeformen mit Backpapier auslegen. Die Leinsamen mit dem Wasser in einer Schale gut vermischen, mindestens 15 Minuten quellen lassen, bis sie binden. Die Karotten schälen, die Enden abschneiden, grob raspeln. Mandeln und Cashews im Blitzhacker (Cutter) sehr fein hacken.

2 Kichererbsenmehl, Backpulver, Mandeln, Cashews und sämtliche Gewürze bis einschließlich Pfeffer in einer großen Schüssel vermischen. Den Apfel schälen, entkernen und zusammen mit Zitronensaft und wenig -schale, Ahornsirup, Datteln, Mandelmilch und Sternanis in einem leistungsstarken Mixer glatt mixen. Zur Mehlmischung geben. Karotten, gequollene Leinsamen, Pekannüsse und die klein geschnittenen Datteln hinzufügen und alles gleichmäßig vermischen.

3 Den Teig in die vorbereiteten Formen füllen (ca. 5 cm hoch), mit etwas Ahornsirup oder Honig beträufeln und im vorgeheizten Ofen 60–70 Minuten backen, bis die Oberfläche gut gebräunt ist.

4 Für die Creme alle Zutaten mischen und glatt rühren; zum Verfeinern Naturjoghurt nach Wahl (z. B. Soja- oder Kokosjoghurt) daruntermischen.

5 Den Kuchen vollständig auskühlen lassen. Die gewünschte Anzahl Stücke mit der Creme beträufeln und nach Wunsch mit frischen Beeren servieren.

Tipps

- *Am besten schmeckt der Kuchen, wenn man ihn am Vortag zubereitet und über Nacht in den Kühlschrank stellt. Die Aromen entwickeln sich dadurch stärker, und der Cake wird schön feucht.*
- *Man kann den fertig gebackenen Kuchen auch etwa 1 Monat einfrieren. Dann entweder über Nacht im Kühlschrank auftauen lassen oder im Ofen nochmals erwärmen.*
- *Den Cake in Scheiben schneiden und in Frischhaltefolie gewickelt in den Kühlschrank legen. So hat man am Morgen, wenn's pressiert, in Nullkommanichts einen gesunden Snack to go, der super schmeckt, sättigt und die Lust auf (ungesundes) Süßes nimmt.*

Masala Dosa mit zweierlei Chutneys und Fancy-Masala-Füllung

Das muss man einfach probiert haben!

FÜR 4–6 DOSAS // GF / LF / RZF / V / VGN

GEWÜRZMISCHUNG
1 EL Kokosöl, geschmolzen
1 EL Senfsamen, schwarz
1 EL Kreuzkümmelsamen
4–5 getrocknete Curryblätter, falls verfügbar

DOSA
150 g Kichererbsenmehl
50 g braunes Reismehl
½ TL Himalajasalz
1 TL Kokosblütenzucker
1 EL Kokosöl, geschmolzen
300 ml Wasser, lauwarm

KOKOS-CHUTNEY
200 g frisches Kokosfleisch, geraspelt
3 EL Kokosjoghurt, ungesüßt
1 TL Limettensaft
1 Bund frischer Koriander, fein geschnitten
1 TL Kokosblütenzucker
2 TL Gewürzmischung (siehe oben)

PFIRSICH-CHUTNEY
2 reife Pfirsiche
4 EL Sultaninen, hell
je ¼ TL Himalajasalz und Pfeffer aus der Mühle
100 ml Wasser
½ TL Ingwerpulver
2–3 TL Kokosblütenzucker
½ TL Gewürzmischung (siehe oben)

LINSEN
2 TL Kokosöl
1 mittelgroße rote Zwiebel
2 Knoblauchzehen
160 g rote Linsen, gewaschen
200 ml Wasser
1 mittelgroße Süßkartoffel
1 Rande (Rote Bete), roh (ca. 150 g)
restliche Gewürzmischung
150 ml Kokosmilch
½ Bund frischer Koriander, fein geschnitten
1 TL Kokosblütenzucker
Himalajasalz, Pfeffer aus der Mühle

Kokosöl, geschmolzen, zum Ausbacken

1 Für die Gewürzmischung das Kokosöl in einer Pfanne auf mittlerer Stufe erhitzen. Senfsamen, Kreuzkümmelsamen und Curryblätter darin rösten, bis die Senfsamen aufpoppen. In eine Schale füllen und beiseitestellen.
2 Für die Dosa-Mischung sämtliche Zutaten glatt rühren.
3 Für das Kokos-Chutney das Kokosnussfleisch im Blitzhacker (Cutter) ganz fein hacken. Mit allen weiteren Zutaten gut vermischen und kühl stellen.
4 Für das Pfirsich-Chutney die Pfirsiche halbieren, entkernen und das Fruchtfleisch in etwa ½ cm große Würfel schneiden. Zusammen mit allen weiteren Zutaten in einen Topf geben und auf mittlerer Hitze 20–30 Minuten köcheln und eindicken lassen; ab und zu umrühren.
5 Für die Linsen das Kokosöl erhitzen. Zwiebel und Knoblauch fein hacken und darin leicht anbraten. Die Linsen dazugeben, 2–3 Minuten unter ständigem Rühren weiter braten, mit dem Wasser ablöschen. Süßkartoffel und Rande schälen, im Blitzhacker (Cutter) klein hacken (oder raspeln), zu den Linsen geben, die restliche Gewürzmischung beifügen und alles zugedeckt 5 Minuten köcheln lassen. Die Kokosmilch und alle weiteren Zutaten dazugeben, einmal gut umrühren und weitere 10 Minuten zugedeckt köcheln lassen. Ab und zu umrühren, dann von der Herdplatte nehmen.
6 Zwei weite beschichtete Bratpfannen auf mittlerer bis hoher Stufe erhitzen. Den Pfannenboden mit Kokosöl bestreichen (vor jeder neuen Dosa wiederholen), jeweils 3–4 Esslöffel Dosa-Teig in die Pfanne geben, die Pfanne schwenken und den Teig mit der Rückseite des Löffels sofort in einer Kreisbewegung bis zum Rand ausstreichen. Backen, bis kleine Löcher sichtbar werden, dann wenden und auf der anderen Seite ebenfalls goldbraun backen.
7 Die Dosas auf die Teller geben, die eine Hälfte mit der Linsen-Masse bedecken, wenig der beiden Chutneys darüber verteilen, zuklappen und zum Essen Stücke davon abbrechen und am besten nochmals in die Chutneys dippen. Mit den Händen essen? Ja klar, so wie in Indien eben!

Tipps

- *Entweder fertig geschältes frisches Kokosfleisch oder aber eine ganze Kokosnuss kaufen, mit einem großen, schweren Messer in der Mitte rundherum einschlagen, bis sie aufbricht; das Fleisch herauskratzen. Notfalls kann man auch getrocknete ungesüßte Kokoschips verwenden.*
- *Zum Schluss noch etwas Kokosjoghurt oder Kokoschips über die Dosas träufeln, das bringt Frische und Feuchtigkeit und betont den Kokosgeschmack noch stärker.*
- *Dosas sind auch eine gesunde Wrap-Alternative für jegliche Art von Füllung. Supereinfach, glutenfrei, kaum Fett, vegan.*

Im Süden Indiens habe ich mindestens einmal pro Tag Masala Dosas gegessen. Die hauchdünnen Crêpes, die es in Indien hauptsächlich zum Frühstück gibt, werden aus einem fermentierten Teig aus Reis- und Urdmehl hergestellt. Der Teig wird auf einer großen Gusseisenplatte ausgestrichen, goldbraun gebacken und entweder gefüllt oder als ungefüllte Rolle (Paper Dosa) mit Beilagen serviert. Es gibt unendlich viele verschiedene Kombinationen. Die bekannteste ist Masala Dosa (mit Kartoffelfüllung), doch mein Favorit war eine Gemüse-Dosa mit einer würzigen Karotten-Randen-Füllung, extrascharf! Zu Dosas wird immer Sambar (eine leicht säuerliche, dünnflüssige Sauce mit Tamarindenpaste, Linsen, Chili, Asafoetida, Koriander, Kurkuma) und Kokos-Chutney serviert, in die man die Dosas dippen kann. Da die Herstellung des Teigs nach Originalrezept aufgrund des Fermentationsprozesses aufwendig ist, habe ich ein Dosa-Rezept kreiert, das innerhalb von nur fünf Minuten fertig ist. Mit frischem Kokos-Chutney, süßlichem Pfirsich-Chutney und leckerer Fancy-Masala-Füllung eine wahre Geschmacksexplosion!

Munnar, Kerala, Indien

MUNNAR

Eine Welt wie aus dem Bilderbuch

Da ich in den Bergen aufgewachsen bin, wollte ich unbedingt auch die Berglandschaft Indiens erkunden. Von Kochi ging es auf einer langen Autofahrt direkt nach Munnar im Bundesstaat Kerala im Süden Indiens. Der Weg führte auf immer engeren und kurvigeren Straßen durch eine wahre Traumlandschaft von endlosen Bergketten, kleinen Dörfern, Hunderten verschiedener Pflanzenarten, vorbei an Wäldern mit wild lebenden Elefanten, an Kardamom- und anderen Gewürzplantagen bis schließlich zu den Teeplantagen, die sich in Munnar in voller Pracht entfalten. Mit den sich zwischen den Teesträuchern hindurchwindenden Wegen erinnerte mich die Landschaft an den Panzer einer riesigen grasbewachsenen Schildkröte. Atemberaubend! Nach einer Stadt voller Lärm und Menschen empfing mich hier ruhige, idyllische Natur mit angenehm frischer Bergluft.

Die beiden Highlights in Munnar waren für mich zum einen ein Kochkurs bei Nimi, die genau wie ich Kochbücher schreibt und fotografiert und ihre Leidenschaft für das Kochen wie Glitzerstaub über die Teeplantagen versprühte. Sie hat mir viele wertvolle Tipps und viel Wissen über die Küche Keralas auf den Weg mitgegeben. Und andererseits war es ein Besuch auf der Teeplantage, wo ich auch herausfinden wollte, warum indischer Tee weltweit ein so hohes Ansehen genießt. Einmal umblättern bitte, in die Teeplantage abtauchen und schon mal Wasser aufkochen, denn die Lust auf eine gute Tasse Tee oder Chai wird schlagartig kommen!

DIE WUNDERPFLANZE

In den Bergen Keralas

In Munnar, auf über 1500 Metern über Meer, liegt eine der weltweit höchstgelegenen Teeplantagen der Welt. Tee aus Munnar ist auf der ganzen Welt als ausgesprochen gut und wertvoll bekannt. Viele Inder reisen sogar vom Norden bis ganz in den Süden nach Munnar, nur um den dortigen Tee selbst einmal zu probieren. Mera Mashati, die Frau auf dem Bild, arbeitet schon über fünfunddreißig Jahre auf der Teeplantage. Jeden Tag müssen mindestens zwanzig Kilogramm Teeblätter gepflückt werden. Die schwere Last wird von den Pflückerinnen in großen Tüchern auf dem Rücken getragen. Eine harte Arbeit, die die Frauen auf den Teeplantagen leisten! Mera Mashati bot mir aus ihrer Flasche einen Schluck hausgemachten Tee an. Jetzt verstand auch ich, wieso der Tee aus Munnar weltweit so beliebt ist. Obwohl der Tee mit einer Unmenge Zucker gesüßt war (die Inder trinken ihren Tee eben gerne süß, sehr süß!), waren die frischen Aromen deutlich herauszuschmecken. Für mich, die ich selten Tee trinke, ein völlig neuer Genuss!

In Munnar werden vier verschiedene Teesorten produziert, die sich nur danach unterscheiden, wie und welcher Teil der Teeblätter dafür verarbeitet wird, denn alle Sorten stammen von derselben Teepflanze. Von den Pflanzen werden jeweils nur die obersten zwei oder drei Blätter abgezupft und für die verschiedenen Sorten jeweils unterschiedlich verarbeitet.

SCHWARZTEE (im Bild oben links)
Die am häufigsten hergestellte Sorte mit dem höchsten Koffeingehalt. Die obersten drei Blätter werden dafür klein geschnitten bzw. gerissen und erhalten durch den Oxidationsprozess den typischen Schwarztee-Geschmack.

GRÜNTEE (oben rechts)
Die obersten drei Blätter werden gerollt und zuerst gewelkt. Dann wird durch kurze hohe Hitze der Oxidationsprozess gestoppt. Das ist mit ein Grund dafür, dass Grüntee milder im Geschmack ist und einen geringeren Koffeingehalt hat als Schwarztee.

OOLONGTEE (unten rechts)
Dafür werden nur die obersten zwei Blätter verwendet und nur teilweise oxidiert. Der Tee hat fast ein leicht fruchtiges und blumiges Aroma und ist eine Art Mischung zwischen Schwarz- und Grüntee.

WEISSER TEE (unten links)
Gilt als wertvollste der vier Sorten. Der Tee wird nur aus den Blattknospen hergestellt und wird am wenigsten von allen verarbeitet. Er hat einen leicht süßlichen Geschmack.

Es war sehr interessant, mehr über Tee zu erfahren, doch langsam wurde ich hunrig – Zeit, etwas zu essen! Papadams mit Mango-Dal und Gewürz-Chutney tönt da genau richtig. Umblättern, ausprobieren, genießen. Nochmals umblättern und die leckeren Chai-Tee-Shakes als Nachtisch servieren!

Papadams mit Kürbis-Mango-Kokos-Dal und Minze-Koriander-Chutney

Knusprig, cremig, frisch – einfach bollywoodtastisch!

Ich könnte Papadams essen bis zum Umfallen. Oder bis zum Kugeln. Oder bis zum kugelnden Umfallen. Das habe ich auch in Indien gemacht – so viele Papadams, wie ich da verdrückt habe, essen Inder wohl nicht einmal in einem Jahr. Papadams sind kleine Fladen aus Linsenmehl, Reismehl, Salz und pflanzlichem Öl. Sie werden getrocknet verkauft und können auf drei Arten zubereitet werden (siehe unten). Zwei weitere Gerichte, die ich bis zum Umfallen essen könnte, sind Linsen-Dals und Chutneys (die im Süden Indiens praktisch immer Kokosraspel enthalten). Linsen werden in ganz Indien sehr oft verwendet, ob als Mehl oder ganz wie für Dal. Während die Dals, die ich in Indien probiert habe, meist mit viel Fett zubereitet und die Papadams oft frittiert waren, enthält bei mir das ganze Gericht gerade mal drei Teelöffel Kokosöl. Also ran an die Papadams und Dippen bis zum überglücklichen Umfallen!

FÜR 3–4 PORTIONEN // GF / LF / RZF / V / VGN

PAPADAMS UND SAMEN
- 1 Packung Papadams, kleine oder mittelgroße
- 3 TL Kokosöl
- 3 TL Senfsamen, schwarz
- 3 TL Kreuzkümmelsamen

DAL
- 1 reife Mango (ca. 300–350 g Fruchtfleisch)
- 150 g Kürbis (süßliche Sorte, z. B. Hokkaido, Muskat)
- 1 Knoblauchzehe
- 1 mittelgroße weiße Zwiebel
- 120 g rote Linsen
- 300 ml Wasser
- 1 kleine rote Chilischote
- je ½ TL Himalajasalz und Pfeffer aus der Mühle
- 1½ TL Ingwer, gemahlen
- 1 TL Kurkuma
- 2–3 TL Kokosblütenzucker

- 100 ml Kokosmilch
- 3 TL Zitronensaft

CHUTNEY
- 1 frische grüne Chilischote
- 1 Knoblauchzehe
- je 1 Bund frischer Koriander und Minze
- 1 EL Zitronensaft
- 1½–2 TL Kokosblütenzucker
- 2 EL Kokosraspel (20–30 g)
- 100–150 ml Kokosmilch (normal oder light)
- 40 ml Wasser
- je ½ TL Himalajasalz und Pfeffer aus der Mühle

frischer Koriander zum Garnieren

Papadams kann man auf 3 verschiedene Arten zubereiten:
RÖSTEN: Mit einer Zange über offenem Feuer rundherum hell bis goldbraun rösten, bis sich kleine Blasen bilden, die sich aufblähen.
MIKROWELLE: Die Papadams mit wenig Kokosöl bestreichen und für etwa 45 Sekunden in die Mikrowelle geben, bis sich Blasen bilden und die Papadams aufgehen.
FRITTIEREN: Genügend Kokosöl in einer tiefen Pfanne erhitzen, die Papadams darin beidseitig frittieren; mit zwei Gabeln verhindern, dass sie sich zusammenziehen. Wenn sich Blasen gebildet haben und die Papadams aufgegangen sind, auf Küchenpapier geben, abtupfen und auskühlen lassen.

1 Für die Samen das Kokosöl in einer Bratpfanne auf mittlerer bis hoher Stufe erhitzen. Senfsamen und Kreuzkümmelsamen darin anbraten, bis sie aufpoppen und es gut riecht; von der Herdplatte nehmen.
2 Für das Dal Mango und Kürbis schälen und klein würfeln. In einen tiefen Topf geben. Knoblauch und Zwiebel klein schneiden und dazugeben. Die ungekochten Linsen, Wasser, Chilischote, sämtliche Gewürze sowie zwei Drittel der gerösteten Samen dazugeben, kurz aufkochen, dann auf mittlerer Stufe 20 Minuten zugedeckt köcheln lassen. Ab und zu umrühren.
3 Für das Chutney alle Zutaten sowie die restlichen gerösteten Samen im Blitzhacker (Cutter) zu einer homogenen Masse mixen. Mit frischem Koriander garnieren und kalt stellen.
4 Kokosmilch und Zitronensaft zum Dal geben, 2–3 Minuten weiterkochen, gut rühren und auf tiefer Stufe warm halten.
5 Die Papadams zubereiten (siehe oben) und auf eine Platte geben. Dal und Chutney dazu servieren. Die Papadams in grobe Stücke brechen und auf jeden Bissen etwas Dal und Chutney geben. (Gibt man Dal und Chutney auf das ganze Papadam, weicht es zu schnell durch; daher nur stückweise belegen und sofort essen.)

Tipps
- *Papadams bekommt man in jedem indischen Spezialitätenladen und in gut sortierten Supermärkten.*
- *Ohne Papadams sind Dal und Chutney eine super Vorspeise, mit Vollreis dazu ein sättigendes Gericht.*

Eiskalte Chai-Nussmilch-Gewürz-Latte

Der morgendliche Chai ist Teil der Tradition – jetzt auch bei mir.

Ob im Süden, im Norden oder zumindest überall, wo ich war, an einem Chai-Tee auf der Straße kommt man nicht vorbei. Und will man auch nicht vorbeikommen. Jedes Mal ist es nämlich ein komplett neues Geschmackserlebnis, denn an jedem Stand, in jedem Restaurant, bei jeder Familie schmeckt der Chai wieder anders. Die Inder trinken ihn meistens mit Milch und ziemlich viel Zucker. Für einen richtig guten und authentischen Chai braucht es auf alle Fälle Erfahrung und Feingefühl, um die Aromen und die Proportionen der Gewürze richtig abzustimmen. Den indischen »Tea Masters« dabei zuzuschauen, ist eindrücklich und irgendwie auch total entspannend. Das folgende Rezept ist davon inspiriert. Es schmeckt supergut und zaubert indische Teekultur auf erfrischende Weise mit ihrer ganzen Fülle der Aromen und Gewürze in die Küche und ins Glas.

ERGIBT CA. 800 ML ODER 3–4 GLÄSER // GF / LF / RZF / V / VGN

CHAI-MILCH
2 Chai-Teebeutel (z. B. Pukka Vanille Chai)
200 ml Wasser, kochend
500 ml Haselnussmilch (oder andere pflanzliche Milch wie Cashew-, Mandel-, Macadamia-)
1 TL Zimt, gemahlen
½ TL Kardamom, gemahlen
1 TL Ingwer, gemahlen
1 Sternanis, ganz
1 Messerspitze Nelkenpulver
wenig Muskatnuss, gerieben
1 Vanilleschote, ausgekratztes Mark
2 Prisen schwarzer Pfeffer aus der Mühle
1 Prise Himalajasalz
6 Medjool-Datteln, entsteint

Eiswürfel

1 Die Teebeutel in ein Glas geben, mit kochendem Wasser übergießen und 10 Minuten ziehen lassen, die Teebeutel herausnehmen und gut ausdrücken. Den Tee erkalten lassen.

2 Die Haselnussmilch zusammen mit allen weiteren Zutaten in einen leistungsstarken Mixer geben und glatt mixen. Den erkalteten Tee und etwa 12–14 Eiswürfel dazugeben, nochmals kurz mixen, bis die Eiswürfel vermixt sind. In Gläser füllen und genießen und bei jedem Schluck daran denken, dass die Teeblätter vielleicht von der Dame auf Seite 128 gepflückt wurden – wer weiß.

Tipps

- *Unbedingt die großen Medjool-Datteln verwenden; sie sind viel süßer und einfacher zu verarbeiten. Wer keine finden kann, nimmt die doppelte Menge an kleinen Datteln, kocht sie in etwas Wasser weich; dann abtropfen lassen und weiterverarbeiten wie beschrieben.*
- *Für kalte Tage den Chai genau gleich zubereiten, allerdings ohne Eiswürfel, dafür die Mischung in einem Topf erhitzen, mit dem Rührbesen etwas aufschäumen und warm genießen.*
- *Im Bioladen oder Reformhaus findet man verschiedenste Nussmilchsorten. Haselnussmilch ist für diese Shakes mein Favorit.*

Jaipur, Rajasthan, Indien

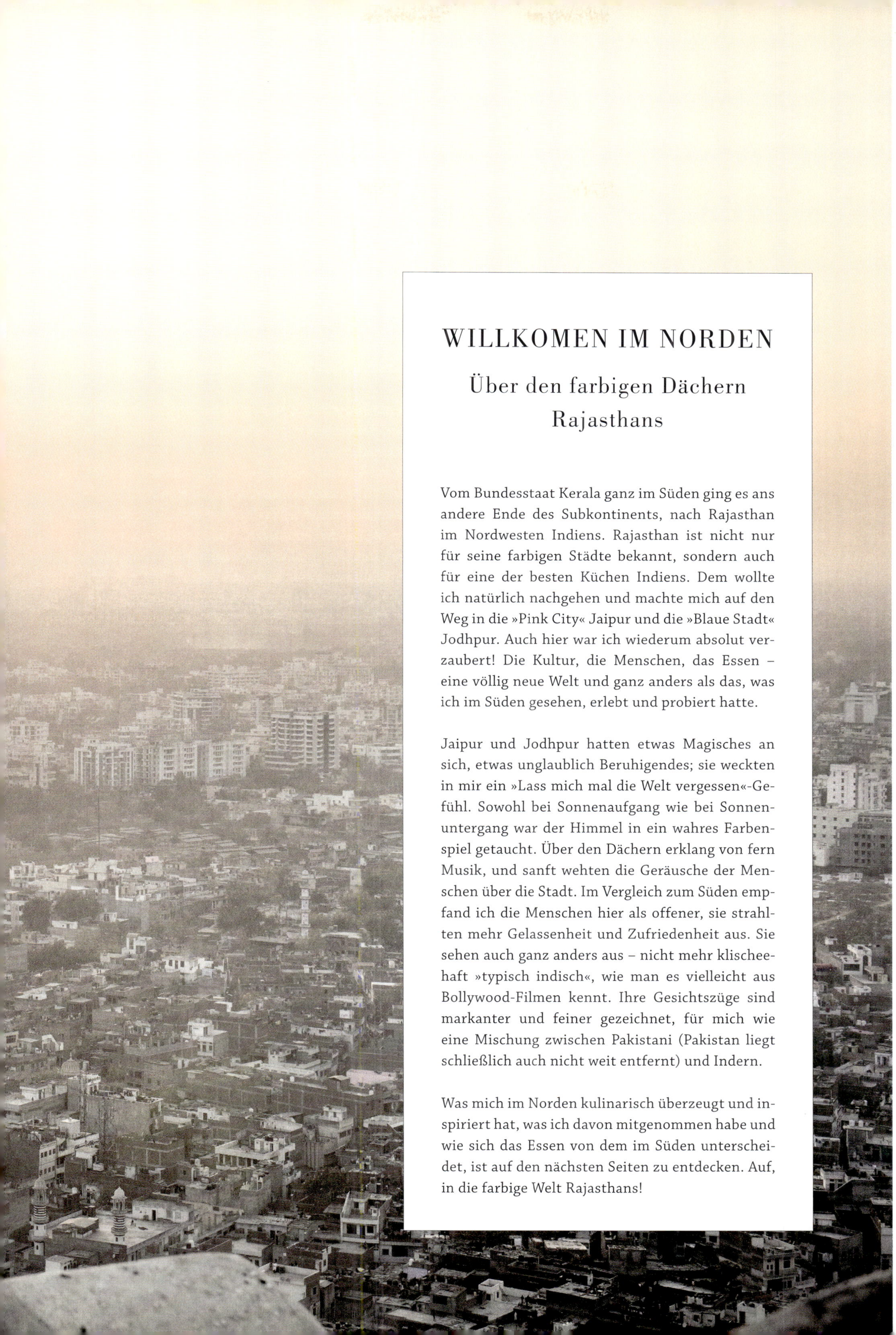

WILLKOMEN IM NORDEN

Über den farbigen Dächern Rajasthans

Vom Bundesstaat Kerala ganz im Süden ging es ans andere Ende des Subkontinents, nach Rajasthan im Nordwesten Indiens. Rajasthan ist nicht nur für seine farbigen Städte bekannt, sondern auch für eine der besten Küchen Indiens. Dem wollte ich natürlich nachgehen und machte mich auf den Weg in die »Pink City« Jaipur und die »Blaue Stadt« Jodhpur. Auch hier war ich wiederum absolut verzaubert! Die Kultur, die Menschen, das Essen – eine völlig neue Welt und ganz anders als das, was ich im Süden gesehen, erlebt und probiert hatte.

Jaipur und Jodhpur hatten etwas Magisches an sich, etwas unglaublich Beruhigendes; sie weckten in mir ein »Lass mich mal die Welt vergessen«-Gefühl. Sowohl bei Sonnenaufgang wie bei Sonnenuntergang war der Himmel in ein wahres Farbenspiel getaucht. Über den Dächern erklang von fern Musik, und sanft wehten die Geräusche der Menschen über die Stadt. Im Vergleich zum Süden empfand ich die Menschen hier als offener, sie strahlten mehr Gelassenheit und Zufriedenheit aus. Sie sehen auch ganz anders aus – nicht mehr klischeehaft »typisch indisch«, wie man es vielleicht aus Bollywood-Filmen kennt. Ihre Gesichtszüge sind markanter und feiner gezeichnet, für mich wie eine Mischung zwischen Pakistani (Pakistan liegt schließlich auch nicht weit entfernt) und Indern.

Was mich im Norden kulinarisch überzeugt und inspiriert hat, was ich davon mitgenommen habe und wie sich das Essen von dem im Süden unterscheidet, ist auf den nächsten Seiten zu entdecken. Auf, in die farbige Welt Rajasthans!

Okra-Tomaten-Bhindi-Masala mit erfrischender Raita und Vollkorn-Chapatis

Freunde einladen, gemeinsam kochen und mit den Händen essen! Genauso wie in Indien eben.

FÜR 3–4 PORTIONEN // *GF / LF / RZF / V / VGN

GEWÜRZMISCHUNG
1 EL Kokosöl
2 TL Senfsamen, schwarz
2 TL Kreuzkümmelsamen
½ TL Bockshornkleesamen (falls erhältlich, sonst ohne)
1 EL Kokosflocken

RAITA
1 Gurke
500 g Sojajoghurt, ungesüßt (oder Naturjoghurt nach Wahl)
1 TL Himalajasalz
½ TL Pfeffer aus der Mühle
2½ EL Zitronensaft und etwas abgeriebene Schale
je ½ Bund Minze und Koriander, gehackt
½ -1 TL Kokosblütenzucker
1 Knoblauchzehe, gepresst
3½ TL Gewürzmischung (siehe oben)

OKRAS
500 g Okras
2 Tomaten (ca. 150 g)
250 g Muskatkürbis
2 TL Kokosöl
1 große rote Zwiebel
1 Knoblauchzehe, gepresst
½ TL Kurkuma, gemahlen
1 TL Garam Masala
½–1 TL Chilipulver
¼ TL Zimt, gemahlen
200 g Tomatenpaste oder -püree
200 ml Wasser
1½–2 EL Kokosblütenzucker
200 ml Sojamilch
30 g frischer Koriander, gehackt
½ TL Himalajasalz
½ TL Pfeffer aus der Mühle
4 TL Kreuzkümmel, gemahlen
1 EL Mandelmus, hell

Vollkornchapatis oder Vollkornfladen zum Servieren

1 Für die Gewürzmischung das Kokosöl in einer Pfanne auf mittlerer Stufe erhitzen. Die Samen und die Kokosflocken darin anbraten, bis die Senfsamen aufpoppen und die Aromen sich entfalten. Von der Herdplatte nehmen und in eine Schale füllen.

2 Für die Raita die Gurke (ungeschält) raspeln, mit den Händen das Wasser gut ausdrücken. In eine Schüssel geben, mit allen weiteren Zutaten vermischen und in den Kühlschrank stellen.

3 Die Okras waschen, die Enden abschneiden und die Schoten in etwa 2 cm breite Stücke schneiden. Die Tomaten waschen und in kleine Würfel schneiden. Den Kürbis schälen und ebenfalls klein würfeln. Kokosöl in einer weiten Pfanne erhitzen, die Zwiebel fein hacken und zusammen mit dem Knoblauch unter Rühren anbraten. Kurkuma, Garam Masala, Chilipulver, Zimt und den Rest der Gewürzmischung dazugeben, unter Rühren kurz weiterbraten, dann die Tomatenpaste hinzufügen, die Hitze reduzieren und mit dem Wasser ablöschen. Okras, Tomaten, Kürbis, Kokosblütenzucker dazugeben und 10 Minuten köcheln lassen.

4 Dann Sojamilch, gehackten Koriander, Salz, Pfeffer und Kreuzkümmel dazugeben, gut rühren und weitere 10 Minuten köcheln lassen. Von der Herdplatte nehmen, das Mandelmus darunterrühren und warm halten. Die Mischung soll schön cremig und die Okraschoten weich gekocht sein.

5 Chapatis oder Vollkornfladen in der Pfanne auf mittlerer Stufe beidseitig goldbraun rösten oder im Ofen bei 180 Grad 5–7 Minuten backen. In Stücke reißen und zusammen mit dem Bhindi Masala servieren. Auf jedes Stück Chapati etwas Bhindi Masala und Raita geben und aus der Hand genießen!

Tipps

- *Okraschoten findet man in indischen Spezialitätenläden und manchmal auch in gut sortierten Supermärkten. Wer keine Okras findet, kann je 250 g Zucchini und Auberginen verwenden – schmeckt auch superlecker!*
- *Vollkorn-Chapatis findet man ebenfalls in indischen Spezialitätenläden. Man kann ersatzweise auch Vollkorn-Tortillas verwenden.*
- *Für die *glutenfreie Variante Chapatis weglassen. Bhindi Masala und Raita stattdessen auf große Salatblätter geben und zu einer Art Salat-Wrap einrollen.*

Im Norden Indiens sind nicht nur die Menschen und die Kultur anders als im Süden, sondern auch die Zutaten und die typischen Gerichte. Im Norden verwendet man zum Kochen oft Joghurt, Knoblauch, Zwiebeln und Tomaten, und zu jeder Mahlzeit wird irgendeine Art von Brot gegessen. Ob Naan, Chapatis, Rotis, Parathas – Brot gehört zu jedem Gericht und dient als Gabel und Löffel zugleich. Da die Gerichte im Norden oft mit Rahm und viel Fett wie Öl oder Ghee zubereitet werden, wollte ich aus den typischen Zutaten ein genauso herzhaftes, sättigendes, cremiges und würziges, aber trotzdem leichtes und fettarmes Gericht kreieren. Für Frische sorgt hier die Gurken-Minz-Raita, die ich auch einfach so auslöffeln könnte! Am besten alle Zutaten bereitstellen, dann ist das Gericht im Nu fertig. Und es schmeckt garantiert allen!

Meine Pfannen-Rotis

220 g Vollkornmehl
1 TL Backpulver, leicht gehäuft
1 TL Himalajasalz
1 TL Kokosblütenzucker
2 TL Kreuzkümmel, gemahlen
2 EL Olivenöl
100 g Naturjoghurt, ungesüßt, nach Wahl
50 ml Wasser
Vollkornmehl zum Ausrollen
Kokosöl, geschmolzen
für Knoblauch-Rotis zusätzlich etwas durchgepressten Knoblauch oder Knoblauchpaste

1 Das Mehl mit Backpulver, Salz, Zucker und Kreuzkümmel vermischen. Das Olivenöl mit dem Joghurt verrühren, zusammen mit dem Wasser zum Mehl geben, gut mischen und auf einer leicht bemehlten Arbeitsfläche 6–8 Minuten zu einem glatten Teig kneten. Mit einem feuchten Tuch zugedeckt etwa 30 Minuten ruhen lassen.

2 Den Teig in 8–10 gleich große Stücke schneiden, diese zu Kugeln formen und auf einer leicht bemehlten Arbeitsfläche sehr dünn zu etwa 20 cm Durchmesser großen Fladen ausrollen. Das Mehl etwas abklopfen und die Oberseite der Fladen mit etwas Kokosöl bestreichen.

3 Eine weite Bratpfanne auf mittlerer Stufe erhitzen, mit Kokosöl ausstreichen. Die Teigfladen darin etwa 5 Minuten backen, bis sich an der Oberfläche kleine Blasen bilden. Wenden und auf der anderen Seite ebenfalls 5 Minuten goldbraun backen. Mit den restlichen Fladen ebenso verfahren, die Pfanne vor jedem Fladen mit wenig Kokosöl ausstreichen. Die fertigen Rotis nach Bedarf im Ofen warm halten.

Bishnoi Village, Rajasthan, Indien

ESSEN MIT DEN HÄNDEN

Besuch in einem alten Stammesdorf Rajasthans

Egal ob im Norden oder Süden Indiens, gegessen wurde praktisch immer mit den Händen. Jedes Restaurant, sei es auch noch so klein, hat eine Händewaschstation, wo man sich vor und nach dem Essen die Hände waschen kann. Durch das Essen von Hand werden die Sinne auf eine andere Art angekurbelt, und man nimmt die Geschmäcke anders wahr. Man schmeckt, riecht und sieht das Essen nicht nur, man fühlt es auch in den Fingern, nimmt die verschiedenen Texturen und Temperaturen wahr. Das hat unterbewusst einen enormen Einfluss, und das Essen wird dadurch insgesamt viel persönlicher und intimer.

Die junge Frau links auf dem Bild habe ich in einem kleinen Stammesdorf Rajasthans, nicht weit von Jodhpur, besucht. Dort trugen die Männer Turbane, die Frauen farbige Gewänder, und die Küche bestand ausschließlich aus vegetarischen Gerichten. Die Frau bereitete Rotis (indisches Fladenbrot) zu, eines nach dem anderen geschickt zwischen den Händen geformt. Sie verwendete dafür nur Hirsemehl und Wasser; Salz konnte sie sich nicht leisten. Sie hat dann jeden Fladen über offenem Feuer goldbraun gebacken. Wenn ich daran zurückdenke, habe ich noch genau den Duft in der Nase und den Geschmack im Gaumen. Erdig und zugleich luftig, frisch und einfach gut! Es braucht eben nicht unbedingt ausgefallene Zutaten wie Goldstaub aus der Sahara oder Honolulu-Kräuter aus Hawaii, damit ein Gericht schmeckt, sondern einfach viel Liebe zum Kochen und zu den Zutaten.

Der Zufall führte mich zu dem Tuk-Tuk-Fahrer Rishi, der mich, als er den Grund meiner Reise erfuhr, sofort zu sich nach Hause einlud, damit ich mit seiner Frau Reekha kochen und die typischen Gerichte Rajasthans aus erster Hand kennenlernen konnte. Wir haben zusammen sechs verschiedene Gerichte gekocht, dazu frische Rotis gemacht und währenddessen unseren Durst mit einem leckeren Safran-Milch-Tee gestillt. Es war herrlich: gemeinsam kochen, essen, mehr über die Kultur erfahren und genießen!
Das Aloo Gobi habe ich bis auf das letzte Bisschen verputzt. Kartoffeln (übersetzt »Aloo«) und Blumenkohl sind die beiden Grundzutaten dieses bekannten indischen Gerichts. Normalerweise wird es mit ziemlich viel Öl oder Ghee zubereitet, doch Reekha hat in vielen Rezepten Öl und Ghee durch Kokosöl ersetzt. Das habe ich für mein Rezept übernommen. Das würzige und zugleich fruchtige Raita zusammen mit dem cremigen Aloo Gobi schmeckt einfach umwerfend. Danke, Rishi und Reekha, für die Inspiration.
»Aloo Gobi!«

Blumenkohl-Linsen-Aloo-Gobi mit Gurken-Apfel-Raita und Pfannen-Rotis

Eines der beliebtesten Gerichte mal anders.

FÜR 3–4 PORTIONEN // LF / RZF / V / VGN

Pfannen-Rotis (siehe Seite 138)

ALOO GOBI
1 Blumenkohl (ca. 450 g)
250 g Baby-Kartoffeln
1 Knoblauchzehe
1 große gelbe Karotte (oder Sorte nach Wahl), geschält
1 EL Kokosöl, geschmolzen
2 TL Senfsamen, schwarz
2 TL Kreuzkümmelsamen
2 TL Curryblätter (falls vorhanden)
200 ml Kokosmilch
200 ml Wasser
120 g Linsen, gelb, gewaschen
¾–1 TL Himalajasalz
¾–1 TL Pfeffer aus der Mühle
1 Bund frischer Koriander, Blätter abgezupft
2 TL Kreuzkümmel, gemahlen
2 TL Koriander, gemahlen
2 TL Garam Masala
1 TL Kurkuma, gemahlen
1 TL Ingwer, gemahlen
1 TL Chilipulver
3 TL Kokosblütenzucker

RAITA
½ Gurke
1 Apfel (Golden Delicious, grün)
200 g Sojajoghurt, ungesüßt (oder Naturjoghurt nach Wahl)
50 ml Kokosmilch
½ TL Himalajasalz
½ TL Pfeffer aus der Mühle
2–2½ EL Zitronensaft und etwas abgeriebene Schale
1 TL Kokosblütenzucker
1 TL beiseitegestellte Gewürzmischung vom Aloo Gobi

nach Belieben Limettensaft und frischer Koriander zum Servieren

1 Den Teig für die Rotis zubereiten, wie auf Seite 138 beschrieben.
2 Den Blumenkohl in kleine Röschen schneiden. Die Linsen waschen. Kartoffeln, Knoblauchzehe und Karotte im Blitzhacker (Cutter) klein hacken.
3 Das Kokosöl in einem Topf auf mittlerer Stufe erhitzen. Senfsamen, Kreuzkümmelsamen und Curryblätter darin leicht anbraten, bis die Senfsamen aufpoppen (1 TL davon für das Raita beiseitestellen). Die Samen im Topf mit Kokosmilch und Wasser ablöschen, die Linsen, die Kartoffel-Karotten-Mischung, Salz und Pfeffer dazugeben, gut umrühren und 10 Minuten köcheln lassen. Blumenkohl, Koriander und die restlichen Gewürze dazugeben, gut umrühren und auf mittlerer Stufe zugedeckt nochmals 10 Minuten köcheln lassen. Nach Bedarf noch wenig Kokosmilch und Wasser dazugeben.
4 Für die Raita die Gurke schälen und in hauchdünne Scheiben schneiden. Den Apfel vierteln, entkernen und ebenfalls in ganz feine Scheiben schneiden. Beides mit dem Joghurt und allen weiteren Zutaten vermischen, kühl stellen.
5 Die Rotis ausbacken, wie auf Seite 138 beschrieben. Die Rotis (nach Belieben in Stücke gerissen) auf Teller legen, Aloo Gobi daraufgeben, mit Raita toppen, nach Belieben wenig Limettensaft darüberträufeln und mit frischem Koriander garnieren.

Tipps

- *Statt selbst gemachter Rotis fertig gekaufte Vollkorn-Chapatis oder -Tortillas verwenden. Zum Mitnehmen Aloo Gobi und Raita in einen Vollkorn-Wrap einrollen.*
- *Das Aloo Gobi hält sich im Kühlschrank 2 Tage und schmeckt dann (auch kalt) genauso lecker. Raita schmeckt am besten frisch, kann jedoch im Kühlschrank 1 Tag aufbewahrt werden.*

Jodhpur, Rajasthan, Indien

MEIN BLAUES WUNDER IN JODHPUR

Die Küche Rajasthans gilt als eine der besten Indiens, doch in Rajasthan selbst spricht man, wenn es um gutes Essen geht, oft nur von einem Ort: nämlich Jodhpur. Dort bekomme man das Beste vom Besten und Spezialitäten, die es sonst nirgendwo im ganzen Land gibt. Eine davon ist Ker Sangri. Nach all den blau gestrichenen Wänden und Häusern erlebte ich damit auch noch kulinarisch mein blaues Wunder. Ker Sangri sieht aus wie getrocknete Spinnenbeine mit irgendwelchen Giftbeeren dazwischen, und es braucht wegen des Aussehens fast schon etwas Überwindung, es zu probieren. Doch – tatsächlich wie ein Wunder! – schmeckte es unglaublich gut. Und hat einen rasanten Aufstieg ganz zuoberst auf meine Favoritenliste der in Indien probierten Gerichte geschafft.

Was nun ist Ker Sangri genau? Keine Sorge, es sind natürlich keine Spinnenbeine. »Ker« ist eine Beere, die nur im Nordwesten Indiens wächst und »Sangri« sind getrocknete Bohnen. Typische Rajasthan-Gerichte werden der kurzen Erntezeit wegen (es kann im Norden Indiens ganz schön kalt werden) oft mit getrockneten und konservierten Zutaten zubereitet. Das erklärte mir Ari, bei dem, seiner Frau und Schwiegermutter ich zu einem typischen Rajasthan-Abendessen eingeladen war. Aris Frau sagte, sie habe Ker Sangri schon hunderte Male gegessen, würde es jedoch selbst nie zubereiten. Es sei zwar im Grunde einfach, aber trotzdem schwer, es gut hinzubekommen, denn es braucht viele Schritte, nur schon um die Beeren richtig zuzubereiten, und zudem viel Feingefühl im Umgang mit all den Gewürzen, die dafür verwendet werden. Ihre Schwiegermutter aber beherrsche die Zubereitung wie keine andere, meinte Ari. Und das kann ich nach dem wunderbaren Mahl nur bestätigen.

Von ihnen erfuhr ich viel über das Essen, die Kultur, ihre Vergangenheit, während ich mit vollem Mund und zusehends vollem Bauch zuhörte und mit weit offenen Augen staunte. Und ich realisierte, dass ich dieses Gericht nicht einmal in Gedanken hätte verändern wollen. Manche Gerichte sind eben genauso am besten, wie sie sind. Bei einem heißen Chai ließ ich meinen letzten Abend in Indien mit Blick über die blauen Dächer von Jodhpur ausklingen. »Blau« vor Glück!

Eiskalter Blaubeer-Zimt-Cheesecake mit Kardamom-Nuss-Crunch

Das blaue Wunder: Kuchen, Keks, Eiscreme und indische Gewürze in einem.

Als ich durch die »blauen Straßen« Jodhpurs schlenderte, überkam mich plötzlich die Lust auf etwas, was ich auch zu Hause gerne esse. Es war heiß, aus den Häusern roch es fantastisch, und dennoch hätte ich in dem Moment viel gegeben für ein Stück von Mamas Apfelkuchen, mein geliebtes Bananeneis oder frische Beeren. Aus diesem Gedanken ist das folgende Rezept entstanden. Indien, mit der Kokosnuss aus dem Süden und dem Sahnig-Cremigen aus dem Norden, Gewürze, Heimat, Kuchen und Beeren haben sich zusammengetan und gesagt: »Lass uns doch mal was zusammen machen!« Gesagt, getan! Dieser Eiskuchen zergeht auf der Zunge und hat durch die subtil eingesetzten Gewürze einen einzigartigen, unwiderstehlichen Geschmack, der die Sinne zwischen dem fernen Indien und dem heimatlich Vertrauten auf leckerste Art und Weise hin und her schwingen lässt. Perfekt für heiße Tage und süße Gelüste, die man nicht bereuen muss!

FÜR 1 KUCHEN VON CA. 25 CM DURCHMESSER // GF / LF / RZF / V / VGN

FÜLLUNG
200 g Cashews, eingeweicht
250 g Seidentofu
300 ml Kokosmilch
150 ml Ahornsirup
1 EL Limettensaft
1 TL Zimt, gemahlen
½ TL Vanillepaste
¼ TL Himalajasalz

BODEN
200 g Mandeln, geschält und geröstet
16 Medjool-Datteln, entsteint
100 g Amarantflocken (oder Haferflocken)
1 TL Vanillepaste
½ TL Zimt, gemahlen
1 EL Kokosöl
1 EL Ahornsirup

CRUNCH
50 g Haselnüsse
50 g Mandeln, geschält
1½ EL Ahornsirup
½ TL Kardamom, gemahlen
½ TL Zimt, gemahlen
1 Prise Himalajasalz

BELAG
350 g Blaubeeren, gefroren und angetaut
6 Medjool-Datteln, entsteint
1½ TL Zimt, gemahlen
½ TL Vanillepaste
2 TL Limettensaft
4 EL Cashewcreme (siehe Füllung, Schritt 1)

1 Die Cashews für die Füllung über Nacht in Wasser einweichen. Am nächsten Tag in einem Sieb abspülen. Die Cashews zusammen mit allen weiteren Zutaten in einem leistungsstarken Mixer 4–5 Minuten auf hoher Stufe ganz glatt und fein mixen. 6 Esslöffel davon in eine separate Schale geben und kühl stellen.

2 Für den Boden die Mandeln im Ofen bei 180 Grad Umluft 10 Minuten goldbraun rösten, aus dem Ofen nehmen und kurz abkühlen lassen. Dann mit allen weiteren Zutaten im Blitzhacker (Cutter) zu einer gleichmäßigen, leicht klebrigen und (durch die Mandeln) körnigen Masse mixen. Eine runde Kuchenform mit wenig Kokosöl ausstreichen, die Masse für den Boden hineingeben und mit den Händen gleichmäßig flach in die Form drücken. Die Cashew-Füllung daraufgießen, glatt streichen und mindestens 1½–2 Stunden gefrieren, bis die oberste Schicht fest ist.

3 Für den Crunch die Nüsse im Blitzhacker (Cutter) grob hacken, die restlichen Zutaten daruntermischen, auf ein Backblech verteilen und im 160 Grad heißen Backofen mit Umluft etwa 20 Minuten goldbraun rösten, herausnehmen und auskühlen lassen.

4 Für den Belag die angetauten Blaubeeren zusammen mit allen weiteren Zutaten in einem leistungsstarken Mixer cremig mixen.

5 Den Eiskuchen aus dem Gefrierfach nehmen, die Blaubeerencreme daraufgeben, glatt streichen und anfrieren. Mit frischen Blaubeeren und dem Crunch garnieren und nochmals für mindestens 3–4 Stunden oder am besten über Nacht gefrieren, bis der Belag fest ist.

6 Damit der Eiskuchen die perfekte Konsistenz hat und auf der Zunge zergeht, 40–50 Minuten vor dem Servieren aus dem Gefrierfach nehmen, in Stücke schneiden und genießen.

Tipp
Der Eiskuchen ist im Gefrierfach bis zu 2 Wochen haltbar. Wenn man nicht den ganzen Kuchen aufs Mal serviert, die gewünschten Stücke abschneiden und den restlichen Kuchen sofort wieder in den Tiefkühler geben, sodass er nicht zu stark antaut.

»DHANYAVAAD, INDIA!«

Bis zum nächsten Mal!

Indien hat mich tief berührt. Was für eine wunderschöne, fesselnde, spannende und lehrreiche Reise (etwa so fesselnd wie die blauen Augen dieses Mannes in Jodhpur)! Kulinarisch habe ich viel mehr gelernt und probiert, als ich es mir in dieser kurzen Zeit jemals hätte erhoffen können. Wie bereits erwähnt gibt es nicht die eine typisch indische Küche, sondern viele verschiedene indische Küchen. Die Gerichte, Gewürze, Kräuter, Zutaten und Zubereitungsweisen variieren von Region zu Region, genauso wie die Sprache und die Traditionen. Der Westen und der Osten Indiens haben natürlich nochmals eine komplett unterschiedliche Küche zu bieten; um diese zu erforschen freue ich mich schon auf eine weitere Reise nach Indien.

Nachfolgend ein kurzer summarischer Überblick über die kulinarischen Unterschiede zwischen Norden und Süden, so wie ich sie erlebt, gekostet und von den Menschen, die ich getroffen habe, mitbekommen habe.

SAUCEN

NORDEN: Zum Kochen wird viel Butter, Milch und Rahm (Sahne) verwendet. Die Saucen sind dicker als im Süden.

SÜDEN: Es wird Kokosmilch verwendet, um die Saucen etwas dickflüssiger und cremiger zu machen und zu binden. Milchprodukte werden kaum eingesetzt. Zu den Gerichten werden oft Chutneys (meist mit frischer Kokosnuss) serviert.

Im Norden meist dickflüssige, eher schwere, im Süden dünnflüssigere, leicht suppenartige Saucen (z. B. in Currys).

ÖLE / FETTE

NORDEN: Pflanzliches Öl, Erdnussöl oder Sojabohnenöl, sowie Ghee werden gerne und oft verwendet, Kokosöl kaum bis gar nicht.

SÜDEN: Es wird hauptsächlich Kokosöl zum Kochen verwendet, pflanzliche Öle und Ghee nur ab und zu.

Ghee (reines Butterfett) wird im Norden viel öfter verwendet als im Süden; es wird hauptsächlich für süße Speisen und für spezielle Gerichte zu besonderen Anlässen gebraucht. Ghee ist nicht ganz billig.

GETREIDE / STÄRKE

NORDEN: Weizen ist das Grundnahrungsmittel, ob als ausgemahlenes Weißmehl oder Vollkornmehl; daneben auch Hirsemehl. Typische Brote wie Naan, Chapatis, Rotis, Parathas, Kachoori, Bhatura oder Pooris gehören zu jeder Mahlzeit.

SÜDEN: Reis ist das Grundnahrungsmittel und wird zu jedem Curry, Eintopf und jeder Sauce serviert. Brot wird viel weniger gegessen als im Norden, dafür Linsen umso mehr, etwa als Dal, als Mehl (Urdmehl), z. B. für Masala Dosas, oder um einem Gericht mehr Textur zu geben und es anzudicken.

Im Norden wird auch Reis gegessen, doch dort meist in Form gebratener Reisgerichte wie Biryani.

GEWÜRZE

EHER NORDEN: Kreuzkümmelpulver, Korianderblätter, Safran, Garam Masala, Fenchelsamen.

EHER SÜDEN: Senfsamen, Curryblätter, Sternanis, Bockshornkleesamen -blätter, Kreuzkümmelsamen, Korianderpulver, Muskatblüte (Macis), Tamarinde, Kardamom.

WICHTIG IM NORDEN UND SÜDEN: Schwarzer Pfeffer, Salz, Kurkuma, Chilipulver, Asafoetida, getrocknete rote Chilis, Nelken, Zimt, Sternanis, Ingwer, frisch und gemahlen u. a. m.

Die meisten Gewürze werden sowohl im Norden wie im Süden verwendet. Verwendung und Mengenverhältnisse unterscheiden sich aber. Im Norden sind die Gerichte etwas runder, erdiger im Geschmack, im Süden markanter, fruchtiger und auch schärfer. Im Norden sind getrocknete und gemahlene Gewürze sehr beliebt, im Süden werden die Gewürze oft frisch, teils mit Kokosnuss, angebraten, bis sich ihr Geschmack entfaltet. Garam Masala (eine Mischung aus vielen verschiedenen Gewürzen) gibt es im ganzen Land und wird oft eingesetzt, ist jedoch in jeder Region anders zusammengesetzt.

OFT VERWENDETE TYPISCHE ZUTATEN

NORDEN: Joghurt, Paneer (Käse), Rahm (Sahne), Ghee, Zwiebeln, Knoblauch, Tomaten.

SÜDEN: Frisches Kokosnussfleisch, Kokosmilch, Kokosöl, Reis, Linsen.

Weitgehend durch Klima und Lage bedingt. Gebraucht wird das, was in der Gegend gedeiht und erhältlich ist.

EINIGE TYPISCHE GERICHTE

NORDEN: Naanbrot, Roti, Palak Paneer, Samosas, Tandoori Chicken, Tikka, Butter Chicken.

SÜDEN: Dosa, Idli, Thali, Vada, Appam, Puttu, Sambar, Uthappam, Vadas, Chutneys.

Im Norden gibt es viel mehr Gerichte mit Fleisch, im Süden als tierische Produkte hauptsächlich Fisch. Im Süden sind mehr als die Hälfte der Menschen Vegetarier. Das ist auch ein Grund, wieso im Süden Linsen (als gute Proteinquelle) oft verwendet werden. Doch sowohl Norden wie Süden verfügen über zahlreiche vegetarische Gerichte.

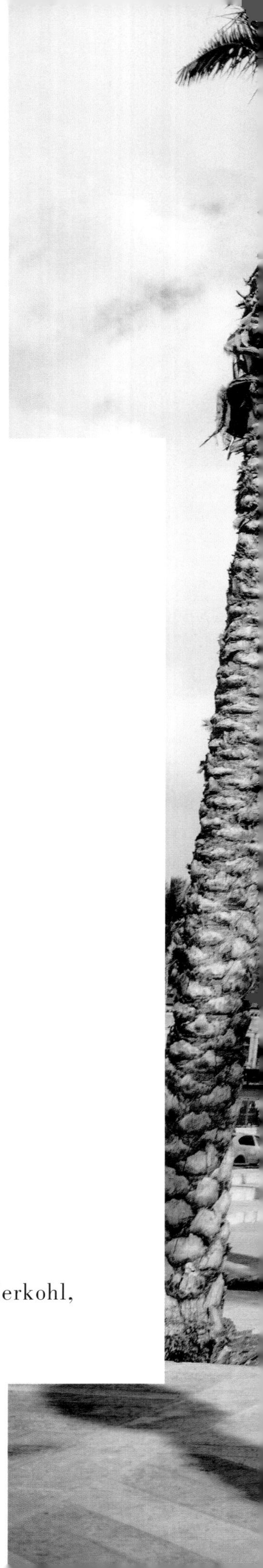

ISRAEL

Rezepte

Unwiderstehliche Cashew-Mohn-Ovencakes
mit Sommerschleier oder Winterschnee

Tahini-Hirse-Porridge mit Granatapfel-Himbeer-
Chia-Marmelade

Avocado-Cashew-Limetten-Pizzas
mit gebackenen Auberginen und Dunukkah

Süßkartoffel-Falafel mit rassigem Aprikosen-Chutney
und Randen-Hummus

Offene Blumenkohl-Zatar-Schawarmas
mit Zitronen-Joghurt-Sauce und frischen Feigen

Zweierlei Sesam-Burger mit Tahini-Limetten-mariniertem Federkohl,
Avocado und Pastinakenchips

Jerusalem

VON INDIEN DIREKT NACH TEL AVIV

Was für ein Kulturschock! »Shalom sha-was?« Ich fühlte mich wie mit 1600 Umdrehungen durch die Waschmaschine geschleudert. Nach meiner Zeit in Indien tauchte ich in eine vollkommen andere Welt ein – in die moderne und lebendige Stadt Tel Aviv.

Kaum angekommen, fand ich ein winziges Restaurant, vor dem die Menschen anstanden, um eingelassen zu werden. Das musste gut sein! Und so stellte ich mich ebenfalls in die Reihe. Mit Blick auf die Küste und die Skyline von Tel Aviv im Hintergrund bekam ich schließlich einen Platz und habe einfach das bestellt, was die Leute neben mir auf dem Tisch hatten, denn die auf Hebräisch geschriebene Speisekarte konnte ich nicht lesen. Nach drei Portionen traumhaft cremigem Hummus, ganz viel frisch gebackenem Fladenbrot mit rohen Zwiebeln (so wird das hier gegessen) konnte ich endlich sagen: »Jetzt bin ich angekommen.«

Tel Aviv, eine Stadt die von Kreativität, Kulinarik und Diversität nur so sprudelt. Mit hervorragenden Restaurants, die am Abend die Straßen und Gassen füllen, mit über einem Dutzend Stränden, lebendigen Künstlervierteln, dem Modeviertel und den lokalen Märkten. Die Bevölkerung in Tel Aviv ist jung, international, das Nachtleben vergleichbar mit dem von Großstädten wie Paris oder London, doch irgendwie ist alles auch total entspannt. Es schien so, als wäre Tel Aviv der Mittelpunkt all der Einflüsse der Menschen rundherum, der Mittelpunkt der Kultur und Kulinarik der Länder rund um Israel, der Ort, an dem man frei sein kann, lebt und leben lässt. Die Gerichte, die ich gegessen habe, waren ausnahmslos innovativ, mutig, kreativ, lecker und etwas für jeden Geschmack. Doch ich konnte nicht sofort erkennen, was nun typisch israelisch ist und was nicht. Um der Frage auf den Grund zu gehen, begab ich mich einige Kilometer von Jaffa entfernt auf den Carmel Market, um mich da, wo sich alles ums Essen dreht, mit Einheimischen und Händlern zu unterhalten.

Skyline, Tel Aviv

Unwiderstehliche Cashew-Mohn-Ovencakes mit Sommerschleier oder Winterschnee

Die leckersten Ofen-Pancakes – zum Frühstück oder als Imbiss zwischendurch.

Sobald ich auf Reisen an einem neuen Ort ankomme, gehe ich am Morgen jeweils joggen. Einerseits, um die Gegend kennenzulernen, die Menschen zu beobachten und ein Gefühl für die Orientierung zu bekommen. Andererseits natürlich auch, um fürs Frühstück richtig hungrig zu werden. Die Israelis lieben das Frühstück. Auf dem Weg zum Carmel Market bin ich an vielen Restaurants und Bars vorbeigelaufen, die zum Frühstück ein halbes Festmahl anboten. Von Shakshuka (pochierte Eier in Tomatensauce), Salaten, Hummus und Brot bis hin zu Müesli, Granola, Joghurt und Pancakes.

Meine Ofen-Pancakes sind superschnell und einfach gemacht, ersparen Zeit, viel Öl und das Festkleben in der Pfanne. Sie sind glutenfrei und können je nach Jahreszeit mit einem der beiden Toppings genossen werden. Wer sich nicht entscheiden kann, probiert einfach beide aus. Am besten Freunde einladen und wie die Israelis gemeinsam frühstücken!

FÜR 2–3 PORTIONEN ODER 12–14 OFEN-PANCAKES // LF / RZF / V / VGN

OFEN-PANCAKES
80 g Haferflocken
80–100 g Cashews
40 g Kokosmehl
1 TL Backpulver
4 EL Mohnsamen
1 reife Banane
350 ml Mandelmilch (oder andere pflanzliche Milch nach Wahl)
1 EL Leinsamen, Gold
2 TL Kokosöl, geschmolzen
1 TL Vanillepaste
1½–2 EL Ahornsirup
2 Medjool-Datteln oder frische Datteln, entsteint

TOPPING SOMMER
2 reife Bananen, in Scheiben geschnitten, über Nacht gefroren
100 ml Mandelmilch
wenig Honig oder Ahornsirup, nach Bedarf

TOPPING WINTER
150 g Kokosjoghurt, ungesüßt (z.B. Harvest Moon) oder Joghurt nach Wahl, zuckerfrei
wenig Honig oder Ahornsirup

frische Blaubeeren
Cashews, geröstet und grob gehackt (oder Kokoschips, geröstet, ungesüßt)

1 Den Ofen auf 180 Grad Umluft vorheizen. Zwei Bleche mit Backpapier belegen, mit wenig Kokosöl bestreichen.
2 Die Haferflocken im Blitzhacker (Cutter) ganz fein mixen, die Cashews dazugeben und kurz in kleine Stücke hacken. Mit Kokosmehl, Backpulver und Mohnsamen gut vermischen.
3 Die Banane mit allen weiteren Zutaten im Mixer fein und glatt pürieren. Zur Mehlmischung geben, alles gut vermischen und falls nötig noch wenig Mandelmilch dazugießen.
4 Jeweils etwa 1 gehäuften Esslöffel Teigmasse auf die Bleche geben und flach streichen. Im Ofen 20–25 Minuten goldbraun backen.
5 Für das Sommer-Topping die Bananen 5–7 Minuten antauen lassen, mit der Mandelmilch in einem leistungsstarken Mixer zu einer eiscremeartigen Masse mixen, nach Bedarf leicht süßen. (Das Bananeneis muss ganz frisch zubereitet und sofort serviert werden, solange die Konsistenz noch eiscremeartig ist. Daher erst etwa 5 Minuten bevor die Ovencakes fertig sind, zubereiten.)
6 Für das Winter-Topping den Joghurt mit wenig Honig oder Ahornsirup süßen und kühl stellen, bis die Ovencakes bereit sind.
7 Die Ovencakes aus dem Ofen nehmen, kurz abkühlen lassen, auf die Teller geben und mit Topping nach Wahl garnieren. Blaubeeren dazu servieren und nach Wunsch mit gehackten gerösteten Cashews oder Kokosraspeln bestreuen.

Tipps

- *Wenn man die Ovencakes einzeln auf die Teller legt und nicht als Turm, bleiben sie knusprig. Zum Turm gestapelt, werden sie mit der Zeit weicher.*
- *Auch gut geeignet als Snack, als eine Art »Cookie« für zwischendurch. Sie erinnern geschmacklich stark an Kuchen, sind supergesund, nährstoffreich, stillen die Lust auf Süßes und geben viel Energie.*
- *Die Ovencakes oder »Cookies« lassen sich im Tiefkühler bis zu 2 Wochen aufbewahren. Etwa 5 Minuten vor dem Essen aus dem Tiefkühler nehmen, dann haben sie die perfekte Konsistenz.*

DIE KÜCHE ISRAELS

Vielfältige Einflüsse und viel Kreativität

Wie mir von mehreren Köchen in Restaurants von Tel Aviv und Jerusalem erklärt wurde, gibt es keine typisch israelische Küche. Die Küche Israels hat vielfältige Wurzeln in verschiedensten Regionen und Ländern, ja sogar Weltgegenden. Der Einfluss der jüdischen Einwanderer über die Jahrzehnte und Jahrhunderte spiegelt sich in den Gerichten, die über die Jahre hinweg durch Rezepte und Zutaten aus ihren Herkunftsländern weiterentwickelt, abgewandelt und neu erfunden wurden. Die Küche Israels ist also ein Mix aus alten traditionellen jüdischen Gerichten, der arabischen und nahöstlichen Küche und wahrscheinlich noch vielen mehr. Die koschere Küche, in der man Milch- und Fleischprodukte nicht zusammen in einem Gericht essen und auch nicht zusammen kochen darf, ist in Israel sehr präsent. Praktisch jedes Restaurant bietet koschere Gerichte an. Die Nahrungsmittel stammen fast ausschließlich aus dem eigenen Land, über neunzig Prozent davon werden selbst produziert. Dank der verschiedenen Klimazonen, über die das Land verfügt, wächst eine riesige Vielfalt an Früchten, Gemüse, Nüssen, Samen und Getreide.

Doch was zählt nun zu den beliebtesten Gerichten der Israelis? Natürlich Falafel und Hummus! Falafel haben ihren Ursprung allerdings nicht in Israel, sondern in Ägypten. Und beim Hummus – in Israel ein unverzichtbarer Teil der Esskultur – ist der Ursprungsort bis heute umstritten; es ist ein jahrtausendealtes Gericht, das sich immer wieder weiterentwickelt und neu erfunden hat. (Wobei allerdings anzumerken ist, dass die Israelis wirklich wahre Meister des Hummus sind!) Das große Angebot an Halva, einer süßen Spezialität aus Sesammus, und all den Gewürzen und Nüssen inspirierte mich unter anderem zu den nächsten beiden Rezepten.

In der Altstadt von Tel Aviv

Tahini-Hirse-Porridge mit Granatapfel-Himbeer-Chia-Marmelade

Tahini gut, alles gut!

Die lokalen Märkte sind der beste Ort, um mit Menschen in Kontakt zu kommen, sie nach ihren Lieblingsrezepten zu fragen und zuzuschauen, wie an den Ständen der Street Food zubereitet wird. Was in Tel Aviv sofort auffiel, waren die riesengroßen saftigen Granatäpfel, die man entweder als ausgelöste Kerne im Becher oder als frisch gepressten Saft kaufen konnte, knallrot und extrem süß. Was auch auffiel, war das riesige Angebot an verschiedensten Nüssen, Samen und Trockenfrüchten, an Gewürzmischungen, getrockneten Kräutern und Blüten. Ebenso Tahini (Sesammus), das inzwischen auch bei uns zu einer trendigen Zutat geworden ist, in Israel aber um Klassen besser schmeckt. Es ist ein guter Fettlieferant und besteht allein aus Sesamsamen, die so lange gemixt werden, bis das Öl austritt und die Masse bindet. Ich brauche es praktisch täglich für Salatsaucen, in Smoothies, über Granola oder Porridge geträufelt. Es macht alles cremiger und feiner im Geschmack. Mit Honig oder Ahornsirup leicht gesüßt, ist Tahini einfach unwiderstehlich. Ein Frühstück, das sättigt, fruchtig ist und viel Energie liefert.

FÜR 2 PORTIONEN // GF / LF / RZF / V / VGN

PORRIDGE
300 ml Wasser
1 Prise Himalajasalz
80 g Hirse, feinkörnig
50 g Haferflocken, grob
300 ml Mandelmilch (oder Cashewmilch)
1½–2 EL Tahini
1½ EL Ahornsirup (oder Kokosblütenzucker)
1 TL Vanillepaste

MARMELADE
100 g Granatapfelkerne
100 g Himbeeren, frisch oder gefroren (siehe Tipps)
1 Zitronengrasstängel, in Stücke gebrochen
75 ml Wasser
2 EL Chiasamen
2 EL Ahornsirup (oder Kokosblütenzucker)

1 reife Banane, in Scheiben geschnitten
Himbeeren und Granatapfelkerne zum Garnieren
Tahini sowie Honig, Ahornsirup (oder Dattelsirup) zum Beträufeln

1 Das Wasser mit dem Salz aufkochen. Die Hirse waschen und mit den Haferflocken dazugeben, 3–4 Minuten aufkochen, dann die Hitze stark reduzieren, ein Küchentuch über den Topf legen und die Hirse 7–9 Minuten quellen lassen.

2 Inzwischen für die Marmelade sämtliche Zutaten in einem Topf aufkochen, dann die Hitze stark reduzieren, umrühren und mindestens 10 Minuten köcheln lassen. Den Topf von der Herdplatte nehmen, den Zitronengrasstängel entfernen und mit einer Gabel alles gut zerdrücken. In ein Glas füllen und etwas fester werden lassen.

3 Die Mandelmilch zusammen mit allen weiteren Zutaten zur Hirse geben, gut vermischen, nochmals 5–8 Minuten auf mittlerer Stufe köcheln lassen, bis die Hirse noch einen leichten Biss hat. Glatt rühren und in Schalen verteilen. Etwas Marmelade darauf verteilen, mit Bananenscheiben und Beeren garnieren, Tahini und wenig Honig oder Ahornsirup darüberträufeln und sofort genießen. Wer das Porridge eher feucht mag, träufelt noch etwas Mandelmilch darüber.

Tipps

- *Unbedingt Tahini guter Qualität wählen. Beim Kauf darauf achten, dass das Tahini möglichst flüssig und eher hell ist. Ich wähle gerne Produkte kleinerer, unbekannterer Marken, denn Tahini aus Ländern wie Israel schmeckt immer viel besser. Erhältlich zum Beispiel in türkischen Läden oder in größeren Supermärkten.*
- *Die Himbeeren kann man je nach Saison auch durch Erdbeeren ersetzen.*
- *Die Marmelade eignet sich auch als Brotaufstrich oder unter Smoothies gemixt.*

Avocado-Cashew-Limetten-Pizzas mit gebackenen Auberginen und Dunukkah

Zwei meiner Spezialitäten auf einen Schlag.

Dieses Rezept ist bei allen, die es bisher probiert haben, ein Hit. Die belegten Fladenbrote sind frisch, leicht, supereinfach und schnell gemacht, würzig, knusprig und cremig zugleich.
Das Dunukkah (Rezept Seite 18) sorgt für das gewisse Etwas, für Würze und leichte Schärfe. Dukkah ist eine orientalische Gewürz-Nuss-Samen-Mischung, die ihren Ursprung in Ägypten hat; in Tel Aviv habe ich sie auch auf frischen Vollkornfladen mit Tahinicreme, serviert mit gegrilltem Gemüse, als Snack bekommen. Bei mir heißt die Gewürzmischung »Du-NU-kkah«, weil ich sie mit verschiedenen Nusssorten (NU steht für Nuss) zubereite. Dieses Rezept unbedingt probieren, ob zum Frühstück (in Israel wird am Morgen genauso viel Salziges wie Süßes gegessen), zum Lunch oder für Gäste in kleinen Stücken zum Aperitif. (Nicht vergessen, vorher für sich selbst ein paar Stücke beiseitezulegen, bevor alles weg ist!)

FÜR 3–4 PORTIONEN ODER 4 MITTELGROSSE PIZZAS // LF / RZF / V / VGN

TEIG (siehe Tipps)
250 g Vollkornmehl
1 TL Himalajasalz
½ TL Kokosblütenzucker
2 EL Olivenöl
150 ml Wasser, lauwarm

SAUCE
3 EL Cashewmus
100 ml Sojamilch
3 TL Kokosblütenzucker
½ TL Himalajasalz
½ TL Pfeffer aus der Mühle
¼–½ TL Chiliflocken
3 TL Dunukkah (Seite 18) oder fertig gekauftes Dukkah
1½–2 TL Limettensaft

AVOCADO
2 Avocados
½–1 Limette, Saft und etwas abgeriebene Schale
Himalajasalz, Pfeffer aus der Mühle

TOPPINGS
2 große Auberginen
wenig Olivenöl
1 Kopf Radicchio, gewaschen
Portulak (oder Rucola, Spinat, Kresse usw.), gewaschen
½ Avocado, in Scheiben geschnitten
Dunukkah oder Dukkah zum Darüberstreuen

1 Den Ofen auf 180 Grad Umluft vorheizen. Ein Blech mit Backpapier belegen. Die Auberginen in 4 mm dicke Scheiben schneiden, leicht salzen und 20 Minuten stehen lassen (um ihnen die Bitterstoffe zu entziehen).

2 Für den Teig Mehl, Salz, Zucker und Olivenöl zu einer krümeligen Masse vermischen, das Wasser dazugeben, untermischen und auf leicht bemehlter Arbeitsfläche 5 Minuten zu einem glatten Teig kneten. Zugedeckt stehen lassen.

3 Für die Sauce alle Zutaten glatt und cremig rühren, kühl stellen.

4 Die Auberginenscheiben mit einem Küchenpapier abtupfen, mit wenig Olivenöl beträufeln und im Ofen 30 Minuten goldbraun backen.

5 Die Avocados halbieren, entkernen und schälen. Das Fruchtfleisch mit einer Gabel zerdrücken, mit Limettensaft und -schale, Salz und Pfeffer abschmecken und kühl stellen.

6 Die Radicchioblätter in kleinere Stücke reißen oder fein schneiden, mit etwas Limettensaft und/oder Olivenöl beträufeln. Zusammen mit den Portulak- oder anderen Salatblättern nach Wahl und der in Scheiben geschnittenen Avocado bereitstellen.

7 Den Teig in Portionen von etwa 50–60 g teilen, auf leicht bemehlter Arbeitsfläche ziemlich dünn ausrollen und die Fladen im vorgeheizten Ofen 7–9 Minuten leicht gebräunt und knusprig backen. Herausnehmen und abkühlen lassen.

8 Die Fladen mit Cashewsauce bestreichen, etwas Avocadopüree daraufgeben, mit gebackenen Auberginenscheiben, Radicchio, Avocadoscheiben, Portulak, Dunukkah und wenig Cashewsauce garnieren. In Stücke schneiden und wie eine Pizza genießen.

Tipps zum Teig

- *Knusprig, einfach und schnell, in 5 Minuten zubereitet – die perfekte Alternative zu gekauften Tortillas, die meist Zusatzstoffe, raffinierten Zucker und weißes Weizenmehl enthalten.*
- *Die Teigfladen kann man auch in der Pfanne auf mittlerer Stufe auf beiden Seiten goldbraun backen. Dann kurz auskühlen und knusprig werden lassen.*
- *Die rezeptierte Teigmenge reicht für 6–8 dünne Fladen. Der Teig kann im Kühlschrank bis zu 2 Tage aufbewahrt und als gesunde Pizza- oder Flammkuchen-Alternative verwendet werden.*

JERUSALEM

Eine Stadt mit zwei Seiten

Von Tel Aviv ist man in knapp einer Stunde Autofahrt in der historischen Stadt Jerusalem. Es war ein ganz besonderes Gefühl, durch die Straßen dieser geschichtsträchtigen Stadt zu gehen und in Gedanken in ihre lange, wechselvolle Geschichte einzutauchen. Doch nicht nur die Geschichte Jerusalems, auch die Kulinarik reicht weit in die Vergangenheit zurück und ist beeinflusst durch die Beziehungen und Kontakte zwischen den verschiedenen Volksgruppen, die wir heute leider in erster Linie als den immer noch andauernden Nahostkonflikt zwischen Israel und Palästina kennen.

Ich hatte das Glück, mich mit Meira zu treffen, einer Studentin, 23 Jahre jung, um mehr über die Geschichte und Kulinarik Jerusalems zu erfahren. Mit Pappbechern von ihrem Lieblings-Take-away in den Händen, gefüllt mit farbenfrohem gegrilltem Gemüse, Hummus, Falafel und Salat (meine Inspiration daraus auf der nächsten Seite), führte mich Meira durch die Straßen und Gassen Jerusalems. Auf meine Frage nach typischen Gerichten, erklärte Meira, deren Mutter selbst Palästinenserin ist, dass vieles, was man in Jerusalem esse, von Palästina beeinflusst sei. Sie erklärte mir alles über den Konflikt zwischen Israel und Palästina und die geteilte Stadt Jerusalem, auf die beide, Palästinenser und Israeli, Anspruch erheben. Sie erzählte mir, dass sie jeden Tag Angst habe, wenn sie mit der Bahn von den jüdischen Siedlungen im palästinensischen Osten Jerusalems, wo sie wohnt, über die »grüne Linie« ins Zentrum der Stadt auf israelischer Seite fahre. Eine komplexe Geschichte – von der Vertreibung der Juden aus Palästina über die Gründung des Staates Israel vor erst knapp siebzig Jahren bis zu dem Territorium, das den Palästinensern von den Israelis mehr und mehr weggenommen wurde und dadurch Terror und Krieg zur Folge hatte.

Streift man durch die Gassen der Altstadt von Jerusalem, dieser Stadt, in der drei Religionen aufeinandertreffen, steigen in einem sehr gemischte Gefühle auf. Eine Stadt, die eine magische Ausstrahlung hat, reich an Geschichte und Geschichten ist, über der aber auch ein dunkler Schatten liegt. Als »Israelin auf dem Papier, Palästinenserin in ihren Wurzeln und große Essensliebhaberin« führte mich Meira durch die Altstadt zum Markt, wo wir einige ihrer Lieblingsspeisen und -snacks probierten. Mit viel leckerem Essen im Bauch und viel neuem Wissen über die Kultur und Kulinarik Jerusalems verabschiedete ich mich von ihr. Danke, Meira, und alles Gute!

Von den vielen Flügen und der anstrengenden Reise der vergangenen Wochen geschwächt, hatte ich mir bei meinem Aufenthalt in Jerusalem etwas eingefangen und brachte während ein, zwei Tagen keinen Bissen mehr herunter. Das war aber gar nicht so schlimm, da im westlichen Teil Jerusalems von Freitag nach Sonnenuntergang bis am Samstag nach Sonnenuntergang weder jüdische Restaurants noch Supermärkte oder Läden geöffnet haben und auch keine Busse oder Straßenbahnen fahren. Der Grund dafür ist Shabbat, im Judentum der siebte Tag der Woche, an dem geruht und nicht gearbeitet werden soll. So schlenderte ich durch die leeren Straßen und kam mir vor wie auf einem anderen Planeten. Doch zum Glück gibt es die Fantasie – denn die Idee zu diesem außerordentlich leckeren Gericht brachte mich wieder auf Trab, und die Vorstellung davon belebte die kühlen Straßen gedanklich mit einem Feuerwerk an Farben und Geschmacksnoten. Die Liebe zum Essen mit seinen Aromen und Farben kann eben wirklich jeden Tag zum Strahlen bringen.

Süßkartoffel-Falafel mit rassigem Aprikosen-Chutney und Randen-Hummus

Eine Geschmackskombination, die jeden Tag zum Strahlen bringt.

FÜR 4 PORTIONEN // GF / LF / RZF / V / VGN

FALAFEL
350 g Süßkartoffeln
170 g Falafelmix
300 ml Wasser, kochend
1 EL Tahini
2 TL Kreuzkümmel, gemahlen
¼ TL Chiliflocken
wenig Himalajasalz, Pfeffer aus der Mühle
2 EL Erdmandeln, gemahlen

ca. 80 g Sesamsamen
2 TL Kreuzkümmel, gemahlen
2 TL Kokosblütenzucker
½ TL Himalajasalz
½ TL Pfeffer

CHUTNEY
5 Aprikosen, frisch, entsteint
5 Aprikosen, getrocknet
1 kleine oder ½ große sehr reife Mango
1 Apfel (süße Sorte), geschält
1 Knoblauchzehe
2–2½ EL Ahornsirup
1 Limette, Saft und wenig abgeriebene Schale
½ TL Salz
½ TL Pfeffer aus der Mühle
½–1 TL Chiliflocken
3–4 EL Wasser

HUMMUS
250 g Kichererbsen (aus dem Glas)
150 g Randen, gekocht und geschält
1–1½ EL Tahini
1 Medjool-Dattel, entsteint
½ TL Himalajasalz
1 TL Kreuzkümmel, gemahlen
½ TL Pfeffer aus der Mühle
¼ TL Chiliflocken
3 EL Zitronensaft und etwas abgeriebene Schale
1 Knoblauchzehe

1 Den Ofen auf 180 Grad vorheizen. Ein Blech mit Backpapier belegen. Eine ofenfeste Form, mit Wasser gefüllt, in den Ofen stellen. Die Süßkartoffeln schälen, fein raspeln oder im Blitzhacker (Cutter) fein hacken. Zusammen mit dem Falafelmix und dem kochenden Wasser in einer Schüssel gut vermischen und 10 Minuten stehen lassen. Tahini, Gewürze und gemahlene Erdmandeln dazugeben, mischen und aus der Masse etwa 22–26 gleich große Kugeln formen.

2 Die Sesamsamen mit den Gewürzen in einer weiten Schale vermischen und die Falafel darin wenden, bis sie rundum bedeckt sind. Gleichmäßig nebeneinander auf dem Backblech verteilen und im Ofen 40–45 Minuten goldbraun backen.

3 Für das Chutney Aprikosen, Mango und Apfel in feine Würfel schneiden. Den Knoblauch fein hacken. Alles zusammen mit den weiteren Zutaten in einen tiefen Topf geben, gut vermischen, einmal aufkochen und dann auf tiefer Stufe mindestens 20 Minuten köcheln lassen, bis die Masse eingedickt ist. Ab und zu umrühren.

4 Für den Hummus die Kichererbsen waschen und abtropfen lassen (wenn möglich die feinen Häutchen abreiben; das Ergebnis wird dann noch cremiger und feiner). Zusammen mit allen weiteren Zutaten einige Minuten glatt und cremig mixen. Falls nötig wenig Wasser dazugeben. Bis zur Verwendung kühl stellen.

5 Falafel, Hummus und Chutney zusammen sevieren und jeden Bissen in der Dreierkombination genießen. Oder als Vorspeise auf Tellern schön anrichten, garniert mit einigen Blättern Brunnenkresse, Spinat oder Rucola, die mit Zitronensaft und wenig Olivenöl beträufelt werden.

Tipps

- *Falafelmix ist ideal, wenn es schnell gehen muss. Er ist in guter Qualität, allein aus Kichererbsenmehl- bzw. -schrot und Gewürzen und ohne Zusatzstoffe, in Bioläden erhältlich.*
- *Falafel, Hummus, Chutney und Salatblätter können auch in Pitabrot gefüllt werden und sind so ideal zum Mitnehmen und Essen aus der Hand.*
- *Die doppelte Menge Falafel zubereiten und einen Teil davon ungebacken einfrieren. So hat man immer einen superleckeren Snack bereit: 20 Minuten antauen lassen, dann im Ofen eventuell etwas länger goldbraun backen.*

Offene Blumenkohl-Zatar-Schawarmas mit Zitronen-Joghurt-Sauce und frischen Feigen

Aus »Schawarma« wird »Schwärm-a«.

In Israel schwärmen alle für Schawarma. Ein arabisches Gericht mit gegrilltem Fleisch, Gemüse, Salat und Sauce in frischem Pitabrot – typisches Essen aus der Hand, das einfach und schnell gemacht ist. In Tel Aviv kann man sich an den zahlreichen Streetfood-Ständen frisches Pitabrot nach Lust und Laune füllen lassen, auch ohne Fleisch. Von gegrilltem Gemüse wie Auberginen, Blumenkohl, frischem Salat bis zu Falafel, Hummus, Tahini und vielem mehr. An einem Stand konnte man sogar ganze im Ofen gebackene Blumenkohlköpfe mit »so viel Sauce, wie man möchte« bestellen. Ob Babaganoush, Tahini, Tomaten- oder Joghurtsauce – Saucen und Dips gehören in Israel einfach dazu; sie befeuchten, machen cremiger und runden mit zusätzlichen Geschmackskomponenten ab. Genauso gehört in Israel Brot zu jeder Mahlzeit. Dieses Gericht vereint die Idee der Schawarma mit dem farbigen Angebot der Märkte, den spektakulären gebackenen Blumenkohlköpfen und den leckeren Saucen und Dips – leicht, frisch, aber trotzdem sättigend.

FÜR 2–3 PORTIONEN // LF / RZF / V / VGN

BLUMENKOHL
1 Blumenkohl (ca. 500–600 g)
1 Knoblauchzehe
Olivenöl zum Beträufeln
3 TL Zatar
wenig Himalajasalz, Pfeffer aus der Mühle
2 EL Sonnenblumenkerne

SAUCE
2 TL Kokosöl
2 TL Senfsamen, schwarz
2 TL Kreuzkümmelsamen
ca. 350 g Sojajoghurt, natur, ungesüßt (oder Naturjoghurt nach Wahl)
1 große Zitrone, Saft und etwas abgeriebene Schale
1 TL Himalajasalz
½ TL Pfeffer aus der Mühle
½–1 TL Kokosblütenzucker (oder Ahornsirup)
2 EL Tahini, hell

TOPPINGS
4 frische Feigen
je 1 Bund Zitronenmelisse, Koriander und Petersilie oder nach Belieben
½ Zitrone zum Beträufeln

3–4 Vollkorn-Pitafladen (oder Teigfladen von Seite 158)

1 Den Ofen auf 160 Grad Umluft vorheizen. Ein Blech mit Backpapier belegen. Den Blumenkohl der Länge nach in vier dicke Scheiben schneiden.
2 Die Knoblauchzehe ungeschält leicht anquetschen und auf das Backblech geben. Die Blumenkohlscheiben auf dem Blech verteilen, mit wenig Olivenöl beträufeln, mit Zatar, Salz und Pfeffer würzen. Die Sonnenblumenkerne dicht am Blumenkohl aufs Blech verteilen. Zusammen mit einer kleinen ofenfesten Schale mit Wasser (bringt Feuchtigkeit) in den Ofen schieben und 30–35 Minuten backen.
3 In der Zwischenzeit für die Sauce das Kokosöl in einer kleinen Bratpfanne erhitzen, die Senfsamen und Kreuzkümmelsamen darin auf mittlerer bis hoher Stufe anbraten, bis sie aufpoppen. Im Mörser zerstoßen.
4 Den Joghurt und alle weiteren Zutaten in einer Schale gut verrühren, die gerösteten Samen dazugeben, gut mischen und kühl stellen.
5 Die Feigen in feine Scheiben schneiden. Die Knoblauchzehe aus dem Ofen nehmen, fein hacken und mit der Joghurtsauce gut vermischen.
6 Die Pitafladen im Ofen erwärmen. Wenn man das Gericht als eine Art Flammkuchen essen möchte, die Pitas etwa 8–10 Minuten knusprig backen; als Wrap die Pitas nur so lange im Ofen backen, bis sie warm sind und sich noch gut falten bzw. einrollen lassen.
7 Frische Kräuter nach Wahl auf die Pitas geben, Joghurtsauce darüberträufeln, die Feigen daraufgeben, den Blumenkohl in kleinere Stücke reißen, darauf verteilen, mit den gerösteten Sonnenblumenkernen bestreuen, nochmals mit etwas Joghurtsauce und nach Bedarf wenig Zitronensaft und Tahini beträufeln.
8 Nach Lust und Laune zusammengefaltet oder gerollt oder mit Gabel und Messer genießen. Bei jedem Bissen sollte etwas von jeder Komponente dabei sein. Und jetzt heißt es: Schwärm-a!

Tipp
Zatar ist eine arabische Gewürzmischung, die man in jedem Gewürzladen, türkischen Läden oder größeren Supermärkten findet. Sie besteht meist aus Thymian, Sumach, wenig Oregano und Majoran sowie Sesamsamen und wird oft, mit Olivenöl vermischt, vor dem Backen auf Fladenbrot gestrichen.

Tag drei in Jerusalem. Ich machte mich mit der Kamera um den Hals auf den Weg in die Stadt, denn der Shabbat war vorbei, die Läden und Märkte waren wieder geöffnet, und das wollte ich natürlich nicht verpassen. Obwohl ich immer noch etwas angeschlagen war und noch nicht wirklich viel essen konnte, hat genau das meine Kreativität auf eine andere Art angeregt. Allein das Riechen, Tasten und Sehen der Zutaten hat mich inspiriert. Und ohne viel probiert zu haben, wirbelten die verschiedenen Düfte und Aromen auf den Straßen und all die Zutaten auf den Märkten durch meinen Kopf – und so kam ich auf dieses Rezept. Diese Burger sind Fast Food vom Feinsten, sie sind sättigend, geschmacksintensiv, vielfältig und voller guter Zutaten, und sie schmecken noch viel besser, wenn man sie mit Freunden gemeinsam genießt.

Zweierlei Sesam-Burger mit Tahini-Limetten-mariniertem Federkohl, Avocado und Pastinakenchips

Freunde einladen, und die Burger-Party kann starten.

FÜR 4–6 PORTIONEN ODER 8 MINI-BURGER // GF / LF / RZF / V / VGN

BURGER
2 EL Leinsamen, geschrotet
5 EL Wasser
5 EL Kichererbsenmehl
5 EL Erdmandeln, gemahlen (oder gemahlene geschälte Mandeln)
5 EL Sesamsamen
2 TL Kreuzkümmel, gemahlen
2 TL Koriander, gemahlen
½ TL Himalajasalz
½ TL Pfeffer aus der Mühle
2 TL Kokosblütenzucker
¼ TL Chiliflocken
2 mittelgroße Karotten (ca. 150 g)
1 mittelgroße weiße Zwiebel
2 Knoblauchzehen
100 ml Sojamilch
1 TL Kurkuma, gemahlen
1 kleine Rande (Rote Bete), roh

400 g Pastinaken
4–8 Vollkornbrötchen (*evtl. glutenfrei)

FEDERKOHL UND SAUCE
400 g Federkohl
2 EL Tahini
2 EL Sojamilch
2½ EL Limettensaft und etwas abgeriebene Schale
3 TL Kokosblütenzucker
¼–½ TL Chiliflocken
½ TL Himalajasalz
¼ TL Pfeffer aus der Mühle

AVOCADO UND RADICCHIO
1 reife Avocado
½ Limette, Saft
Himalajasalz, Pfeffer aus der Mühle
½ Bund frischer Koriander
½ Avocado
1 Radicchio Rosso
etwas Zitronensaft

1 Den Ofen auf 180 Grad Umluft vorheizen. 2 Bleche mit Backpapier belegen. Für die Burger die Leinsamen mit dem Wasser vermischen und 10 Minuten stehen lassen. Kichererbsenmehl, Erdmandelmehl, Sesam und alle Gewürze in einer Schüssel vermischen. Die Karotten schälen und zusammen mit Zwiebel und Knoblauch im Blitzhacker (Cutter) fein hacken. Mit der Sojamilch und den aufgequollenen Leinsamen zu der Mehlmischung geben und gut vermischen. Die Hälfte der Burgermasse in eine zweite Schüssel geben und das Kurkuma daruntermischen. Die Rande schälen, fein hacken und unter die andere Hälfte mischen. Aus jeder der beiden Massen 4 Burger von je etwa 100 g formen, auf eines der Bleche legen und im Ofen 35–40 Minuten goldbraun backen.

2 Die Pastinaken schälen, die Enden abschneiden und die Wurzel in feine Scheiben (ca. 2 mm) schneiden. Auf dem zweiten Blech auslegen und im Ofen 30 Minuten goldbraun backen. Die Brötchen halbieren und während der letzten 10 Minuten mitbacken, bis sie leicht knusprig sind. Herausnehmen und abkühlen lassen.

3 Den Federkohl waschen, die Stiele entfernen, die Blätter in kleinere Stücke reißen (es sollte etwa 300 g ergeben).

4 Das Tahini mit allen weiteren Zutaten zu einer glatten Creme verrühren, 3 Esslöffel davon zum Federkohl geben und mit den Händen 2–3 Minuten einmassieren, bis die Blätter etwas weicher und nicht mehr so zäh sind.

5 Die Avocado schälen, halbieren, den Stein entfernen. Das Fruchtfleisch zusammen mit dem Limettensaft in eine Schale geben, mit einer Gabel zerdrücken, mit Salz und Pfeffer abschmecken, den Koriander klein schneiden und darunterrühren. Die zusätzliche Avocadohälfte in feine Scheiben schneiden. Den Radicchio ebenfalls in ganz feine Streifen schneiden, mit etwas Zitronensaft beträufeln.

6 Eine gute Portion des marinierten Federkohls auf die Brötchenböden verteilen, etwas Avocadopüree daraufgeben, dann einen Burger daraufsetzen, mit Sauce beträufeln, für den perfekten Crunch einige Pastinakenchips daraufgeben, mit Radicchio und etwas Federkohl abschließen und die zweite Brötchenhälfte daraufsetzen. Mund ganz weit aufmachen und Bissen um Bissen genießen. Mehr Sauce ist natürlich immer erlaubt!

Tipps

- *Falls Sauce übrig bleibt, die restlichen Pastinakenchips darin dippen! Kein Öl, kaum Salz – ein gesunder Snack anstelle der üblichen Kartoffelchips.*
- *Die doppelte Menge Salat zubereiten und zusätzlich 1½ Esslöffel weißen Balsamico unter die Sauce rühren – ergibt eine superleckere Salatsauce und mit dem Salat eine gute, leichte Beilage zum Burger.*
- *Wer auf Brot verzichten möchte, serviert die Burger entweder auf Salat oder nimmt zwei große Salatblätter als Brotersatz.*

VOLL VON EINDRÜCKEN, EMOTIONEN, GERÜCHEN UND AROMEN

geht es zurück nach Hause

Israel und Jerusalem waren spannend und interessant, auch wenn ich ein paar Tage etwas angeschlagen war und mein Magen rebellierte. Das Essen, das ich probiert habe, hat mich jedenfalls sehr positiv überrascht. Die vielen Einflüsse, welche die Kulinarik Israels prägen und zu dem gemacht haben, was es heute ist, entsprachen genau meinem Motto und meiner Art, Rezepte zu kreieren. Neue Aromen und Geschmacksnoten von verschiedenen Ländern zu kombinieren, unterschiedliche Traditionen zu verbinden und zu etwas Neuem zu verschmelzen. Oder einfach gesagt: Mit der Fülle an Geschmackseindrücken von all dem, was man probiert hat, im Gaumen der Kreativität freien Lauf lassen. Das ist genau das, was ich in der Küche am meisten liebe.

Weiter geht es genauso lecker und kreativ – denn die Reise führt nun direkt nach Marokko.

»Lehitraot, Israel und Jerusalem!«

Altstadt, Jerusalem

MAROKKO

Rezepte

Erfrischende Shakes: Minze-Vanille-Banane
und Orangen-Zimt-Banane

Frühstücks-Couscous mit Apfel-Tahini-Zimt-Creme, Feigen,
Blaubeeren und schwarzem Tahini

Ein typisch marokkanisches Frühstück

10-Minuten-Müesli mit Gewürzkarotten,
Himbeeren und Zitronenmelisse

Pflaumen-Zimt-Mandel-Tajine
mit zitrusfrischer Gerste und Avocado

Gebackene Auberginen mit karamellisiertem Kürbis, Apfelstreifen,
Himbeeren und Dunukkah

Luftiger Couscous mit Sahara-Sauce, Haselnuss-Crunch,
Ofenblumenkohl und Granatapfel

Harissa-Kichererbsen-Traum auf Sesam-Knusperboden
mit frischem Gewürzjoghurt

Marrakesch, Marokko

Riad BE, Marrakesch

MARRAKESCH

Wo Träume wahr werden

Mit neuer Energie ging meine Reise nach ein paar Wochen Unterbruch weiter nach Marokko. In Marrakesch fühlte ich mich sogleich angekommen. Eine Stadt, die lebt und bebt, zugleich extrem aufgeladen und friedlich ist, wo sich Altertum und Moderne mischen, Menschen verschiedener Kulturen, unterschiedlicher Traditionen und sozialer Klassen ohne Probleme Seite an Seite leben – und die nicht zuletzt tolles simples und leckeres Essen zu bieten hat. Wo das Handeln in den Souks zum Alltag gehört, man sich in der verwinkelten Medina im Nu verlieren kann, wo sich die Türen in den Gassen zu prachtvollen, farbigen Riads mit traumhaft künstlerisch gestalteten Innenhöfen öffnen, bis hinauf zu den atemberaubenden Terrassen mit Sicht über ganz Marrakesch. Wo frischer Minztee besser als jeder Kaffee schmeckt (auch für unverbesserliche Kaffeeliebhaber!) und man den Durst mit süßem frisch gepresstem Orangensaft löschen kann. Wo man genauso schnell in der Touristenfalle landet (»Hey, kauf diese Tasche, sie ist echt Leder!«, »Da, ich biete dir genau dieselbe Tasche für nur …«), wie man auf offene, freundliche und äußerst großzügige Menschen trifft. Vor allem die Großzügigkeit beim Teilen von Essen zeigte sich schnell. Sobald die Marokkaner Vertrauen gefasst haben, dauert es nicht lange, bis man um einen Topf mit frisch gekochtem, intensiv würzigem Essen sitzt und gemeinsam von Hand aus demselben Topf isst. Dazu frisch gebackenes Brot, das nicht nur als Beilage, sondern als Löffelersatz dient.

Also: Schon mal Wasser für einen frischen Minztee aufsetzen und mit der passenden Musik in den Ohren abtauchen in die Medina von Marrakesch und in himmlische Genüsse!

Erfrischende Shakes: Minze-Vanille-Banane und Orangen-Zimt-Banane

Ein Schluck, Augen schließen und Marokko genießen!

In Marokko sind frische Minze und Orangen unumgänglich. Was bei uns der morgendliche Kaffee, ist in Marokko frisch gepresster Orangensaft oder frischer Minztee. Die Nummer eins ist unbestritten der Minztee. Damit er so schmeckt wie in Marokko, braucht es eine gewisse Technik der Zubereitung, die frischeste und aromatischste Minze überhaupt und die richtige Süße (4–5 Esslöffel Zucker pro Kanne, und zum Teil gewaltige Esslöffel voll). Auch die Art und Weise, wie man Minztee einschenkt, hat ihre eigene Tradition: die Teekanne so hoch wie möglich halten und den Tee direkt und treffsicher in die Tassen plätschern lassen. Marokkanische Minze unterscheidet sich im Geschmack etwas von der scharf-pfeffrigen Pfefferminze; sie ist etwas milder, süßlicher und kühlend; man bekommt sie auch bei uns, zum Beispiel auf Wochenmärkten, und kann damit Frühstücksgerichten, Salaten oder Shakes das gewisse Etwas verleihen. Die beiden hier vorgeschlagenen Shakes zaubern sogleich den Geschmack Marokkos auf den Gaumen.

FÜR JE 1–2 PORTIONEN // GF / LF / RZF / V / VGN

MINZE-VANILLE-SHAKE
- 250 g Bananen, geschält, in Stücke geschnitten, gefroren
- ½ Bund frische, wenn möglich marokkanische Minze, abgezupfte Blätter
- 200 ml Sojamilch
- 1 EL Cashewmus
- 2–3 Medjool-Datteln, entsteint
- 1 Prise Himalajasalz
- 1 Handvoll Eiswürfel

ORANGEN-ZIMT-SHAKE
- 250 g Bananen, geschält, in Stücke geschnitten, gefroren
- 1 Orange, Saft und wenig abgeriebene Schale
- 1–2 reife Feigen
- ½ TL Zimt, gemahlen
- 200 ml Mandelmilch
- 1 EL Mandelmus
- 2–3 Medjool-Datteln, entsteint
- 1 Prise Himalajasalz
- 1 Handvoll Eiswürfel

1 Für den Minze-Vanille-Shake die gefrorenen Bananenstücke aus dem Gefrierfach nehmen und 5–7 Minuten antauen lassen.
2 Zusammen mit den restlichen Zutaten in einem leistungsstarken Mixer glatt und cremig mixen.
3 Nach Wunsch mit frischer Minze garnieren und sofort genießen.
4 Für den Orangen-Zimt-Shake die gefrorenen Bananenstücke aus dem Gefrierfach nehmen und 5–7 Minuten antauen lassen.
5 Zusammen mit den restlichen Zutaten in einem leistungsstarken Mixer glatt und cremig mixen.
6 Nach Wunsch mit gerösteten, gehackten Mandeln und frischen Feigen garnieren.

Tipps
- *Man kann diese in der Konsistenz eher dicken Shakes auch in Schalen füllen, mit verschiedenen Früchten, Granola usw. toppen und als Smoothie-Bowl genießen.*
- *Als Topping für beide Varianten passt das Granola von Seite 54 oder 257 und frische Beeren.*
- *Es lohnt sich, immer einen Vorrat an vollreifen, geschälten, in Stücke geschnittenen Bananen, in kleine Portionsbeutel abgefüllt, im Gefrierfach zu haben. So erhält man auf die Schnelle ein glattes, erfrischendes, eher dickflüssiges und sättigendes Ergebnis.*

Frühstücks-Couscous mit Apfel-Tahini-Zimt-Creme, Feigen, Blaubeeren und schwarzem Tahini

Couscous geht auch süß, und das sogar ganz gut!

In Marokko, ganz egal wo, kommt man um Couscous nicht herum. Er ist neben Brot das wichtigste Grundnahrungsmittel und Teil fast jeder Mahlzeit. Dass Couscous genauso lecker auch süß als Frühstück schmeckt, beweist dieses Rezept. Ich verwende immer Vollkorncouscous; er ist etwas erdiger im Geschmack und hält auch länger satt. Couscous wird immer mit Sauce serviert bzw. wird diese darübergeträufelt. Ich musste auf dem Gewürzmarkt auf dem »Place des Épices« nur einmal kräftig einatmen, schon war der frische Zimtgeschmack in meiner Vorstellung auf dem Couscous gelandet. Nüsse, Samen und Trockenfrüchte wie Datteln oder Feigen sind in Marokko ebenfalls reichlich (und äußerst preisgünstig) erhältlich. All dies ließ ich als Inspiration einfließen, kurbelte noch etwas meine Kreativität an und, zack, hier gibt's Couscous zum Frühstück.

FÜR 2 PORTIONEN // LF / RZF / V / VGN

APFELCREME
2 kleine Äpfel (ca. 350–400 g)
½ TL Vanillepaste
3 TL Honig (oder Dattel- oder Ahornsirup)
1 Prise Zimt, gemahlen
150 ml Hafermilch
2–3 TL Tahini
½–1 TL Zitronensaft

COUSCOUS
200 ml Wasser
1 Prise Himalajasalz
150 g Vollkorncouscous
200 ml Hafermilch
½ TL Vanillepaste
2–3 Medjool-Datteln, entsteint

TOPPINGS
1 Handvoll Haselnüsse, geröstet, gehackt
frische oder gefrorene Blaubeeren
2–4 frische Feigen
2–3 TL Tahini, schwarz oder weiß
wenig Honig (oder Ahornsirup) zum Beträufeln

1 Für das Topping die Haselnüsse bei 180 Grad Umluft im Ofen etwa 10 Minuten rösten oder in der Pfanne auf mittlerer Hitze goldbraun rösten, dabei ab und zu umrühren. Beiseitestellen.
2 Die Äpfel schälen, entkernen, in mittelgroße Stücke schneiden und zusammen mit Vanillepaste, Honig und Zimt in einer Bratpfanne auf mittlerer Stufe 7–10 Minuten weich dünsten und leicht anbräunen, bis der Honig etwas karamellisiert; von der Herdplatte nehmen.
3 Das Wasser für den Couscous mit einer Prise Salz aufkochen, den Couscous dazugeben, einmal aufkochen, dann von der Herdplatte nehmen. Hafermilch, Vanillepaste und Datteln glatt mixen, darunterrühren und zugedeckt etwa 5–7 Minuten quellen lassen.
4 Die gebratenen Äpfel zusammen mit Hafermilch, Tahini und Zitronensaft im Mixer fein pürieren.
5 Den Couscous nochmals gut umrühren, in Schalen verteilen. Mit der Apfelmilch umgießen. Mit den gerösteten Haselnüssen, Blaubeeren und Feigen garnieren, mit etwas Tahini und Honig beträufeln und sofort genießen.

Tipps
- *Schwarzes Sesammus ist in Bioläden oder Reformhäusern erhältlich. Stattdessen kann man aber auch ein Nussmus (z. B. Mandel- oder Cashewmus) oder helles Tahini verwenden.*
- *Für den kleinen Hunger: Die Apfelcreme schmeckt auch ohne Couscous lecker, sowohl leicht warm wie auch 30–60 Minuten gekühlt; dann vor dem Essen nochmals gut umrühren und als Shake trinken oder als Smoothie-Bowl mit Toppings nach Wahl genießen.*
- *Für eine glutenfreie Variante anstelle von Couscous Hirse verwenden. Hirse (eines der mineralstoffreichsten Getreide) braucht etwas länger zum Garen als Couscous.*

Nähe Tahanaout, Marokko

VON DER STADT AUFS LAND

zu einem authentischen Frühstück

Um mehr über die kulinarischen Traditionen Marokkos und ihre Ursprünge zu erfahren, führte mich mein Weg vom touristischen Marrakesch hinaus aufs Land. Umweht vom Duft frischer Orangen- und Rosenblüten, kam ich um etwa acht Uhr morgens in einem kleinen Dorf am Fuße des Atlasgebirges an und wurde von einer äußerst herzlichen Familie gleich zu einem reichhaltigen Frühstück empfangen – ein typisch marokkanisches Frühstück, wie man es nur auf dem Land bekommt. Mit Brot aus dem Steinofen, Baghrir (Pfannkuchen), einem frischen Karottensalat mit getrockneten Feigen, warmen Zimtschnecken, süßem Minztee und Orangensaft. Dazu Olivenöl, geröstetes Mandelmus und hausgemachter Dattelsirup zum Dippen. Ein wahres Festmahl! Die Zutaten kamen alle aus der Umgebung, hauptsächlich sogar aus dem eigenen Garten.

Fatima, Mutter von sechs Kindern, erklärte mir in sehr gutem Französisch (das hier die zweite Amtssprache ist), dass die Küche in der Gegend über die Jahrhunderte hauptsächlich von den einheimischen muslimischen Berbern beeinflusst wurde. Der Einfluss der spanischen, französischen (daher all die süßen Backwaren zum Frühstück), afrikanischen, orientalischen und südländischen Küche trug aber genauso dazu bei, die marokkanische Küche zu dem zu machen, was sie heute ist. Was mich überraschte, war, wie simpel alles zubereitet wird. Grundlegende, einfache Zubereitungsweisen und langjährige Erfahrung als Geheimzutat.

Obwohl mein Bauch schon fast platzte, putzte ich mit dem frisch gebackenen Brot noch das letzte Bisschen Mandelmus und Dattelsirup aus und schaute amüsiert zu, wie der jüngste ihrer Söhne genüßlich die drei (ja, ganze drei) letzten Zimtschnecken aufaß.

Auf der nächsten Seite folgen die Rezepte für ein typisch ländlich marokkanisches Frühstück (einmal durch den »Eat Better Not Less«-Kanal geschleudert). Am besten Freunde einladen und so lange genießen, bis alles aufgegessen ist.

Ein typisch marokkanisches Frühstück

Wie auf dem Land in Marokko.

Wer zufälligerweise auf diese Seite gestoßen ist, am besten einmal rückwärts blättern, um die Geschichte zu diesem typischen Frühstück zu erfahren (das sich übrigens auch als Lunch oder Brunch gut eignet). Von all den Dingen, die ich serviert bekam, habe ich das, was mir am besten geschmeckt hat, hier auf meine Weise umgesetzt. Die drei Rezepte und die Rotis von Seite 138 zubereiten, alles auf einer Platte anrichten, sich gemeinsam rund um die Platte auf den Boden setzen und so wie in Marokko mit den Händen essen, palavern und genießen! Mein Favorit: Brot oder Knusperfladen mit Dattelpaste und Mandelmus bestreichen, etwas Karottensalat daraufgeben und falten. Noch nie hat Frühstücken so viel Spaß gemacht.

FÜR 2–3 PORTIONEN SALAT // LF / RZF / V / VGN

KAROTTEN-ORANGEN-MANDEL-SALAT
- 80 g Mandeln, geschält
- 500 g Karotten (z. B. je 250 g orange und rote)
- 1 Orange, Saft und etwas abgeriebene Schale
- 1 EL Zitronensaft
- 1 EL Ahornsirup
- 1 EL Mandelmus, hell, oder Olivenöl
- ½ TL Pfeffer aus der Mühle
- ½ TL Koriander, gemahlen
- ½ TL Kreuzkümmel, gemahlen
- frische Minze, fein geschnitten, zum Garnieren

DATTEL-VANILLE-PASTE
- 12 Medjool-Datteln oder 24 frische Datteln, entsteint
- 2 TL Vanillepaste
- ½ TL Zimt, gemahlen
- 200 ml Wasser

MANDELMUS
- 200 g Mandeln, ungeschält
- ½ TL Himalajasalz

1 Für die Salatgarnitur den Ofen auf 180 Grad Umluft vorheizen. Die Mandeln 10–12 Minuten goldbraun rösten. Herausnehmen, etwas abkühlen lassen und grob hacken.

2 Die Karotten schälen, die Enden abschneiden, dann die ganzen Karotten der Länge nach mit einem Sparschäler in feine Scheiben schneiden bzw. hobeln. Mit wenig Wasser in eine weite Pfanne geben und 2–3 Minuten dünsten, damit sie etwas weicher werden, aber immer noch Biss haben. Von der Herdplatte nehmen, abtropfen lassen und in eine große Schüssel geben.

3 Für die Sauce Orangensaft und -schale mit allen weiteren Zutaten verrühren, zu den Karotten geben und sorgfältig mischen. Mit den beiseitegelegten gerösteten, gehackten Mandeln und mit fein geschnittener frischer Minze garnieren.

4 Für die Dattelpaste alle Zutaten in einem leistungsstarken Mixer zu einer feinen, glatten Creme mixen. (Falls nur die kleinen getrockneten Datteln zur Hand sind, ca. 24–28 Stück in kochendem Wasser weich kochen, abtropfen und dann verarbeiten wie angegeben.)

5 Für das Mandelmus den Ofen auf 170 Grad Umluft vorheizen. Die Mandeln auf einem Blech im Ofen 10–14 Minuten goldbraun rösten. Herausnehmen, etwas abkühlen lassen, dann im Blitzhacker (Cutter) oder in einem leistungsstarken Mixer auf mittlerer Stufe fein mixen. Den Mixer kurz abschalten, die Mischung von den Wänden streifen und mindestens 5–10 Minuten (je nach Maschine) auf hoher Stufe zu glattem Nussmus mixen. Zuerst bildet sich eine etwas klumpige Masse, bis das Öl aus den Nüssen auszutreten beginnt. Je länger man mixt, desto cremiger, glatter und flüssiger wird die Masse. Nach Bedarf mit Kokosblütenzucker süßen.

Tipps
- *Die Dattelpaste kann im Kühlschrank etwa 1 Woche aufbewahrt werden und dient als Süßungsmittel für jede Art von Speisen, in Müesli, Porridge, Bananeneis, Salatsaucen als Brotaufstrich oder zu den Crackern auf Seite 18 – eine gesunde Alternative zu raffiniertem Zucker.*
- *Mandelmus (evtl. ersetzen durch fertig gekauftes Nussmus) ist in einem fest verschließbaren Glas mehrere Monate bei Raumtemperatur haltbar und kann für Frühstücksspeisen, Salatdressings usw. verwendet werden.*
- *Für die *glutenfreie Variante glutenfreie Tortillas oder Brotscheiben toasten.*

10-Minuten-Müesli mit Gewürzkarotten, Himbeeren und Zitronenmelisse

Das macht jeden zum Karottenliebhaber.

Große, knackige Karotten, Berge von Nüssen und Unmengen frischer Kräuter – das alles ist mir in Marrakesch sofort ins Auge gesprungen oder eben in die Nase gestiegen. Wer noch nie gebratene Karotten in sein Frühstück gepackt hat, sollte dies so schnell wie möglich tun. Karotten liefern so viel Vitamin A wie kaum ein anderes Nahrungsmittel, sind gut für die Haut, für gesunde Augen und das Sehvermögen. Sie sind überall erhältlich, kosten nicht viel und können extrem vielfältig, ob süß oder salzig kombiniert, eingesetzt werden. Zusammen mit dem knusprigen Müesli und den dafür verwendeten Gewürzen, die die ganze Küche in einen Dufttaumel hüllen, fühlt man sich sofort nach Marokko versetzt. Die Zitronenmelisseblätter sind übrigens ein absolutes Muss: Sie runden das Gericht mit einer frischen Note ab und verbinden die verschiedenen Aromen im Mund zu »Einem wie keinem«.

FÜR 2 PORTIONEN // *GF / LF / RZF / V / VGN

MÜESLI
4–5 EL Haferflocken, grob
2 EL Sonnenblumenkerne
3 EL Mandelblättchen
1 Prise Himalajasalz
1 EL Ahornsirup oder Dattelsirup
4 Medjool-Datteln, entsteint

GEWÜRZKAROTTEN
4 mittelgroße Karotten
2 EL Kokosraspel
2 TL Kokosblütenzucker
1 Prise Himalajasalz
1 Prise Muskatnuss, gemahlen
mit ¼ TL Zimt, gemahlen
mit ¼ TL Kardamom, gemahlen
1 TL Vanillepaste

TOPPINGS
250 g Himbeeren, frisch oder gefroren
2–3 EL Wasser
Ahornsirup, Kokosblütenzucker oder Honig
1 Bund Zitronenmelisse, abgezupfte Blätter
Milch nach Wahl, z. B. Hafer-, Mandel- oder Cashewmilch

1 Haferflocken, Sonnenblumenkerne, Mandelblättchen, Salz und Ahorn- oder Dattelsirup in eine weite Bratpfanne geben, vermischen und auf mittlerer Stufe unter ständigem Rühren etwa 10 Minuten goldbraun rösten. Von der Herdplatte nehmen und vollständig auskühlen und knusprig werden lassen. Die Datteln klein schneiden und daruntermischen.
2 Die Karotten schälen und fein raspeln. In einer weiten Bratpfanne etwa 2 Esslöffel Wasser erhitzen, die Karotten darin andünsten, bis das Wasser verdampft ist. Die Kokosraspel und sämtliche Gewürze dazugeben, auf mittlerer Stufe 8–10 Minuten anbraten, dann von der Herdplatte nehmen.
3 Die Himbeeren mit dem Wasser in eine Pfanne geben, nach Wahl süßen und auf mittlerer Stufe köcheln lassen, bis sie weich sind, mit einer Gabel leicht zerdrücken, gut umrühren und von der Herdplatte nehmen.
4 Das Müesli in Schalen füllen, die Karottenmischung darauf verteilen, etwas Himbeeren dazugeben und mit fein gezupften Zitronenmelisseblättern garnieren. Nach Wunsch noch etwas Honig darüberträufeln und Milch nach Wahl dazugießen.

Tipps
- *Wenn es noch schneller gehen soll, die doppelte Menge Müesli zubereiten; es hält sich in einem verschließbaren Glas im Kühlschrank 3–4 Tage. So hat man morgens das Müesli fixfertig als gutes sättigendes Frühstück bereit.*
- *Für die *glutenfreie Variante glutenfreie Haferfocken oder Amarantflocken verwenden.*

Djemaa el Fna, Marrakesch

TAJINES, TAJINES UND NOCHMALS TAJINES

Was man in Marokko unbedingt probieren muss, ist eine authentische, über dem Feuer gekochte »Tajine«. Am besten gleich verschiedene Varianten ausprobieren, denn es gibt ganz unterschiedliche Arten der Würzung. »Tajine« ist nicht nur die Bezeichnung des Gerichts, sondern zugleich auch des typischen Tontopfes, in dem es gekocht wird. Damit sich die natürlichen Aromen voll entfalten und die Zutaten schön zart werden, wird die typische Tajine 45–60 Minuten bei geringer Hitze gegart. Der kegelförmige Deckel fängt dabei den Dampf auf und sorgt dafür, dass die Zutaten kontinuierlich und gleichmäßig garen. Durch die hohe Hitze des Feuers und die Speicherung der Feuchtigkeit im Deckel können die Zutaten am Boden des Topfes – oft gehören dazu Trockenfrüchte wie Datteln, Feigen, Aprikosen oder Pflaumen – leicht karamellisieren. So erklärte es mir Ahmed, der »Tajine-Star« auf dem Marktplatz Djemaa el Fna im Herzen Marrakeschs. Er beherrscht und zelebriert die marokkanischen Kochkünste mit einer Lebensfreude und positiven Energie wie kaum einer auf dem ganzen Platz. Auf die Frage, was seine Geheimzutat sei, lachte er laut heraus und fing an zu singen, und da war für mich die Antwort klar: Leidenschaft und Herzblut wachsen eben nicht auf den Bäumen. Wer sie in sich hat, bringt, egal ob im Tontopf oder in einer weiten Pfanne, eine Tajine zustande, die genauso überzeugt wie jene von Ahmed mit ihrem bombastischen, intensiven Geschmack.

Während ich die Tajine von Ahmed aß, erzählte mir eine ältere Dame eine kleine Anekdote dazu: Ob ich denn wisse, wieso die Tajine zu einem Berg aufgetürmt angerichtet wird (siehe Bild). »Der Couscous stellt die Berge Marokkos dar, die den Grundstein und Halt bilden, das Gemüse rundherum das fruchtbare Land am Fuß der Berge, wo die vielfältigen Früchte und Gemüse gedeihen, das Fleisch, das immer oben darauf serviert wird, verkörpert die Rinder, die oberhalb der Waldgrenze leben, und die schmackhafte Sauce, die von oben über das Gericht geträufelt wird, versinnbildlicht die Flüsse, die Leben und Fruchtbarkeit für alles bringen, was auf dem Berg wächst.« Eine schöne Geschichte und ein schönes Sinnbild für Marokko.

Pflaumen-Zimt-Mandel-Tajine mit zitrusfrischer Gerste und Avocado

Gleich eine doppelte Portion Nachschlag, bitte!

Am meisten überzeugt hat mich die Pflaumen-Zimt-Mandel-Tajine, zubereitet von dem netten Herrn auf der vorherigen Seite. Die süße Note der Pflaumen, die auf der Zunge zergehenden, mit Gewürzen vollgesogenen Gemüse, die knusprig gerösteten Mandeln und dazu – wie könnte es anders sein – Couscous. Es war einfach unglaublich lecker! Anstelle von Couscous nehme ich in meinem Rezept Gerste, die einen leicht erdigeren Geschmack und mehr Biss hat und, verfeinert mit Limette, Orange und Koriander, das Gericht perfekt abrundet. Für die Zubereitung von Tajines wird üblicherweise viel mehr Öl verwendet als in meinem Rezept. Um trotzdem für gesunde Fette zu sorgen, kommen dünne Scheiben Avocado darauf, die zudem das Gericht noch etwas cremiger machen. Die Avocado ist optional, für mich als Avocado-Liebhaberin aber ein Muss.

FÜR 4–5 PORTIONEN // *GF / LF / RZF / V / VGN

TAJINE
80–100 g Mandeln, geschält
1 TL Zimt, gemahlen
1 TL Kurkuma, gemahlen
½ TL Kreuzkümmel, gemahlen
½ TL Chilipulver
½ TL Paprika, edelsüß
1 gehäufte Msp. Safran, gemahlen
1 TL Himalajasalz
1 TL Pfeffer aus der Mühle
1 Aubergine (ca. 200 g)
1 Süßkartoffel (ca. 200 g)
1 Zucchini (ca. 200 g)
400 g Butternusskürbis
(ca. 300 g ohne Schale)
2 Knoblauchzehen
1 rote Zwiebel
2–3 TL Kokosöl
500 ml Wasser
1–2 Zimtstangen
1 EL Honig oder Ahornsirup
1½ EL Mandelmus, hell
200 g Pflaumen, getrocknet, entsteint

GERSTE
300 g Rollgerste
900 ml Wasser
1½ EL Mandelmus
2 EL Limettensaft
2 EL Orangensaft
1 Bund frischer Koriander, fein geschnitten
(oder Minze oder Petersilie)
Himalajasalz, Pfeffer aus der Mühle
1 reife Avocado, nach Wunsch

1 Den Ofen auf 180 Grad Umluft vorheizen. Die Mandeln auf einem Blech 10 Minuten goldbraun rösten, herausnehmen, etwas abkühlen lassen und grob hacken.
2 Für die Tajine alle Gewürze von Zimt bis Pfeffer in einer Schale mischen.
3 Aubergine, Süßkartoffel, Zucchini und Kürbis in etwa 1½ cm große Würfel schneiden und bereitstellen.
4 Knoblauchzehen und Zwiebel klein hacken. Das Kokosöl in einer Tajine oder einer weiten, etwas tieferen Pfanne auf mittlerer Stufe erhitzen, Knoblauch und Zwiebel darin leicht anbraten, alle Gewürze auf einmal dazugeben und 1–2 Minuten unter ständigem Rühren mitbraten. Das vorbereitete Gemüse dazugeben und nochmals ein paar Minuten anbraten.
5 Wasser, Zimtstangen, Honig, Mandelmus und Pflaumen dazugeben, gut umrühren und auf tiefer bis mittlerer Stufe zugedeckt 35–45 Minuten köcheln lassen. Ab und zu umrühren und falls nötig wenig Wasser dazugeben.
6 Für die Gerste das Wasser aufkochen (ohne Salz!). Die Gerste abspülen, dazugeben und auf mittlerer Stufe 30 Minuten köcheln lassen. Von der Herdplatte nehmen und zugedeckt weitere 10–15 Minuten quellen lassen. (So wird die Gerste zeitgleich mit der Tajine fertig.)
7 Mandelmus, Limettensaft, Orangensaft und frischen Koriander unter die gekochte Gerste mischen, mit Salz und Pfeffer abschmecken.
8 Die Avocado halbieren, entsteinen, schälen und in feine Scheiben schneiden, mit wenig Zitronensaft beträufeln, mit Salz und Pfeffer würzen.
9 Die Hälfte der gerösteten, gehackten Mandeln unter die Tagine rühren. Etwas Tajine auf die Teller geben, Gerste daraufgeben, mit den restlichen gehackten Mandeln, frischen Kräutern und Avocadoscheiben nach Belieben garnieren.

Tipps
- *Die Tajine hält sich gut 1–2 Tage im Kühlschrank und schmeckt kalt oder zu einem Salat genauso gut.*
- *Für eine *glutenfreie Variante anstelle von Gerste Quinoa, Vollkornreis oder Hirse verwenden. Die Sauce bleibt dieselbe, nur die Kochzeit des Getreides variiert.*

Gebackene Auberginen mit karamellisiertem Kürbis, Apfelstreifen, Himbeeren und Dunukkah

So einfach, so leicht, so farbenfroh – ein Gericht, bei dem keine Geschmackskomponente fehlt.

Wie erwähnt kann man sich in den Gassen von Marrakesch ganz schnell verirren. Denn was vorher noch eine Abzweigung nach rechts war, ist, wenn man den Weg wieder zurückfinden möchte, auf einmal keine Abzweigung mehr oder eben eine nach links. Oder ein Gässchen, das zu einem putzigen kleinen Restaurant führt, das Gerichte wie diese gebackenen Auberginen mit karamellisiertem Kürbis serviert, die einen erst mal sprachlos machen. So ging es mir auf jeden Fall. Ich wollte unbedingt die Köchin sprechen. Eine Frau um die fünfzig kam aus der kleinen Küche, und ich bezeugte ihr mit erhobenem Daumen und großen Augen mein Lob. Natürlich fragte ich sie nach der Zubereitung. Sie sprach zwar nur Arabisch, verstand aber doch, was ich wissen wollte. Sie holte die rohen Zutaten aus der Küche und zeigte mir mit Handbewegungen und Gesten, wie sie was verwendet hat. Daraus entstand, ergänzt durch meine eigene Inspiration, dieses Gericht, das man auch ganz ohne Worte versteht!

FÜR 2 PORTIONEN ODER 4 PORTIONEN ALS VORSPEISE // GF / LF / RZF / V / VGN

AUBERGINEN
2 große oder 4 kleine Auberginen
wenig Himalajasalz
etwas Olivenöl

KÜRBIS
800 g Muskatkürbis (ca. 650 g ohne Schale)
1 TL Kokosöl
2 TL Kreuzkümmelsamen
1 TL Koriander, gemahlen
½ TL Himalajasalz
½ TL Pfeffer aus der Mühle
¼–½ TL Chiliflocken (je nach Schärfegrad)
½ TL Kurkuma, gemahlen
½ TL Zimt, gemahlen
2 EL Kokosblütenzucker (oder Ahornsirup)

APFEL
1 Apfel (Granny Smith)
½ Bund frischer Koriander
½ Zitrone, Saft und etwas abgeriebene Schale
1 TL Olivenöl
wenig Himalajasalz, Pfeffer aus der Mühle

TOPPINGS
Dunukkah (Seite 18)
2–3 EL Himbeeren, gefroren
wenig Ahornsirup oder Honig zum Darüberträufeln

1 Den Ofen auf 180 Grad Umluft vorheizen. Die Auberginen längs halbieren, die Schnittfläche mit einem Messer diagonal über Kreuz mehrmals einritzen, leicht salzen und mit wenig Olivenöl beträufeln. Zusammen mit einer kleinen ofenfesten Schale mit Wasser (das bringt Feuchtigkeit) auf ein Blech geben und im Ofen 30–34 Minuten weich backen.
2 Den Kürbis schälen und fein raspeln. Das Kokosöl in einer Pfanne erhitzen, die Kreuzkümmelsamen darin etwas anbraten, den Kürbis dazugeben und einige Minuten unter Rühren anbraten.
3 Sämtliche weiteren Gewürze dazugeben, gut umrühren, die Hitze reduzieren und den Kürbis in der halb zugedeckten Pfanne 15–20 Minuten weiterbraten und karamellisieren lassen, ab und zu umrühren.
4 Den Apfel in feine Scheiben und diese in ganz feine Streifen schneiden. Den Koriander fein schneiden und zusammen mit Zitronensaft und -schale, Olivenöl, Salz und Pfeffer dazugeben, mit den Händen sorgfältig vermischen und kühl stellen.
5 Die Auberginen aus dem Ofen nehmen, auf Tellern anrichten, mit einer Gabel das Fruchtfleisch etwas weich und flach drücken, den karamellisierten Kürbis gleichmäßig darauf verteilen und mit den rohen Apfelstreifen garnieren.
6 Mit etwas Dunukkah bestreuen und die gefrorenen Himbeeren darüber zerbrechen. Nach Wunsch wenig Ahornsirup oder Honig über die Auberginen träufeln und mit einigen frischen Korianderblättern garnieren.

Tipps
- *Die Himbeeren erst ganz zum Schluss aus dem Gefrierfach nehmen. Sie sorgen nicht nur für ein besonderes Geschmackserlebnis, sondern geben auch Frische und Fruchtigkeit.*
- *Wer keine Zeit hat, das Dunukkah von Seite 18 selbst zuzubereiten, verwendet fertige Dukkah-Gewürmischung, die in größeren Supermärkten erhältlich ist.*
- *Anstelle von Koriander mit frischer Minze toppen. Genauso perfekt!*

AUF DEM DROMEDAR DEN STERNEN ENTGEGEN

Auf der Suche nach weiteren traditionellen Gerichten Marokkos – und natürlich auch um die eindrückliche Wüstenlandschaft zu erleben – begab ich mich in die Sahara, dahin, wo die Berber und Beduinen leben. Nach knapp acht Stunden Autofahrt von Marrakesch, über die Atlasberge, vorbei an riesigen Dattelplantagen (Kostproben inklusive), durch kleine, teils ausgestorbene Dörfer und Einblicke in die Natur und Kultur Marokkos abseits des Tumults der Großstadt, kamen wir in Merzouga an, wo wir von den Berbern herzlich empfangen wurden. Von da ging es auf Dromedaren der Abendsonne entgegen in die Wüste. Wir haben bei den Beduinen in mit Stoffen ausgelegten Zelten übernachtet und wurden mit einem typisch berberischen Abendessen verwöhnt: mit einer teigbedeckten Pizza nach Berberart, Couscous, Tajine, Gemüsegerichten und frisch gebackenem Brot. Später setzten wir uns ans Feuer unter den hell erleuchteten Sternenhimmel, wo ich unsere Gastgeber nach ihren Bräuchen, Traditionen und Rezepten ausgefragt habe. Sie erzählten und erzählten und holten schließlich ihre Trommeln hervor, deren dumpfe Töne in der schon fast unheimlichen Ruhe der Wüste bis spät in die Nacht über die Sanddünen hinweg in die Unendlichkeit der Sahara ausklangen.

Merzouga-Wüste, Sahara, Marokko

Atemberaubend, magisch, surreal, mir fehlen die Worte! Morgens um sechs inmitten der Wüste zu stehen, da, wo man sich kleiner fühlt als jedes Sandkorn, umgeben von den unendlichen Dünen, die zugleich Kraft und Ruhe ausstrahlen, wo man sich kaum sattsehen kann und vor Staunen heller als jeder Stern strahlen könnte. Wo die Emotionen wahrhaftig explodieren und von dem kühlen, weichen Morgenwind über die Dünen geweht werden. Wo man einmal mehr daran erinnert wird, wie wunderbar, wertvoll und mächtig die Natur ist. Die Reise in die Merzouga-Wüste in der Sahara und die Gerichte des Berber-Volkes haben all meine Erwartungen übertroffen.

Eine Erfahrung, die ich nie vergessen werde und die mir einerseits gezeigt hat, dass man nicht nur vom Sport die Gesäßmuskulatur spüren kann, sondern auch vom Dromedar-Reiten, und andererseits einmal mehr, dass alles, was man an Inspiration zu neuen Rezepten braucht, der Kontakt mit Mensch, Natur, Kultur und Kulinarik ist – ganz egal wo auf dieser Welt man sich befindet.

Luftiger Couscous mit Sahara-Sauce, Haselnuss-Crunch, Ofenblumenkohl und Granatapfel

Inspiriert von verschiedenen Berber-Gerichten in der Sahara.

Das Geheimnis eines luftigen, leichten Cosucous ist Geduld und Sorgfalt in der Zubereitung. Als ich in der Wüste war, erlebte ich, wie er von den Frauen von Grund auf selbst hergestellt wurde: Größere Körner Hartweizengrieß wurden mit feineren Grießkörnern gemischt, mit Salzwasser besprüht, gerollt und gerieben, bis sie aneinander hafteten, und dann zwischen den Händen weiter gerieben bis zur gewünschten Größe der Couscous-Körner. (Und das Resultat hob sich von Couscous aus der Packung natürlich deutlich ab.) Der Tipp für luftig leichten Couscous lautete: dämpfen, und für ein Röstaroma könne man ihn in etwas Olivenöl zuerst leicht rösten. In Marokko wird zu Couscous fast ausnahmslos Sauce serviert. Meine Sauce ist auf der Basis von Trockenfrüchten gemacht, die in Marokko sehr häufig verwendet werden und auch in würzigen Saucen für die nötige Süße sorgen. Bei jeder Gabelvoll dieses Gerichts fühle ich mich gleich wieder in die Wüste versetzt. Unbedingt ausprobieren: Sich mit dem Teller in der Hand auf den Rücken eines imaginären Dromedars setzen (Achtung wackelig), eine Gabelvoll nehmen, und schon ist man inmitten der Sahara!

FÜR 4 PORTIONEN // LF / RZF / V / VGN

BLUMENKOHL
1 Blumenkohl (ca. 500 g)
wenig Himalajasalz und Olivenöl

CRUNCH
Süß-salziger Haselnuss-Crunch (Seite 21)

SAUCE
14 getrocknete Aprikosen
4 Medjool-Datteln, entsteint
1 Knoblauchzehe
1 TL frisch geriebener Ingwer
400 ml Wasser
1½–2 EL weißer Balsamico
1 TL Mandelmus, hell
½ TL Himalajasalz
½ TL Pfeffer aus der Mühle
1½ EL Limettensaft
je ¾ TL Currypulver, Kurkuma, Koriander und Kreuzkümmel gemahlen
½–1 TL Chilipulver
150–200 ml Wasser

COUSCOUS
1½ EL Olivenöl
300 g Couscous
600 ml Wasser
1 TL Himalajasalz
1 großer Granatapfel, Kerne ausgelöst
100 g Cranberrys, ungezuckert
etwas frische Brunnenkresse

1 Den Ofen auf 180 Grad Umluft vorheizen. Den Blumenkohl in kleine Röschen zupfen, mit wenig Olivenöl beträufeln, salzen und auf ein Blech geben. Eine kleine ofenfeste Schale mit Wasser dazustellen (dies bringt Feuchtigkeit in den Ofen) und 30 Minuten backen.
2 Den Crunch nach dem Rezept Seite 21 zubereiten und vollständig auskühlen lassen.
3 Für die Sauce Aprikosen, Datteln, Knoblauch, Ingwer und Wasser in einen weiten Topf geben, aufkochen und bei mittlerer bis hoher Hitze etwa 20 Minuten weich kochen. Ab und zu umrühren, falls nötig noch wenig Wasser nachgießen.
4 Für den Couscous das Olivenöl in einer weiten Pfanne leicht erhitzen, den Couscous 5 Minuten unter ständigem Rühren rösten, das Wasser dazugießen, aufkochen und die Pfanne sofort von der Herdplatte nehmen. Salzen, nochmals gut umrühren und zugedeckt 10 Minuten quellen lassen.
5 Die gekochte Aprikosenmischung in einen leistungsstarken Mixer geben, alle weiteren Zutaten hinzufügen und zu einer glatten, feinen Sauce pürieren. Nach Geschmack noch mit Chiliflocken oder Chilipulver nachwürzen.
6 Den Couscous mit einer Gabel etwas auflockern (er sollte leicht und luftig sein), Granatapfelkerne, Cranberrys, die Hälfte bis zwei Drittel der Sauce, zwei Drittel des gebackenen Blumenkohls und zwei Drittel des Haselnuss-Crunchs dazugeben, alles sorgfältig vermischen. Auf Tellern anrichten und nach Lust und Laune die restlichen Komponenten darüber verteilen. Die restliche Sauce um den Couscous träufeln, so schmeckt jede Gabel – mal mit etwas mehr, mal mit etwas weniger Sauce – anders.

Tipps

- *Dieses Gericht schmeckt auch lauwarm oder kalt sehr lecker; die Geschmacksnoten kommen so fast noch mehr zur Geltung.*
- *Den Haselnuss-Crunch kann man gut in einem verschließbaren Glas aufbewahren, er schmeckt super als Snack für zwischendurch, über Porridge, Müesli, Bananeneis oder Salate gestreut. Aber Achtung: Es besteht Suchtgefahr!*

Harissa-Kichererbsen-Traum auf Sesam-Knusperboden mit frischem Gewürzjoghurt

Knusprig, cremig, würzig – das große Finale mit Pfiff.

Dieses Rezept ist inspiriert von dem Kichererbsengericht, das mir in der Sahara serviert wurde und zu dem ich ein ganzes Glas hausgemachtes Harissa vertilgt habe. Diese aus dem Maghreb stammende scharfe Gewürzpaste besteht aus frischen Chilis, Kreuzkümmel, Koriander, Knoblauch, Salz und ziemlich viel Olivenöl. Dieselben Zutaten bilden die Basis für meinen »Harissa-Traum«, doch hinzu kommen neben viel weniger Öl noch Gemüse, Kichererbsen und einige andere Zutaten, die sich zu einer Art Harissa-Curry zusammenfügen. Der Gewürzjoghurt dazu frischt das Gericht genauso auf wie der kühle Wind die Sahara, und die Sesam-Knusperböden geben die nötige Grundlage, so wie die Millionen von Sandkörnern sich zu Bergen fügen und dem Leben in der Sahara einen wenn auch prekären Halt geben.

FÜR 12 KNUSPERBÖDEN (FÜR CA. 4–6 PERSONEN) // LF / RZF / V / VGN

HARISSA-KICHERERBSEN
500 g rote Paprika
1-2 frische rote Chilischoten
350 g Datterini-Tomaten (süße Tomaten!)
4 Knoblauchzehen
2 EL Tomatenpüree
2 EL Mandelmus, hell
2 Medjool-Datteln, entsteint
Himalajasalz, Pfeffer aus der Mühle
1 Glas Kichererbsen (ca. 240 g), abgespült, abgetropft

GEWÜRZMISCHUNG
2 TL Kokosöl
2 TL Koriandersamen
2 TL Kreuzkümmelsamen
2 TL Senfsamen, dunkel

JOGHURT
250 g Sojajoghurt, natur, ungesüßt (oder Naturjoghurt nach Wahl)
½ TL Himalajasalz
½ TL Pfeffer aus der Mühle
½–1 TL Ahornsirup oder Kokosblütenzucker
1 Zitrone, Saft und abgeriebene Schale

SESAM-KNUSPERBODEN
220 g Weizenvollkornmehl
80 g Kichererbsenmehl
80 g Sesamsamen
1 TL Himalajasalz
3 EL Olivenöl
150 ml Wasser, lauwarm

frischer Koriander und Minze
geröstete Mandeln, gehackt, oder Sesamsamen

1 Den Ofen auf 200 Grad Umluft vorheizen. Drei Bleche mit Backpapier belegen.
2 Paprika und Chilischoten, beide ganz, und die Tomaten auf ein Backblech geben, die Knoblauchzehen schälen, etwas zerstoßen, ebenfalls auf das Blech geben. Im Ofen 50 Minuten backen, bis die Haut der Paprikaschoten leicht schrumpelig ist.
3 Für die Gewürzmischung das Kokosöl in einer Pfanne erhitzen, die drei Samensorten dazugeben und auf mittlerer Stufe anbraten, bis sie fein duften und aufzupoppen beginnen. Unter Rühren kurz weiterbraten, von der Herdplatte nehmen und im Mörser fein mahlen.
4 Ein Drittel der Gewürzmischung mit dem Joghurt und allen weiteren Zutaten gut vermischen. Den Gewürzjoghurt kühl stellen.
5 Für den Knusperboden Mehl, Sesam, Salz und Olivenöl mischen, das lauwarme Wasser langsam einarbeiten. Den Teig auf einer leicht bemehlten Arbeitsfläche etwa 5 Minuten zu einem glatten Teig kneten.
6 Den Teig in 12 gleich große Stücke schneiden (je ca. 60 g) und diese einzeln zu Rondellen von 10 cm Durchmesser und 3 mm Dicke ausrollen. Je 6 Teigböden auf ein Backblech geben. Ein Drittel der Gewürzmischung mit wenig Olivenöl vermischen, die Böden damit bestreichen, mit Sesam bestreuen.
7 Das Gemüse aus dem Ofen nehmen, die Ofentemperatur auf 180 Grad reduzieren und die Teigböden 20–25 Minuten goldbraun backen.
8 Die Paprikaschoten halbieren, mit kaltem Wasser abschrecken, Kerne und Stiel entfernen (die Haut nicht abziehen); zusammen mit 1–2 Chilischoten (je nach Schärfergrad), den Tomaten und Knoblauchzehen in einen leistungsstarken Mixer geben. Den Rest der Gewürzmischung, Tomatenpüree und Datteln dazugeben, alles fein und glatt pürieren und in eine weite Pfanne geben.
9 Die Kichererbsen in die Pfanne geben, mit Salz und Pfeffer würzen und bei mittlerer Hitze etwa 20 Minuten köcheln lassen, ab und zu umrühren.
10 Die Teigböden aus dem Ofen nehmen, kurz abkühlen lassen, mit wenig Joghurt beträufeln, einige Koriander- und Minzeblätter, dann die Harissa-Mischung daraufgeben, nochmals mit Gewürzjoghurt beträufeln, mit frischen Kräutern garnieren und mit gerösteten Mandeln oder Sesamsamen bestreuen.

Tipp
Die Teigböden wie Tacos servieren. Alle Zutaten auf den Tisch stellen, und jeder stellt seine eigene Version zusammen.

Ameya-Yokoch Market, Tokyo

JAPAN

Rezepte

Zweierlei knusprige Fuji-Apfelchips
mit cremiger, wärmender Buchweizenmilch

Blumenkohl-Sesam-Makirollen oder Sushi-Bowl
mit mariniertem Thunfisch, Avocado und Mango

Mori-Soba mit Sesam-Ingwer-Miso-Dipsauce,
Edamame und gebratenen Pilzen

The Green Glow Bowl mit Matcha-Vanille-Bananeneis
und Buchweizen-Knusper-Granola

Okonomiyaki-Pancakes mit Randen-Rotkohl-Salat
und Sesam-Soja-Dip

Bombastischer roher Erdbeer-Tofu-Cashew-Cheesecake
mit Erdnusskaramell

Itoigawa, Präfektur Niigata

KONICHIWA NIHON!

Und schon sind wir in Japan gelandet

Eine Welt abseits dieser Welt – das war mein erster Eindruck. Selten war ich so gespannt, eine neue Kultur, deren Menschen und Essen kennenzulernen. Ein Land, das voller Klischees und noch viel mehr voller Überraschungen steckt! Was mich am meisten beeindruckt hat? Zuerst einmal, dass die japanische Küche so viel mehr zu bieten hat als nur Sushi. Dann aber auch, dass man sich in Japan genauso sicher fühlt wie in der Schweiz und die Städte Tokyo und Kyoto auch genauso sauber sind (obwohl es in der Metropole Tokyo nur geschätzte vier Abfalleimer gibt), dass die Japaner äußerst organisiert, anständig, pünktlich und auf Hygiene bedacht sind. Dass man mit »Konichiwa« allein nicht sehr weit kommt, da nur wenige Englisch sprechen, man aber mit viel Humor (ja, die Japaner sind sehr humorvoll!) immer irgendwie über die Runden kommt, dass das Peace-Zeichen nicht nur eine Marotte japanischer Touristen, sondern bei Japanern fast ein Automatismus ist, sobald es heißt: »Bitte, lächeln!« Dass jede Klobrille, egal ob im Shoppingcenter oder irgendwo im Nirgendwo, beheizt ist, dass man die Schuhe vor jeder Türschwelle ausziehen muss, dass die meisten authentischen Restaurants winzig klein und versteckt sind und es dort keine englischen Speisekarten gibt.

Dass der frische Fisch so zart ist und einem förmlich auf der Zunge vergeht, die Innereien der Fische wie Herz und Leber von den Japanern aber genauso, wenn nicht noch mehr als Delikatesse genossen werden, dass man den Geruch von getrocknetem Fisch mögen muss, um die Zeit auf den Märkten genießen zu können. Dass man aus Anstand den Reis immer bis aufs allerletzte Korn aufessen sollte, dass frisch gemachte Soba-Nudeln und Soba-Tee etwas vom Besten überhaupt sind, ihnen aber auch Grüntee und Matcha-Tee in nichts nachstehen, dass die Technologie wie kaum sonstwo fortgeschritten ist (in Tokyo wurde ich im Hotel von einer Roboter-Frau empfangen), dass die landesweit beliebten mit heißem Quellwasser gespeisten Onsen-Bäder nur nackt betreten werden dürfen, dass die Sumo-Ringer gleichzeitig so beweglich sind wie ein Gummiband, so stark wie Herkules und zu jeder Mahlzeit so viel essen können wie Obelix. Dass im Norden Japans, in Itoigawa, im April noch über ein Meter Schnee liegen kann, und das nur dreißig Minuten von der Küste entfernt, dass eine Übernachtung in einem Ryokan mit typischem Kaiseki Dinner und Bad im Onsen ein absolutes Muss ist, dass man aufgrund der Beliebtheit Japans als Reiseziel alles mindestens ein halbes Jahr im Voraus buchen sollte, um Zeit und Geld zu sparen und sicher zu sein, dass man nicht in einem »Love Hotel« landet.

Wer mehr über meine Erlebnisse im Land der aufgehenden Sonne erfahren will, den lade ich jetzt zu einer Entdeckungstour durch Japan ein – ein unglaublich spannendes, sympathisches und vielseitiges Land.

Zweierlei knusprige Fuji-Apfelchips mit cremiger, wärmender Buchweizenmilch

Damit man auch kalte Tage in Japan gut übersteht.

In Tokyo waren die kleinen Läden und Verkaufsstände, wo man sich auf die Schnelle etwas holen kann, überall voll von irgendwelchen Snacks. Doch das meiste sah entweder zuckrig aus oder enthielt getrockneten Fisch. Ich aber brauche meinen »täglichen Apfel«. Möglichst groß, knackig und saftig soll er sein. So hielt ich auch in Japan Ausschau nach Äpfeln und wurde schnell fündig: Die weltberühmten unglaublich leckeren Fuji-Äpfel kommen nämlich aus Japan. Ein Stück kostete zwar etwa so viel wie ein ganzes Kilo bei uns, doch es war jeden Cent wert. Neben dem täglichen Apfel haben sich warmer Soba-Tee sowie süße Sojamilch oder Milch aus schwarzem Sesam zu einer Gewohnheit entwickelt. Beides bekommt man warm (ja, warm!) im Pappbecher in jedem noch so kleinen Laden oder sogar in den Getränkeautomaten an jeder Straßenecke. Perfekt, um sich bei kalten Temperaturen aufzuwärmen. Daraus entstand das folgende Rezept: komplett frei von raffiniertem Zucker, supereinfach und der perfekte gesunde Snack für zwischendurch.

FÜR 2–3 PERSONEN ALS SNACK // GF / LF / RZF / V / VGN

BUCHWEIZENMILCH
60 g Buchweizen
200 ml Wasser
200 ml Mandelmilch
2 EL Reissirup
2 Prisen Himalajasalz
3 Medjool-Datteln
oder 4–5 frische Datteln, entsteint

APFELCHIPS MIT INGWER
2 Fuji-Äpfel (oder andere Sorte nach Wahl)
1 EL Reissirup
2 TL Zitronensaft
1 TL Ingwer, frisch gerieben

APFELCHIPS MIT GOMASIO
2 Fuji-Äpfel (oder andere Sorte nach Wahl)
2–3 EL Gomasio (oder 2–3 EL Sesamsamen, geröstet, mit ½ TL Himalajasalz gemörsert)

1 Für die Milch den Ofen auf 180 Grad Umluft vorheizen. Den Buchweizen auf einem Blech 20–25 Minuten goldbraun rösten, herausnehmen, auskühlen lassen.
2 Zusammen mit allen weiteren Zutaten in einen leistungsstarken Mixer geben und etwa 5 Minuten auf hoher Stufe mixen, bis die Milch durch das Mixen erwärmt ist. Am besten sofort genießen oder fest verschlossen in den Kühlschrank stellen und vor dem Servieren nochmals kurz erwärmen und gut aufschäumen oder mixen.
3 Für die Apfelchips den Ofen auf 100 Grad Umluft vorheizen. Alle Äpfel samt Schale und Kerngehäuse in feine Scheiben (ca. 2 mm) schneiden, auf 2 Backblechen gleichmäßig nebeneinander verteilen.
4 Für die Ingwerchips den Reissirup mit Zitronensaft und frisch geriebenem Ingwer vermischen und die Hälfte der Apfelscheiben damit bestreichen.
5 Für die Gomasiochips die andere Hälfte der Äpfel mit Gomasio bestreuen.
6 Die Chips im Ofen bei 100 Grad 3 Stunden knusprig trocknen. Aus dem Ofen nehmen, abkühlen und knusprig werden lassen. Am besten zusammen mit der Buchweizenmilch als Snack genießen und wer mag, die Chips in die Milch dippen.

Tipp
Damit alle Apfelscheiben gleichmäßig backen und bräunen, am besten einen Gemüsehobel verwenden, der gleichmäßig dicke Scheiben schneidet.

Nähe Tsukiji-Fischmarkt, Tokyo

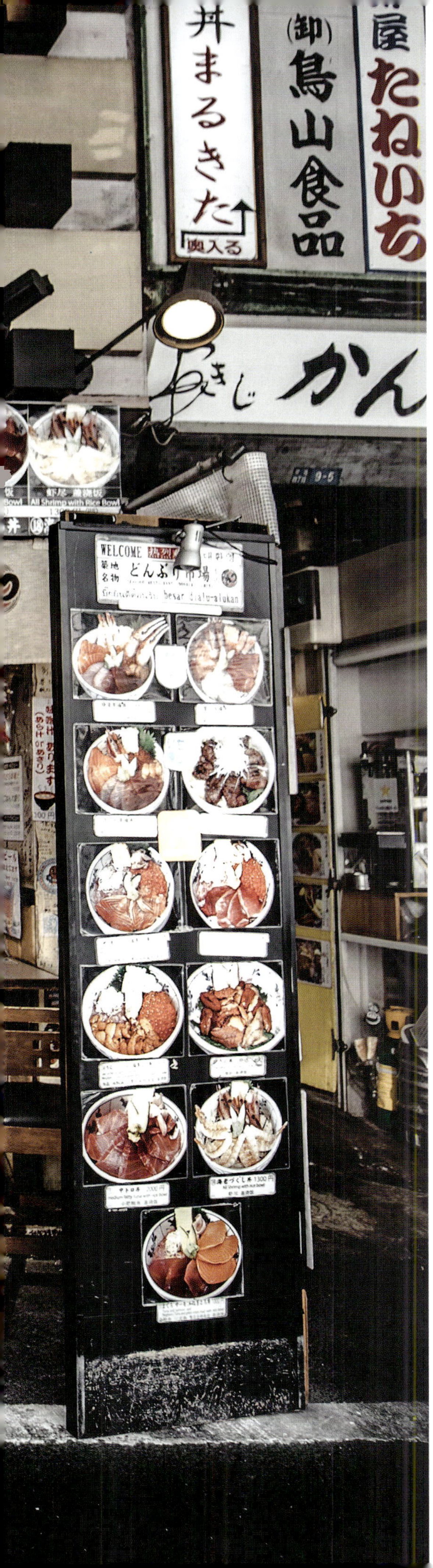

MAL EIN ETWAS ANDERES FRÜHSTÜCK

Was isst man in Japan denn zum Frühstück? Von Granola, Porridge, Früchten und Smoothie-Bowls keine Spur, denn das ist alles andere als typisch japanisch. Reis, Misosuppe, fermentierte Sojabohnen, gegrillter Fisch, eingelegtes Gemüse und Algenblätter? Ja, das tönt schon eher typisch japanisch.

Wie es dazu kam, dass ich morgens um sechs Uhr Sushi & Co. zum Frühstück gegessen habe? Eigentlich wollte ich zum Tsukiji-Fischmarkt, dem weltweit größten und bekanntesten Fischmarkt. Dort, wo pro Tag mehr als 2000 Tonnen Meeresfrüchte gehandelt werden. Am besten besucht man ihn frühmorgens um fünf oder sechs Uhr, wenn es so richtig zur Sache geht und es ein Erlebnis ist, zuzuschauen, wie die Fischer ihren frischen Fang anliefern und den Preis verhandeln. So stand ich also um sechs Uhr in der Früh mitten auf dem Tsukiji-Fischmarkt. Nur stand ich da nicht zwischen Tausenden von Fischen, Fischern und Fischhändlern – sondern war mutterseelenallein. Ganz in der Nähe, in einer engen Gasse stieg Dampf aus dem Türspalt eines winzigen Restaurants. Ich ging hinein und wurde von all den Japanern erst mal unauffällig, aber offensichtlich etwas erstaunt gemustert. Englisch verstand niemand, doch das Wort »Tsukiji« und meine fragenden Augen waren Hinweis genug. Der Koch zeigte mir einen Kalender, und siehe da, zwei Mittwoche pro Monat waren mit einem roten Kreuz durchgestrichen. Und wann war ich da? Genau an einem Mittwoch, wo man eben nicht da sein sollte, weil ein rotes Kreuz draufsteht.

Als ich sah, dass die Japaner um mich herum alle schon fleißig am Frühstücken waren, setzte ich mich kurzerhand hin und aß zum Frühstück Misosuppe, Sushi, Algensalat und trank dazu heißen Soba-Tee. Und danach gab es noch eine weitere Schale mit frischestem Fisch auf herrlich duftendem Reis von dem Herrn auf dem Bild zum »Dessert«. Wäre der Tsukiji-Markt nicht geschlossen gewesen, wäre mir all das entgangen!

Das Rezept auf der nächsten Seite braucht man nicht zwingend zum Frühstück zu essen; es schmeckt zu jeder Tageszeit lecker.

Blumenkohl-Sesam-Makirollen oder Sushi-Bowl mit mariniertem Thunfisch, Avocado und Mango

Statt Reis Blumenkohl. Sushi zum Sattessen!

Obwohl die Küche Japans viel mehr zu bieten hat als Sushi, muss man sich mindestens einmal durch den Sushi-Himmel getestet haben. Sakiko, eine junge Frau, die ich in Tokyo im Trendviertel Shibuya angetroffen habe, sagte mir, dass Sushi, obwohl sie sich weltweit zu einem riesigen Trend entwickelt haben, in Japan nicht öfter als andere typische Gerichte gegessen werden. Sie seien vor allem bei Touristen beliebt, sie selbst esse sie praktisch nie. Und wenn, dann nur im Restaurant ihres Onkels, der Sushi-Meister ist und eine achtjährige Sushi-Ausbildung hinter sich hat. Das sei in Japan üblich, denn bis man das Handwerk perfekt beherrscht, braucht es unheimlich viel Übung. Sakiko erzählte auch, dass sie Algenblätter nicht mag, sie bevorzuge »Maguro don«, eine Schale Reis mit Gemüse und Thunfisch. Oder Sashimi, rohen Fisch mit Sojasauce und eingelegtem Ingwer. Und manchmal habe sie auch einfach genug von Reis. Dadurch kam ich auf diese Rezeptidee: für alle, die keine Algen mögen, in der Bowl, ganz ohne Reis und dafür als leichte Variante mit Blumenkohlreis zubereitet. Ein Sushi-Erlebnis auf ganz andere, aber genauso geschmacksintensive und leckere Art.

FÜR 2–3 PORTIONEN (CA. 6 SUSHIROLLEN) // GF / LF / RZF / *V / *VGN

THUNFISCH
400 g frisches Thunfischfilet bester Qualität
1 Limette, Saft und etwas abgeriebene Schale
2–3 EL Mirin
2–3 TL Sesamöl, geröstet
2 EL Sesamsamen, geröstet
2–3 TL Tamari oder Sojasauce, salzarm
2–3 TL Ahornsirup oder Honig

BLUMENKOHLREIS
500 g Blumenkohl, geputzt
1 Birne (oder Apfel)
½ Bund Frühlingszwiebeln, nur grüner Teil (ca. 20 g)
4 EL Sesamsamen, geröstet
2 EL Reisessig
2–3 EL Mirin
1 EL Limettensaft
1 EL Sesamöl, geröstet
2–3 TL Tamari

1 Avocado
½–1 sehr reife Mango
150–200 g Wakamesalat (ersatzweise Wasserspinat mit 1 Knoblauchzehe, fein gehackt, und 2 TL Olivenöl)
Ingwer, eingelegt
Algenblätter (für die Sushi-Variante)

1 Den Thunfisch in etwa 1,5 cm große Würfel schneiden, in eine Schale geben, alle weiteren Zutaten dazugeben, sorgfältig vermischen und etwa 15 Minuten marinieren.

2 Den Blumenkohl im Blitzhacker (Cutter) ganz fein hacken oder fein reiben. In einer weiten Bratpfanne mit 1 Esslöffel Wasser auf mittlerer Stufe 5 Minuten andünsten, dann in eine große Schüssel geben.

3 Die Birne raspeln, mit den Händen den Saft ausdrücken und die ausgedrückte Birne zum Blumenkohlreis geben. Den grünen Teil der Frühlingszwiebeln schräg ganz fein schneiden und zusammen mit allen weiteren Zutaten in die Schüssel geben. Alles gut vermischen.

4 Avocado und Mango schälen und in feine Scheiben schneiden. Falls keine Wakame-Algen verfügbar sind, den Wasserspinat in kochendem Wasser 2 Minuten blanchieren, in ein Sieb geben und mit kaltem Wasser abschrecken. Dann mit dem Knoblauch in Olivenöl kurz andünsten, bis er zusammenfällt.

5 Den Blumenkohlreis in Bowls geben, mit mariniertem Thunfisch, eingelegtem Ingwer, Wakame oder Wasserspinat sowie Avocadoscheiben garnieren, etwas von der Thunfischmarinade darüberträufeln und als Sushi-Bowl genießen.

6 Für die Variante als Sushi-Rollen die unteren zwei Drittel der Algenblätter mit einer dünnen Blumenkohlschicht belegen, leicht flach drücken. Eine Reihe Avocadoscheiben, eine Reihe Mangoscheiben, etwas Wakame oder Wasserspinat und den marinierten Thunfisch daraufgeben, sorgfältig aber satt einrollen und in Scheiben schneiden. Die restliche Thunfischmarinade und Sojasauce zum Dippen sowie eingelegten Ingwer dazu reichen.

Tipps

- *Wasserspinat findet man in Asialäden, Wakame in großen Supermärkten. Eine Alternative wäre blanchierter Spinat oder Mönchsbart.*
- *Sättigender wird das Gericht mit Reis anstelle von Blumenkohlreis. Nach Packungsanleitung kochen und gleich zubereiten.*
- *Für die *vegetarische/vegane Variante weich gekochte Süßkartoffeln in Marinade einlegen.*

Mori-Soba mit Sesam-Ingwer-Miso-Dipsauce, Edamame und gebratenen Pilzen

In Japan probiert und sofort begeistert. Ein Kalt-Warm-Geschmacksspiel.

Ein weiteres Gericht, das man in Japan unbedingt probieren muss, sind Sobanudeln (Buchweizennudeln). In Tokyo entdeckte ich in einer engen Nebengasse ein Sobanudel-Restaurant, klein und versteckt, doch es roch himmlisch und war von außen wie von innen richtig authentisch. Obwohl das Restaurant halb leer war, wurde mir höflich mitgeteilt, dass man, um dort zu essen, eine »Soba Member Card« brauche. Ich fragte eine Gruppe älterer Herren, die gerade das Restaurant verließ, nach einer Empfehlung für ein anderes Soba-Restaurant. Ich hatte Glück, denn die Männerrunde traf sich, wie sich herausstellte, seit 24 Jahren allwöchentlich auf der Suche nach neuen Restaurants in Tokyo. Sie führten mich zu einem anderen sehr guten Soba-Restaurant und erzählten mir viel über die Esskultur Japans und über Sobagerichte. Neben Kake-Soba (mit warmen Nudeln) gibt es Mori- und Zaru-Soba (mit kalten Nudeln). Die warmen Nudeln werden in einer heißen, klaren Brühe serviert, die kalten Zaru-Soba mit einer Dipsauce. Ich fand das Dippen der kalten Nudeln in warmer Brühe so toll, dass ich gleich ein Rezept dazu machen musste. Ausprobieren erlaubt (auch ohne Member Card!).

FÜR 2 PORTIONEN // GF / LF / RZF / V / VGN

SOBANUDELN
180 g Sobanudeln (Buchweizennudeln)
etwas Sesamöl, geröstet
250 g Pilze, gemischt (Shiitake, Austernpilze, Champignons usw.), geputzt
1 Bund asiatische oder normale Frühlingszwiebeln, nur grüner Teil
1 gehäufter EL Gomasio

SAUCE
3 EL Sojasauce, salzarm
2 EL Mirin
2 EL Sesamöl, geröstet
3–4 TL Kokosblütenzucker
⅔ TL Ingwer, frisch gerieben
1 gehäufter TL Misopaste, hell
200 ml Wasser

2 Handvoll Edamame
Himalajasalz oder Meersalz

1 Die Sobanudeln in kochendem Wasser nach Packungsanleitung garen, in ein Sieb abschütten, mit kaltem Wasser abspülen, abtropfen und erkalten lassen.
2 Etwas Sesamöl in einer Pfanne erhitzen, die Pilze darin goldbraun rösten, von der Herdplatte nehmen und kurz vor dem Servieren wieder leicht erwärmen.
3 Den grünen Teil der Frühlingszwiebeln schräg in feine Streifen schneiden und zusammen mit dem Gomasio zu den erkalteten Sobanudeln geben. Sorgfältig mischen. (Falls die Nudeln aneinander kleben, wenig Wasser dazugeben.)
4 Für die Sauce alle Zutaten in einer Pfanne einmal aufkochen, bis sich der Kokosblütenzucker und die Misopaste komplett aufgelöst haben, dann bei geringer Hitze 2 Minuten ziehen lassen, mit einem Rührbesen gut vermischen und in zwei Schalen füllen.
5 Die Edamame leicht salzen. (Gefrorene Edamame in kaltem Wasser auftauen lassen, dann in leicht siedendem Wasser 5 Minuten köcheln, abtropfen lassen und salzen.)
6 Die kalten Sobanudeln auf Tellern anrichten, die Pilze darauf verteilen, mit Stäbchen servieren und jeden Bissen einmal in die Sauce dippen. Schlürfen nicht vergessen, nur so kann das volle Aroma der Sauce zeitgleich mit den Nudeln den Gaumen beglücken! (Das wurde mir vom Soba-Meister persönlich als Tipp mitgegeben!)

Tipps
- *Sobanudeln, Mirin, Gomasio, Edamame und feine, asiatische Frühlingszwiebeln findet man in Asialäden oder größeren Supermärkten.*
- *Sobanudeln enthalten oft auch Weizenmehl; daher beim Kauf darauf achten, dass sie aus hundert Prozent Buchweizen sind oder aus Buchweizen gemischt mit Vollkornmehl oder in Bioläden teils auch Buchweizen- mit Quinoamehl gemischt.*
- *Wer Buchweizen nicht mag, durch braune Reisnudeln, Soja- oder Edamame-Nudeln ersetzen.*

Teeplantage in der Nähe von Uji, Präfektur Kyoto

DER GRÜNE WACHMACHER

Ein wahres Multitalent

Er ist gehaltvoll, sanft und süß, hat einen komplexen Charakter, wirkt aphrodisierend, hat nahezu magische Kräfte, gibt Energie und macht vollumfänglich glücklich! An manchen Tagen könnte man über all seine positiven Eigenschaften schon fast grün vor Neid werden. Wer noch immer nicht weiß, um wen es sich handelt, darf ich vorstellen: »Mr. Matcha!«

Nicht weit von Kyoto, in Uji, dreht sich wirklich alles um Matcha: Matcha-Eis, Matcha-Nudeln, Matcha-Bonbons, Matcha-Suppe, Matcha-Tee, Matcha-alles. Es grünt um die Wette, denn je leuchtender die Farbe, desto frischer das Pulver. In Uji, wo sich der älteste Matcha-Laden der Welt befindet, seit 1819 im Besitz derselben Familie, durfte ich nicht nur die Teeplantagen besuchen, das ganze Herstellungsverfahren des wertvollen Pulvers sehen und selbst Matcha mahlen, sondern kam auch im Rahmen eines Teerituals in einem »Chashitsu«, einem typisch japanischen Teehaus, in den Genuss eines überraschend guten Matcha-Tees. Die japanische Teekultur reicht weit in die Vergangenheit zurück und wird heute noch landesweit in einem ganz bestimmtem Ablauf, mit streng festgelegten Regeln und zugleich mit äußerster Sorgfalt und viel Respekt ausgeführt.

Matcha wird aus den Blättern der Grünteesorte »Tencha« hergestellt. Um Tencha zu erhalten, werden die Plantagen überdacht, damit kein Sonnenlicht an sie kommt. Dadurch wird verhindert, dass die süßen und schmackhaften Inhaltsstoffe bitter werden. Die Blätter werden anschließend mit einem schweren Tee-Mühlstein so fein wie möglich gemahlen; das kostbare Matcha-Pulver kann man als Tee oder für jegliche andere Art von Gerichten verwenden.

Also, nicht grün vor Neid werden auf das Wunderpulver, sondern einfach einmal umblättern, das Rezept ausprobieren und Mr. Matcha eine kalte, knusprige und fruchtige Abkühlung gönnen!

The Green Glow Bowl mit Matcha-Vanille-Bananeneis und Buchweizen-Knusper-Granola

Mit Inspiration aus dem Matcha-Land direkt in die Frühstücks-Bowl!

In Uji, wo sich alles um Matcha dreht, kam ich sowohl in den Genuss von Matcha-Sobanudeln (Buchweizennudeln) als auch von Matcha-Eis. Das könnte man auch in einem Rezept verbinden, dachte ich mir gleich. Matcha sorgt nicht nur für eine tolle Farbe, sondern auch für guten Geschmack. Und der entfaltet sich im Bananeneis besonders gut. Das Buchweizen-Granola wird durch die lange Backzeit bei niedriger Temperatur extra knusprig und eignet sich sehr gut als Topping zu praktisch jedem Frühstück oder als Snack für zwischendurch.
Da Matcha-Tee kein Tee-Aufguss ist, sondern ein Extrakt aus dem frischen Tencha-Teeblatt, entfalten sich übrigens nicht nur die Aromen intensiver, auch der Anteil an guten Inhaltsstoffen ist höher.
Gesundheit und Genuss in einem – ran an das grüne Wunderpulver!

MATCHA-EIS FÜR 2, GRANOLA FÜR 6–8 PORTIONEN // GF / LF / RZF / V / VGN

GRANOLA
250 g Buchweizen
150 g Mandeln
80 g Kokoschips
80 g Sonnenblumenkerne
80 g Sesamsamen, schwarz oder weiß
60 g Mohnsamen
60 g Kürbiskerne
5–6 Medjool-Datteln, entsteint
1 sehr reife Banane
2 EL Ahornsirup oder Honig, flüssig
½ TL Himalajasalz
1 TL Zimt, gemahlen
1 TL Vanillepaste (oder 1 Vanilleschote, ausgekratztes Mark)
1 TL Matcha-Pulver, nach Belieben

MATCHA-BANANENEIS
400 g reife Bananen, in Scheiben eingefroren (ca. 3 große Stück)
1 TL Matcha-Pulver
1 TL Vanillepaste
150 ml Sojamilch
2–3 Medjool-Datteln, entsteint

1 Den Buchweizen mindestens 2 Stunden in leicht gesalzenem Wasser einweichen. Dann in ein Sieb geben, gut abwaschen und abtropfen lassen und auf einem Tuch mindestens 2 Stunden oder am besten über Nacht trocknen lassen.
2 Den Ofen auf 80 Grad Umluft vorheizen. Zwei Bleche mit Backpapier belegen.
3 Die Mandeln, Kokoschips, Samen und Kerne im Blitzhacker (Cutter) grob hacken. Zusammen mit dem Buchweizen in eine große Schüssel geben.
4 Die Datteln mit der Banane mit dem Ahornsirup im Mixer oder Blitzhacker zu einer Paste mixen. Die Paste zusammen mit dem Salz und allen weiteren Gewürzen ebenfalls in die Schüssel geben. Alles gründlich vermischen und gleichmäßig auf den beiden Backblechen verteilen.
5 Das Granola im vorgeheizten Ofen etwa 8 Stunden (am besten über Nacht) trocknen lassen. Herausnehmen, in Stücke brechen und vollständig auskühlen und knusprig werden lassen. In ein großes verschließbares Glas füllen und für den Extra-Knusper-Effekt unbedingt im Tiefkühler aufbewahren.
6 Für das Matcha-Bananeneis die gefrorenen Bananen 5–7 Minuten antauen lassen, zusammen mit allen weiteren Zutaten in einen leistungsstarken Mixer geben, glatt und cremig mixen, in Schalen verteilen.
7 Mit dem Buchweizen-Granola und Früchten nach Wahl (z. B. Kiwischeiben und Blaubeeren) garnieren und sofort genießen.

Tipps
- *Das Granola hält sich im Tiefkühler mindestens 2 Wochen, im Kühlschrank 5–6 Tage.*
- *Es friert auch im Tiefkühler nicht ganz durch und schmeckt superlecker und erfrischend mit Reis- oder Dinkelmilch und ein paar frischen Beeren drauf als einfaches Frühstück, in einer Smoothie-Bowl oder als Bananeneis-Topping.*

Cremiger Zitronenmelisse-Ramen-Traum mit gebratenem Tofu und Austernpilzen

Dafür wäre Forrest Gump zweimal um die Welt gerannt.

FÜR 2 PORTIONEN // GF / LF / RZF / V / VGN

140–180 g braune Reis- oder Buchweizen-Ramen oder braune Reisnudeln

SUPPE
20 g getrocknete Shiitakepilze
1 Wakame-Algenblatt
1 EL Sesamöl, geröstet
1–2 Knoblauchzehen, fein gehackt
3 Stängel Zitronengras, fein geschnitten
1 gehäufter EL Gomasio
1 TL Misopaste, hell
½ TL Ingwer, frisch gerieben
200 ml Wasser
200 ml Sojamilch
1–1½ TL Zitronenpfeffer
2 TL Mirin
2 TL Shoyu-Sojasauce
½ TL Chiliflocken
1 leicht gehäufter TL Kokosblütenzucker
½ Bund Zitronenmelisse, grob geschnitten
ca. 200–300 ml Wasser
200 ml Sojamilch
evtl. 50–100 ml Sojacreme Cuisine
½ Zitrone, abgeriebene Schale
einige Blätter Zitronenmelisse

SUPPENEINLAGE
250 g feine Kefen (Kaiserschoten)
150 g Tofu, natur
½ Bund Zitronenmelisse
1 Bund asiatische Frühlingszwiebeln
2–3 TL Sesamöl, geröstet
150 g Austernpilze, gewaschen
2 TL Tamari
1 TL Kokosblütenzucker
⅓ TL Chiliflocken

1 Die Nudeln nach Packungsanleitung in kochendem Wasser garen, in ein Sieb schütten, mit kaltem Wasser abschrecken, beiseitestellen.

2 Die getrockneten Shiitake und das Algenblatt 10 Minuten in Wasser einlegen.

3 In einem Topf im Sesamöl Knoblauch, Zitronengras, Gomasio, Miso und Ingwer auf mittlerer bis hoher Stufe unter ständigem Rühren 3 Minuten anbraten, kurz von der Herdplatte nehmen.

4 Alle weiteren Zutaten bis einschließlich der grob geschnittenen Zitronenmelisse mischen, den Topf wieder auf den Herd stellen, die Mischung dazugießen und einmal aufkochen. Shiitakepilze und Wakame dazugeben, die Hitze stark reduzieren und die Suppe auf geringer Stufe mindestens 20 Minuten köcheln und eindicken lassen.

5 Für die Suppeneinlage die Kefen in kochendem leicht gesalzenem Wasser blanchieren, in ein Sieb geben, mit kaltem Wasser abschrecken.

6 Den Tofu in Scheiben schneiden, die Zitronenmelisse grob schneiden, die Stängel der Frühlingszwiebeln schräg fein schneiden.

7 Das Sesamöl in einer Bratpfanne auf mittlerer bis hoher Stufe erhitzen, Tofu und Austernpilze darin kurz anbraten, Tamari, Kokosblütenzucker und Chiliflocken dazugeben und etwa 5 Minuten weiterbraten, bis die Tofuscheiben beidseitig leicht gebräunt und die Pilze durchgebraten und zart sind. Von der Herdplatte nehmen.

8 Wasser, Sojamilch und (für ein cremigeres Ergebnis) Sojacreme zur Brühe geben und gut umrühren. Die Brühe durch ein Sieb in eine Schüssel gießen, die Shiitakepilze herausfischen, abwaschen und zusammen mit der Brühe zurück in den Topf geben. Etwas abgeriebene Zitronenschale und Zitronenmelisseblätter beifügen.

9 Die Nudeln, zwei Drittel der Pilze und zwei Drittel der Kefen dazugeben, 2–3 Minuten erhitzen, in Schalen füllen und mit den restlichen Zutaten und den fein geschnittenen Frühlingszwiebeln toppen.

10 Ramensuppe am besten heiß genießen, mit Stäbchen und Löffel essen und für das volle Geschmackswunder die Nudeln schlürfen.

Tipp

Wakame-Algenblätter, getrocknete Shiitakepilze, Shoyu-Sojasauce, Gomasio, Misopaste, Sojacreme und braune Reisnudeln sind im Reformhaus oder in Asialäden erhältlich

Was bei uns eher als Instant-Nudelgericht bekannt ist, ist in Japan eines der beliebtesten, billigsten, wärmendsten und sättigendsen Gerichte: Ramen-Nudeln. Ursprünglich aus China stammend, sind sie ein wichtiger Teil der japanischen Esskultur geworden und in zahlreichen »Ramen-Ya's« (Restaurants) und an Ramen-Ständen erhältlich. Eine gute Brühe ist das A und O, frisch zubereitet und als Geschmackgeber immer mit Fleisch gekocht. Dazu frisch gemachte Nudeln aus Weizenmehl, Wasser und Salz, teils mit, teils ohne Ei. Da ich kein Fleisch esse, habe ich mich auf die Suche nach einem vegetarischen »Ramen-Ya« gemacht und wurde in Kyoto fündig. Hier bekam ich in einem veganen »Ramen-Ya« Hirsenudeln in einer cremigen, unheimlich gut gewürzten Soja-Zitronenmelisse-Hanf-Brühe mit gegrillten Pilzen und zart gebratenem Tofu. Es war so gut, dass ich am nächsten Tag zu Fuß nochmals die vierzehn Kilometer hin und zurück gelaufen bin, nur um diese Suppe noch einmal zu essen und mir den Geschmack so genau einzuprägen, dass ich dann ein eigenes Rezept kreieren konnte.

Yasaka Shrine, Gion, Kyoto

Higashiyama, Kyoto, Japan

KYOTO

Im Historischen Herzen Japans

Für Japan-Insider ist ein Besuch in Kyoto genauso ein Muss wie Tokyo. Kyoto ist ruhiger, friedlicher und vor allem viel historischer. Japanische Kulturschätze sind überall in der Stadt zu bewundern, von Tempeln und unzähligen Museen zu Schreinen und wunderschönen Gärten. Kyoto hat im Vergleich zu Tokyo viel mehr Touristen, die natürlich alle genau dieselben Sehenswürdigkeiten besuchen. Ich war zur beliebtesten Zeit des Jahres da, zur Zeit der Kirschblüte. Leider haben die meisten Blüten etwas verschlafen, und nur einzelne Bäume zeigten schon ihre zartrosa Pracht. Wo auch immer man einen Baum mit einigen offenen Blüten entdeckte, versammelte sich darunter eine Horde Touristen, um doch noch ein Bild einer Kirschblüte zu knipsen. Aber dafür bin ich schließlich nicht nach Kyoto gereist, sondern hauptsächlich, um die Kulinarik näher kennenzulernen.

In Kyoto kennt man sich sehr schnell aus, die Stadt ist von überschaubarer Größe. Das morgendliche Joggen fünfzehn Kilometer durch die Stadt gab mir einen ziemlich guten Überblick und auch Einblick in die verschiedenen Wohnquartiere. Die Häuser sind alle viel kleiner als bei uns, viel kompakter und enger aneinandergebaut. Doch die Stadt hat unheimlich viel Charme. Im Gion-Distrikt reihen sich nicht nur tolle Restaurants und typisch japanische Streetfood-Stände, wenn man Glück hat, sieht man auch eine Geisha.

Ich hatte zwar kein Glück, ließ mich aber von den Farben der Schreine und der Bäume und von den vielen neuen Gerüchen zum folgenden Rezept anregen – ein Muss, voll und ganz Kyoto-inspired!

Okonomiyaki-Pancakes mit Randen-Rotkohl-Salat und Sesam-Soja-Dip

»Okonomi« = was du magst, »yaki« = gegrillt (oder in meinem Fall eben gebacken).

In Kyoto habe ich jeden Streetfood ausprobiert, der meine Augen und vor allem meinen Geruchssinn bezirzte. Dazu gehörten auch die ursprünglich aus Osaka stammenden Okonomiyaki-Pancakes, die in Kyoto »Negiyaki« genannt werden: Mehl, Eier, Kohl, viel Frühlingszwiebeln und nach Wahl Fleisch oder Fisch werden auf einer stark eingeölten heißen Platte zu einem üppigen Pancake verarbeitet, beidseitig gut gebraten, dann mit der typischen Okonomiyaki-Sauce (vergleichbar mit Worcestershire-Sauce) bestrichen, oft noch kreuzweise mit Mayonnaise beträufelt und mit geräucherten Bonito-Fisch-Flocken und getrocknetem Seetang bestreut. Ich ließ mir eine vegetarische Variante zubereiten, die mich gleich zum Rezept-Tüfteln anregte. Hier also meine Inspiration daraus, die genauso lecker ist, jedoch ganz ohne Weizenmehl, Mayonnaise und dem vielen Öl auskommt.

ERGIBT 12 KLEINE OKONOMIYAKI FÜR 2–3 PERSONEN // GF / LF / RZF / V / VGN

OKONOMIYAKI
2 EL Leinsamen, geschrotet
5 EL Wasser, lauwarm
400 g Weißkohl
1 Birne oder 1 Apfel, süße Sorte
1 Karotte (ca. 100 g)
2–3 Frühlingszwiebeln
1 frische grüne Chili
80 g Sojamehl
120 ml Sojamilch
etwas Himalajasalz
½ TL Pfeffer aus der Mühle
½ TL Ingwer, frisch gerieben
je 1 EL Mirin und Tamari
1 EL Sesamöl, geröstet
1 ½ TL Kokosblütenzucker

SALAT
100 g Rotkohl
200 g Rande (Rote Bete), roh
1 EL Reisessig
1 EL Mirin
2 Prisen Himalajasalz

DIP
1½ EL Tamari
1½ EL Mirin
1 EL Reisessig
1 EL Sesamöl, geröstet
½ TL Ingwer, gerieben
1 Knoblauchzehe, fein gehackt
2–3 TL Kokosblütenzucker

2 Frühlingszwiebeln, grüner Teil

1 Den Ofen auf 180 Grad Umluft vorheizen. Zwei Backbleche mit Backpapier belegen. Die Leinsamen mit dem Wasser gut vermischen und 10–15 Minuten stehen lassen.

2 Den Weißkohl in ganz feine Scheiben schneiden und in eine große Schüssel geben. Die Birne oder den Apfel raspeln, mit den Händen den Saft gut auspressen. Die Karotte schälen und ebenfalls raspeln, beides zum Weißkohl in die Schüssel geben. Die Frühlingszwiebeln samt Grün schräg fein schneiden, die Chili halbieren, die Hälfte der Samen entfernen, fein schneiden und ebenfalls zum Gemüse geben.

3 Das Sojamehl und alle weiteren Zutaten einschließlich die aufgequollenen Leinsamen in einer Schale gut vermischen, zum Gemüse geben und mit den Händen gut vermischen.

4 Jeweils 2 Esslöffel der Masse auf das Backblech geben, flach drücken und mit den Händen am Rand etwas kompakt und rund formen. Im Ofen 35–40 Minuten goldbraun und leicht knusprig backen. (Nach der Hälfte der Backzeit wenden.)

5 Für den Salat den Rotkohl ganz fein schneiden, die Rande schälen und ebenfalls in feine Streifen schneiden oder raspeln, beides in eine Schale geben. Reisessig, Mirin und Salz dazugeben, 2–3 Minuten gut vermischen und bis zum Gebrauch kühl stellen.

6 Für den Dip alle Zutaten mischen.

7 Die Frühlingszwiebeln schräg fein schneiden. Die Okonomiyaki auf Teller legen, etwas Randensalat daraufgeben, mit Frühlingszwiebeln garnieren, etwas Dipsauce darüberträufeln und jedes Stück nochmals in wenig Dipsauce tunken.

Tipp
Die eingeweichten Leinsamen können für praktisch jedes Rezept als Ei-Ersatz verwendet werden und sorgen dafür, dass die Masse zusammenhält. Das Verhältnis ist immer 1:2½ (1 EL Leinsamen auf 2½ EL Wasser).

EIN PROSIT MIT SAKE

auf eine tolle Zeit in Japan

Mein Aufenthalt in Japan hat mir eine unglaubliche Menge an Eindrücken beschert. So viel Neues, sowohl kulturell wie kulinarisch. Der Geruch des getrockneten Fischs, der überall verkauft wird, war zwar langsam etwas viel für meine Nase; doch das ließ sich mit einem Sake, dem typischen japanischen Reiswein, schnell wieder neutralisieren. Sake, was übersetzt einfach »Alkohol« bedeutet, hat in Japan eine große Tradition. Es ist zwar ein Wein, doch das Herstellungsverfahren ist vergleichbar mit dem Bierbrauen. Ich bin mir ganz sicher, dass jedem, der Alkohol mag (oder der eine Fischgeruch-Überdosis in der Nase hat) Sake super schmeckt; ich selbst blieb nach meiner ersten Kostprobe aber lieber dem Soba-Tee treu. Man kann eben nicht alles mögen. Den Eiskuchen auf der nächsten Seite, den wird aber nun wirklich jeder mögen.

Ein kleiner Schluck Sake zum Anstoßen auf eine spannende und interessante Reise mit unzähligen Eindrücken und Erlebnissen liegt aber auch bei mir drin. »Arigato«, Japan, es war toll!

Bombastischer roher Erdbeer-Tofu-Cashew-Cheesecake mit Erdnusskaramell

Buchweizen, Seidentofu und Erdbeeren – aus drei typisch japanischen Zutaten ein süßes Bye-Bye.

Früchte sind in Japan nicht wie bei uns Teil der alltäglichen Kost. An den wenigen Fruchtständen auf den Straßen sehen die Früchte immer perfekt aus und kosten ein halbes Vermögen. Darunter sah ich auch eine mir bisher unbekannte Frucht: weiße Erdbeeren. Vom Früchtehändler erfuhr ich, dass Japan über eine riesige Vielfalt an Erdbeeren verfügt und weltweit der siebtgrößte Erdbeerproduzent ist. Dieser traditionell-unkonventionelle rohe Cheesecake ist perfekt als süßer Abschied und Erinnerung an Japan. Ganz ohne Mehl, Zucker und Butter, und doch zergeht er im Mund und lässt die Geschmacksnerven Freudentänze vollführen! Wer diesen Kuchen nicht ausprobiert, hat schlicht und einfach etwas verpasst.

FÜR 1 CHEESECAKE VON 15 × 30 ODER 20 × 20 CM // GF / LF / RZF / V / VGN

BODEN
150 g Pekannüsse
150 g Mandeln
12 Medjool-Datteln, entsteint
1 Prise Himalajasalz
¼ TL Zimt
1 TL Vanillepaste

KARAMELL
10 Medjool-Datteln, entsteint
4 EL Erdnussmus, geröstet (ca. 120 g)
½ TL Himalajasalz
½ TL Vanillepaste
4 EL Wasser
6 EL Kokosmilch

CREME
200 g Cashews, über Nacht in Wasser eingeweicht
150 g Seidentofu
180 ml Kokosmilch
5 EL Honig, Reissirup oder Ahornsirup
1 Prise Himalajasalz
80–100 g Buchweizen

ERDBEERSCHICHT
400 g frische Erdbeeren, geputzt
50 ml Wasser
50 ml Honig, Reissirup oder Ahornsirup
1½ EL Kokosöl, geschmolzen
4 EL Kokosmilch

TOPPING
80 g Erdnüsse
1 EL Honig, Reissirup oder Ahornsirup
frische Erdbeeren zum Garnieren

1 Für den Boden den Ofen auf 180 Grad Umluft vorheizen. Die Pekannüsse und Mandeln auf ein Backblech geben, 10 Minuten goldbraun backen, herausnehmen und in die Küchenmaschine geben. Die entsteinten Datteln, Salz und Vanillepaste dazugeben und zu einer gleichmäßigen, leicht klebrigen und körnigen Masse mixen. Diese in die mit Frischhaltefolie ausgelegte Kuchenform geben und flach drücken. (Den Ofen nicht ausschalten.)
2 Für den Karamell die entsteinten Datteln in einem Topf mit kochendem Wasser weich kochen, in einem Sieb abtropfen lassen, dann zusammen mit allen weiteren Zutaten in einem leistungsstarken Mixer glatt mixen. Auf dem Kuchenboden ausstreichen und die Form in den Tiefkühler stellen.
3 Für die Creme die eingeweichten Cashews in ein Sieb geben, gut abspülen und abtropfen lassen. Zusammen mit Tofu, Kokosmilch, Honig und Salz in einem leistungsstarken Mixer 4–5 Minuten auf höchster Stufe zu einer seidenglatten Masse mixen, in eine Schale gießen und abkühlen lassen.
4 Den Buchweizen im vorgeheizten Ofen 20 Minuten goldbraun rösten, herausnehmen und auskühlen lassen. Sobald Creme und Buchweizen ausgekühlt sind, den Buchweizen unter die Creme heben. Die Creme in die Kuchenform füllen, glatt streichen und mindestens 2 Stunden gefrieren.
5 Für die Erdbeerschicht die Erdbeeren grob schneiden, mit Wasser und Honig auf mittlerer Stufe etwa 10 Minuten weich kochen. Zusammen mit Kokosöl und Kokosmilch im Mixer glatt und cremig mixen. Auskühlen lassen.
6 Die Erdnüsse für das Topping grob hacken, mit Honig vermischen und im vorgeheizten Ofen 10–12 Minuten goldbraun backen, herausnehmen, auskühlen lassen.
7 Vier Fünftel der erkalteten Erdbeercreme auf die inzwischen fest gewordene Cashewcreme geben, glatt streichen und 1 Stunde gefrieren. Sobald die oberste Schicht leicht gehärtet ist, mit einem Messer Stücke der gewünschten Größe einritzen, mit frischen Erdbeeren und den gerösteten Erdnüssen hübsch dekorieren und den Kuchen nochmals 2–3 Stunden gefrieren.
8 Den Kuchen mindestens 20–30 Minuten vor dem Essen aus dem Tiefkühler nehmen, in Stücke schneiden und was man nicht gleich isst, wieder zurück in den Tiefkühler geben, nach Bedarf mit der restlichen Erdbeersauce beträufeln und genießen.

Tipp
Der Cheesecake hält sich bis zu 2 Wochen im Tiefkühler.

Song Phuong, Nähe Hanoi, Vietnam

VIETNAM

Rezepte

Banh-mi-Toasts mit gebackenem Tofu, frischem Gemüse und rassiger Erdnuss-Zitronengras-Sauce

Vegetarische Pho-Nudelsuppe mit extra viel Gemüse

Banh xeo – knusprige gefüllte Kokos-Reis-Crêpes mit Nuoc Cham und frischen Kräutern

Goi cuon – vietnamesische Sommerrollen mit erfrischendem Zitronen-Minze-Cashew-Dip

Halong-Bay-Rollen mit gebratenem Tempeh, knackigem Gemüse und Erdnuss-Kokos-Sauce

Kokoseis-am-Stiel mit hauchdünnem Schokoladenmantel und gebratener Knusperbanane

XIN CHAO, VIETNAM

Ein Einwegticket, bitte!

Zumindest was das Kulinarische anbelangt, hätte ich kein Rückfahrticket mehr gebraucht. Das Essen war eine reine Gaumenfreude. Wenn ich von all meinen Reisen das Land mit dem für mich besten Essen auswählen müsste, käme wie aus der Pistole geschossen: Vietnam, Vietnam und nochmals Vietnam! Selten habe ich so unglaublich gut, so frisch und auch so viel gegessen wie hier. Ein Garten Eden für Gemüse-, Früchte- und Kräuterparadiesvögel, wie ich einer bin! Ein Land mit einem Marktangebot wie aus dem Bilderbuch, wo die Hühner neben einem her über die Straßen laufen, ältere Herren sich beim Kartenspiel vergnügen und die Frauen ihr Obst und Gemüse in heiterer Gelassenheit verkaufen. Wo auf den Straßen Mofas, Mofas und nochmals Mofas wie große Herden vorbeiziehen und wo es hupt wie kaum sonst wo. Wo das Essen auf den Straßen das Angebot in den Restaurants mühelos in den Schatten stellt, wo die Suppe (Pho) zu einem kulinarischen Geschmacksspielfeld wird und man mit wenigen simplen Zutaten ein wahres Festmahl auf den Tisch zaubern kann. Wo jeder in den Tag hineinlebt, als gäbe es kein Morgen, wo man unglaublich offen und freundlich empfangen wird und für ein Lächeln ein noch viel größeres zurückbekommt. Neben dem guten Essen und den wunderbaren Menschen hat Vietnam auch landschaftlich viele und atemberaubende Naturschätze zu bieten.

Für all jene, für die Banh xeo, Banh cuon, Banh mi, Rau muong, Pho, Goi cuon und so weiter noch Fremdwörter sind, wird sich dies nun schnell ändern. Mit den folgenden Rezepten tauchen wir geschmacklich und gedanklich ein in die Aromen Vietnams. Gaumen und Bauch auf eine Traumreise einstellen, die Augen schließen, sich gedanklich auf die Straßen Vietnams stellen, die Mofas hupen hören, sich mitreißen lassen vom quirligen Marktleben, spüren, wie dabei die Mundwinkel nach oben wandern und sich ein Lächeln breitmacht – und schon ist man im Land der Drachensöhne angekommen, ohne überhaupt einen Flieger betreten zu haben. Bitte einmal eintauchen in den Essenshimmel schlechthin! Vorsicht: Es wird grün!

Song Phuong, Nähe Hanoi, Vietnam

Banh-mi-Toasts mit gebackenem Tofu, frischem Gemüse und rassiger Erdnuss-Zitronengras-Sauce

Warum nicht gleich ein Banh mi zum Frühstück?

Wie starten die Vietnamesen ihren Tag am liebsten? Entweder mit einer Pho-Nudelsuppe (Seite 231) oder mit einem Banh mi, einem Sandwich. Für diesen verbreiteten Streetfood wird in Vietnam immer Baguette verwendet. Baguette in Vietnam? Ganz genau, denn durch die französische Kolonialherrschaft haben die Vietnamesen das Handwerk des Brotbackens so gut erlernt, dass Banh mi (übersetzt »Weißbrot«) heute zum täglichen Brot gehört. In das Sandwich kommen frische Kräuter, eingelegtes knackiges Gemüse, eine leckere Sauce, Mayonnaise, Chilis und meist saftig gebratenes Fleisch. Es geht aber ebenso gesünder und so, dass es auch für Nicht-Vietnamesen zum Frühstück passt und bald heiß geliebt sein wird. Statt Weißbrot luftige Vollkorntoasts, statt Mayonnaise eine rassige Erdnuss-Zitronengras-Sauce, und knackiges Gemüse und frische Kräuter dürfen natürlich auch bei mir nicht fehlen. Frühstückstoast mal anders – bei mir am liebsten extra scharf!

FÜR 2 SANDWICHES // *GF / LF / RZF / V / VGN

GEMÜSE
1 große Karotte
ca. 100 g Rettich
½ Salatgurke (oder 2 Baby-Gurken)
½ kleiner Radicchio Rosso (oder ¼ kleiner Rotkohl)
400 ml Wasser
2 EL Reisessig
1½–2 TL Kokosblütenzucker
¾ TL Himalajasalz
1 Bund frischer Koriander
6–8 Eiswürfel

SAUCE
4 EL Kokosmilch
1 EL Ahornsirup
1–2 TL Sriracha-Sauce (scharfe Chilisauce)
1 Stängel Zitronengras, Enden abgeschnitten, fein geschnitten
5–6 Kaffirlimettenblätter, getrocknet oder frisch (Stiel entfernt, fein geschnitten)
1 TL Tamarindenpaste
2 EL Erdnussmus, geröstet
2 TL Limettensaft
½ TL schwarzer Pfeffer aus der Mühle
¼ TL Zimt, gemahlen

TOAST UND TOFU
200 g Tofu
4 Scheiben Vollkorntoastbrot

einige Kopfsalatblätter
Limette, Saft
Erdnüsse, geröstet, grob gehackt

1 Den Ofen auf 180 Grad Umluft vorheizen. Ein Blech mit Backpapier belegen.
2 Karotte und Rettich schälen, die Enden abschneiden, mit einem Sparschäler in feine Scheiben schneiden. Die Gurke vierteln, das Innere mit den Kernen etwas abschneiden, die Gurkenstücke in ganz feine Scheiben schneiden. Radicchio oder Rotkohl in feine Streifen schneiden. Das Wasser mit Essig, Kokosblütenzucker und Salz in einer Schüssel gut vermischen, das Gemüse und den frischen Koriander zusammen mit den Eiswürfeln darin mindestens 20 Minuten einlegen.
3 Für die Sauce alle Zutaten im Mixer oder mit dem Mixstab glatt mixen, in eine Schale geben.
4 Den Tofu in 1 cm dicke Scheiben schneiden, gut mit der Sauce bestreichen, auf das vorbereitete Blech legen und im Ofen 20–25 Minuten backen. Nach 15 Minuten wenden und die Toastscheiben (sowie Erdnüsse, falls noch ungeröstet) etwa 10 Minuten mitbacken, bis sie goldbraun sind. Aus dem Ofen nehmen, etwas auskühlen lassen.
5 Das Gemüse in ein Sieb schütten und gut abtropfen lassen.
6 Alle Toastscheiben mit der restlichen Sauce bestreichen, jeweils 1–2 Salatblätter daraufgeben, zwei der Scheiben mit dem gebackenen Tofu belegen, 1 Handvoll eingelegtes Gemüse darauf verteilen, mit Limettensaft beträufeln und einige gehackte geröstete Erdnüsse darüberstreuen. Nach Wunsch für etwas mehr Milde mit wenig Kokosmilch und Ahornsirup, für mehr Schärfe mit Sriracha-Sauce oder Chilipaste beträufeln.
Die belegten Toastscheiben mit den beiden anderen Scheiben bedecken und das Banh mi von Hand essen.

Tipps
- *Diese Sandwiches eignen sich gut als leichtes Mittag- oder Abendessen oder zum Mitnehmen als leckerer und sättigender Imbiss für unterwegs.*
- *Anstelle von Toastbrot (nach Wunsch *glutenfreies Toastbrot) kann man auch kleine Dinkel- oder Vollkornbaguettes nehmen, wie sie typischerweise für Banh mi verwendet werden. Auch diese unbedingt vorher toasten!*
- *Sriracha-Sauce und getrocknete Kaffirlimettenblätter sind in Asialäden erhältlich. Anstelle von Sriracha kann man auch Sambal Oelek verwenden.*

Ich bin eigentlich nicht so sehr der Nudelsuppentyp, dachte ich anfangs, bis ich in den Straßen Hanois eines Besseren belehrt wurde. In einer Seitengasse setzte ich mich inmitten von Vietnamesen auf einen der winzigen Plastikstühle, kam sofort mit ihnen in Kontakt, und kurze Zeit später saßen wir vor einem übervoll gedeckten Tisch. Darunter auch Pho – eigentlich das typische Frühstück der Vietnamesen. Trotz übervollem Bauch musste für eine Kostprobe davon noch Platz sein.

Das Völlegefühl war schon beim ersten Löffel dieser unheimlich würzigen, geschmacksintensiven Suppe mit all dem frischen Grün, das man daraufgeben konnte, wie weggeblasen. Das Geheimnis einer guten Pho liegt in der Brühe, für die fast ausnahmslos Fleisch oder Fisch mitgekocht wird. Ich habe dafür eine vegetarische Brühe kreiert, die hoffentlich auch alle (Noch-)Nicht-Nudelsuppen-Fans überzeugen wird. Als leichte Variante habe ich dazu Shirataki-Nudeln (auch bekannt als Null-Kalorien-Nudeln) gewählt; sie werden aus Konjakmehl und Wasser hergestellt. Andernfalls braune Reisnudeln verwenden. Ob heiß oder kalt, ob kerngesund oder erkältet, Pho passt immer!

Vegetarische Pho-Nudelsuppe mit extra viel Gemüse

Wer Pho (noch) nicht kennt, sollte sich jetzt sofort eine zaubern.

FÜR 2 PORTIONEN // GF / LF / RZF / V / *VGN

BRÜHE
2 Knoblauchzehen
2 mittelgroße rote Zwiebeln
2 Stängel Zitronengras
15 g Ingwer
2 TL Kokosöl
2 Zimtstange
1 TL Nelken, ganz
2 kleine Sternanis
1 Handvoll Kaffirlimettenblätter (ca. 10–12 Blätter), getrocknet oder frisch
2 TL Koriander, gemahlen
1½ l Wasser
1 gehäufter EL Gemüsebrühepulver

1 EL Tamari
1 EL Reisessig
½ EL Fischsauce
3 TL Kokosblütenzucker
2 TL Limettensaft
1 TL Sriracha-Sauce (oder einige Chiliflocken)

TOFU
250 g Tofu
1 EL Tamari
2 TL Kokosblütenzucker
2 TL Sesamöl

GEMÜSE UND NUDELN
300–400 g Shirataki-Nudeln (oder ca. 160 g braune Reisnudeln)
250 Brokkoli
250 g Blumenkohl
250 g Mangoldblätter oder Pak Choi
1 Bund Frühlingszwiebeln, grüner Teil
150 g Mungobohnensprossen
1 Bund Koriander
1 Bund Minze
1 Bund Thai-Basilikum

1 Die Knoblauchzehen schälen und halbieren, die Zwiebeln schälen und vierteln, die Zitronengrasstängel in je 4 Stücke schneiden, den Ingwer in kleinere Stücke schneiden.
2 In einem großen, weiten Topf das Kokosöl erhitzen. Knoblauch, Zwiebel, Zitronengras, Ingwer und alle weiteren Gewürze darin 2 Minuten unter Rühren anschwitzen, bis es gut duftet, mit dem Wasser ablöschen, das Gemüsebrühepulver dazugeben und zugedeckt auf mittlerer Hitze 25 Minuten köcheln lassen.
3 Den Tofu in etwa 1 ½ cm breite und 4 cm lange Scheiben schneiden. Tamari, Kokosblütenzucker und Sesamöl in einer Bratpfanne vermischen, den Tofu hineinlegen und auf mittlerer Stufe erhitzen. Auf jeder Seite etwa 5–7 Minuten goldbraun braten, von der Herdplatte nehmen.
4 Die Shirataki-Nudeln gut waschen und abtropfen lassen. Brokkoli und Blumenkohl in Röschen zerteilen, die Mangold- oder Pak-Choi-Blätter vierteln. Das Grün der Frühlingszwiebeln schräg in feine Scheiben schneiden. Sämtliches Gemüse zusammen mit den Bohnensprossen und Kräutern bereitstellen.
5 Die gekochte Brühe durch ein Sieb gießen und wieder zurück in den Topf geben. Tamari, Essig, Fischsauce, Kokosblütenzucker, Limettensaft und Sriracha unterrühren, wenig Wasser dazugeben und aufkochen. Brokkoli, Blumenkohl, Mangold und Shirataki-Nudeln dazugeben und 4–5 Minuten kochen. (Das Gemüse sollte immer noch Biss haben.) In tiefe Schalen füllen.
6 Tofu, Bohnensprossen, Frühlingszwiebeln und Kräuter darauf verteilen. Mit wenig Limettensaft und für mehr Schärfe mit Sriracha beträufeln.

Tipps
- *Für die *vegane Variante Fischsauce weglassen und durch Tamari oder Sojasauce ersetzen.*
- *Braune Reisnudeln separat kochen, kalt abspülen und erst ganz zum Schluss kurz vor dem Servieren unter die Brühe mischen.*

IN UND ÜBER DEN REISFELDERN VON NINH BINH

36 Grad im Schatten, Luftfeuchtigkeit nahezu hundert Prozent, Kleider pitschnass. Und das schon nach zehn von insgesamt fünfhundert Treppenstufen. Wo ich da gelandet bin? In der Gegend von Ninh Binh, wo es auf einen Berg hinaufging, um die Reisfelder von oben zu bestaunen. Trotz des schweißtreibenden Unterfangens war es jeden Schritt wert. Die Aussicht von ganz oben war einfach grandios! Bis sich der Durst meldete und der Körper mit Nachdruck nach Flüssigkeit und Nahrung verlangte. Zum Glück gab es, unten wieder angekommen, frische Kokosnüsse, so groß wie ein Drachenei, mit knapp einem Liter Kokoswasser Inhalt. Das feine Kokosfleisch habe ich mit einem Löffel gleich auch noch ausgekratzt und fühlte mich dann wieder erfrischt und voller Tatendrang, um mehr über den Reisanbau und einige der Lieblingsgerichte der Vietnamesen zu erfahren.

Mr. Long, der mich an diesem Tag begleitete und mir viel über die Kultur und Kulinarik der Gegend erzählte, führte mich mitten in die Reisfelder zu seiner Tante Mrs. Ngon (Bild links). Mrs. Ngon ist über achtundachtzig Jahre alt und hat den Ruhestand schon über zwanzig Jahre links liegen und ganz schön alt aussehen lassen. Die lebenslange Handarbeit kann man ihr natürlich von den Händen ablesen. Doch es waren ihre Warmherzigkeit, ihre Ausstrahlung, ihr Charisma und ihre große Ruhe, die mich beeindruckten und sie blutjung wirken ließen.

Auf die Frage nach dem Lieblingsgericht seiner Kindheit antwortete Mr. Long, ohne lange zu überlegen: Das sei das von seiner Tante zubereitete Banh xeo. Dazu, wie in Vietnam üblicherweise zu vielen Gerichten serviert, Salatblätter und verschiedenste Kräuter frisch aus dem Garten. Doch was ist dieses Banh nun eigentlich? Banh umblättern, Banh weiterlesen und Banh ausprobieren!

Tam Coc, Ninh Binh, Vietnam

Banh xeo – knusprige gefüllte Kokos-Reis-Crêpes mit Nuoc Cham und frischen Kräutern

Ein Traum für den Gaumen direkt aus den Reisfeldern von Ninh Binh.

Wir standen in der Küche von Mrs. Nguon und bereiteten zusammen Banh xeo nach ihrem langjährigen Rezept zu. Ich war total begeistert von dem Resultat. Mr. Long lächelte nur und meinte, seine Tante bewahre seit Jahrzehnten eine Geheimzutat auf, die sonst nirgends im ganzen Norden Vietnams zu finden sei. Eine Crêpe aus Reismehl, Kokosmilch und Kurkuma, gefüllt mit Gemüse und serviert mit Salatblättern, Kräutern und der absolut besten landesweit bekannten und geliebten Sauce Nuoc Cham, bestehend aus Fischsauce, Wasser, Zucker, Limettensaft oder Zitronensaft, Knoblauch und Chili. Meine Version enthält keinen weißen Zucker, jedoch wenig Sesamöl, was unglaublich gut zu den Crêpes passt. Danke, Mrs. Nguon, und auf weitere achtundachtzig Jahre!

ERGIBT 4 CRÊPES FÜR 2 PERSONEN // GF / LF / RZF / V / *VGN

REISCRÊPES
50 g Vollkornreismehl
25 g Kichererbsenmehl
1 TL Kurkuma, gemahlen
½ TL Himalajasalz
1 TL Kokosblütenzucker
200–220 ml Kokosmilch

SAUCE
5 EL Wasser
2 EL Kokosblütenzucker
1 EL Limettensaft
1½ EL Fischsauce
1 Knoblauchzehe, fein gehackt
1 rote oder grüne Chilischote, fein geschnitten (je nach gewünschter Schärfe entkernt)
½ Stängel Zitronengras, ganz fein geschnitten

GEMÜSE
1 Bund asiatische Frühlingszwiebeln
100 g Karotten
100 g Pilze, gemischt (Champignons, Austernpilze, Shiitake)
100 g Mungobohnensprossen
1 Bund Koriander
1 Bund vietnamesische oder gewöhnliche Minze (siehe Tipps)

EXTRAS
große Salatblätter (z. B. Kopfsalat)
Salatgurke, schräg fein geschnitten
frische Kräuter (Minze, Thai-Basilikum, Perilla, Koriander, Cockscomb Minze)
gehackte geröstete Erdnüsse

1 Für die Crêpes sämtliche Zutaten in einer großen Schüssel gut vermischen, 5 Minuten stehen lassen.
2 Für die Sauce Wasser und Kokosblütenzucker erwärmen und umrühren, bis der Zucker aufgelöst ist. In eine Schale geben, die restlichen Zutaten dazugeben, gut vermischen und kühl stellen. Nach Bedarf die doppelte Menge zubereiten.
3 Die Frühlingszwiebeln schräg in feine Scheiben schneiden. Die Karotten schälen, die Enden abschneiden, die Karotten in feine Streifen (Julienne) schneiden. Die Pilze waschen, in feine Scheiben schneiden. Das vorbereitete Gemüse, Pilze und Bohnensprossen in eine Schüssel geben, mit 2 Esslöffeln der Sauce vermischen. In einer Pfanne auf tiefer Stufe 2 Minuten anschwitzen, dann sofort wieder in die Schüssel geben.
4 Koriander und Minze grob hacken. Zusammen mit den Salatblättern und der fein geschnittenen Gurke auf den Tellern auslegen, je eine kleine Schale mit der Sauce bereitstellen.
5 Den Crêpeteig nochmals gut mischen, eine kleine Bratpfanne mit wenig Kokosöl ausstreichen und auf hoher Stufe erhitzen. Jeweils 3 Esslöffel Crêpeteig in ein kleines Glas geben, auf einmal in die Pfanne gießen und die Pfanne sofort schwenken, sodass Crêpes von etwa 15 cm Durchmesser entstehen. Die Hitze auf tiefe bis mittlere Stufe reduzieren (hier lohnt sich Geduld). Klein geschnittene Frühlingszwiebeln darauf verteilen und 5–6 Minuten knusprig backen.
6 Eine Handvoll Gemüse auf der Crêpe verteilen und in der zugedeckten Pfanne 5 Minuten dämpfen. Den Deckel von der Pfanne nehmen, die Crêpe zu einem Halbmond zusammenklappen (die Unterseite sollte goldbraun sein), auf die vorbereiteten Teller geben einige gehackte geröstete Erdnüsse darüberstreuen und mit Sauce beträufeln. Wie unten beschrieben genießen.

Tipps

- *So wurde es mir in Vietnam beigebracht: Die zusammengeklappten Crêpes in Stücke schneiden, diese jeweils mit frischen Kräutern in ein großes Kopfsalatblatt wickeln und jeden Biss in Sauce dippen.*
- *Vietnamesische Minze (Rau kinh gioi), auch Cockscomb-Minze und bei uns bisweilen vietnamesische Melisse (Elsholtzia ciliata) genannt, ist in Asialäden erhältlich, Vollkornreismehl im Bioladen oder Reformhaus.*
- *Für die *vegane Variante Fischsauce durch Tamari oder Sojasauce ersetzen.*

Goi cuon – vietnamesische Sommerrollen mit erfrischendem Zitronen-Minze-Cashew-Dip

Gesund, einfach, schnell und superlecker – für den großen wie den kleinen Hunger.

FÜR 2–3 PORTIONEN ODER CA. 12 STÜCK // *GF / LF / RZF / V / **VGN

NUDELN
100 g braune Reisnudeln oder Glasnudeln
2 EL Kokosflocken

SAUCE
1 EL Sojasauce, salzarm
1½ EL Cashewmus
¼–½ TL Chiliflocken
1 EL Ahornsirup
½ Bund Minze
½ Bund Zitronenmelisse
½ Stängel Zitronengras
150 ml Kokosmilch
1 Knoblauchzehe
2 EL Limettensaft
(evtl. ½ reife Mango für eine etwas fruchtigere Note)

TOFU
400 g Tofu, natur
1½ EL Tamari
2–3 TL Kokosblütenzucker
2–3 TL Sesamöl
½ TL Chiliflocken

GEMÜSE
2 gelbe oder gewöhnliche Karotten
1 Salatgurke
1 Avocado
1 Kopfsalat, gewaschen, in Blätter zerteilt
2 Bund Kräuter (Koriander, Minze, Thai-Basilikum)

10–12 Reispapierblätter
Cashews/Kokoschips, geröstet, klein gehackt
Limette, Saft

1 Die Nudeln nach Packungsanleitung kochen, mit kaltem Wasser abschrecken und gut abtropfen lassen.
2 Für die Sauce sämtliche Zutaten im Mixer glatt und cremig mixen.
3 Die Kokosflocken in der Pfanne auf mittlerer Stufe goldbraun rösten, die Nudeln und etwa 4 Esslöffel Sauce daruntermischen, kurz erhitzen, dann in einer Schüssel auskühlen lassen.
4 Den Tofu in feine etwa 6–8 cm lange Scheiben schneiden. Tamari, Kokosblütenzucker, Sesamöl und Chiliflocken mischen, in eine weite Bratpfanne geben, den Tofu in der Pfanne auslegen, auf mittlerer Stufe auf einer Seite goldbraun braten. Inzwischen die Karotten schälen und in feine Streifen (Julienne) schneiden. Den Tofu wenden, die Karottenstreifen daraufgeben und den Tofu auf der anderen Seite goldbraun braten. (Die Karotten werden so etwas weicher, behalten aber ihren Biss.) Karotten und Tofu in eine Schale geben, sorgfältig vermischen.
5 Die Gurke entkernen und in feine Streifen schneiden. Die Avocado halbieren, entkernen, schälen und in feine Scheiben schneiden. Gemüse, Salat und Kräuter bereitstellen.
6 Eine weite Schale oder Pfanne mit lauwarmem Wasser füllen. Jeweils ein Reispapier 7–10 Sekunden darin eintauchen, gut abtropfen lassen und auf die Arbeitsfläche legen. Salatblätter, Gurkenstreifen, 1 Handvoll Nudeln, 3–4 Tofustreifen, 1 Handvoll Kräuter und einige Avocadostreifen daraufgeben, wenig Limettensaft darüberträufeln und mit einem Salatblatt bedecken. Die untere Seite des Reispapiers hochklappen, dann die Seiten einmal einklappen, mit etwas Zug aufrollen. Die Sommerrollen halbieren und auf einem Salatblatt (damit die Rollen nicht aneinanderkleben) auf einen großen Teller geben.
7 Die Rollen mit der Sauce servieren, vor jedem Bissen einmal dippen!

Tipps

- *Tofu aus dem Asialaden ist meist frischer und geschmacklich feiner als der aus dem Supermarkt. Braune Reisnudeln findet man im Asialaden.*
- *Die Sauce von Seite 234 passt ebenfalls hervorragend dazu; eventuell beide Saucen zu den Sommerrollen servieren.*
- *Für die **vegane Variante die Fischsauce durch ½ EL Sojasauce oder Tamari ersetzen. Für die *glutenfreie Variante Tamari anstelle von Sojasauce verwenden.*
- *Für einen Salat die doppelte Menge Reisnudeln kochen, mit dem vorbereiteten Gemüse und der Sauce mischen, mit etwas Limettensaft, gehackten Cashews oder Kokosflocken und frischen Kräutern garnieren.*

Auf dem Markt in Song Phuong (Seite 227) habe ich die besten Sommerrollen meines Lebens gegessen. Mit Zutaten direkt vom Markt wurden sie vor meinen Augen zubereitet: frisch gemachte Reispapierblätter, knackiges Gemüse und Kräuter von den Feldern nahe des Dorfes, frisch zubereiteter Tofu aus einem kleinen, von zwei fröhlichen Burschen geführten Tofuladen. Um die Erinnerung festzuhalten und den Menschen, die ich getroffen habe, etwas zurückzugeben, habe ich Fotos von ihnen gemacht und diese an Mandy, die junge Vietnamesin, die mich in Song Phuong begleitete, geschickt. Sie hat die Fotos ausgedruckt und den Menschen auf dem Markt geschenkt. Viele hatten zuvor noch nie ein Foto von sich selbst gesehen. Immer wenn sie auf den Markt geht, zeigen ihr nun alle stolz ihr Foto, inmitten von all den frisch duftenden Kräutern, den Gemüsebergen und den auf der Straße herumwandernden Hühnern. Glück zu teilen macht glücklich – genauso glücklich wie diese Sommerrollen nach dem ersten Biss machen. Doppeldippen erlaubt!

Halong-Bucht, Vietnam

HALONG-BUCHT

Die schwimmenden Wasserberge

Die Halong-Bucht mit ihren rund zweitausend aus dem Wasser ragenden Kalkfelsen ist ein Unesco-Weltkulturerbe, in Tausenden von Reisemagazinen als Naturwunder gepriesen und damit ein, wenn nicht der stärkste, Touristenmagnet von ganz Vietnam. Über vierzig Passagierschiffe verlassen, voll beladen mit gespannten Augen aus aller Welt, tagtäglich den Hafen und tauchen ein in die atemberaubende Felsenarena. Touristenscharen hin oder her, wer in Vietnam ist, muss es einfach gesehen haben! Wie die Berge sich imposant aus dem Wasser erheben, der eine den anderen zu beschützen scheint, als wäre es eine Familie. Wenn man sich ganz vorne an den Bug des Schiffes stellt, die Arme ausbreitet und sich einen Jack herbeidenkt, fühlt man sich fast wie Rose aus »Titanic«. Zumindest so lange, bis man vom lautstarken Gesang chinesischer Volkslieder auf dem Boot nebenan aus seinen träumerischen Gedanken gerissen wird. Es ist also kurz gesagt ein Wechselbad zwischen nervendem Touristenrummel (zu dem man selbst aber auch gehört) und dem Staunen darüber, wie unwirklich schön die Szenerie ist. Und Letzteres überwiegt schließlich definitiv – denn es ist schlicht und einfach atemberaubend!

IM LAND DER DRACHENSÖHNE

Über die Dracheneier hinweg

Das Highlight in der Halong-Bucht war ein Flug mit dem Wasserflugzeug über die schwimmenden Felsen. Wieso Vietnam auch »das Land der Drachensöhne« genannt wird, weshalb der Drache bei den Vietnamesen – wie in Asien überhaupt – eine solch wichtige Rolle spielt und warum Halong übersetzt »herabsteigender Drache« heißt, erklärte mir der vietnamesische Pilot so: Die Götter hätten einst die Drachenmutter mit ihren Kindern in die Halong-Bucht gesandt, um den Vietnamesen zu helfen, das Land vor anrückenden Feinden zu verteidigen. Sie spuckten Feuer und Smaragde ins Meer und bildeten so eine unüberwindbare Verteidigungsmauer, die die feindlichen Schiffe zum Sinken brachten. So kam schließlich Frieden, Heil und Glück über das Land, und aus den Smaragden wurden Tausende von Felseninseln. Der Blick aus der Vogelperspektive über die Halong-Bucht mit all den Inseln in verschiedenen Größen und Formen, die einen größer, die anderen kleiner, die einen dicht beieinander, die anderen umgeben von Wasser, inspirierte mich zu dem Rezept auf der nächsten Seite. Umblättern und die Halong Bay bildlich und geschmacklich genießen!

Halong-Bay-Rollen mit gebratenem Tempeh, knackigem Gemüse und Erdnuss-Kokos-Sauce

Die Traumwelt der Halong-Bucht bildlich und geschmacklich auf den Teller gezaubert.

Mit der Inspiration aus der Halong Bay entstand dieses Rezept. Die vielgestaltigen Formen der Felsen im Wasser erinnerten mich an die Formen von Salat- oder Gemüseblättern. Einige der Felsen waren mehr, andere weniger von Bäumen bewachsen. Einige lagen eng zusammen, andere standen für sich allein. Wenn man das Bild auf der vorherigen Seite mit dem nebenan vergleicht, kann man sich vielleicht vorstellen, wie die Inspiration zustandekam. Es braucht für Sommerrollen nicht zwingend Reispapier, man kann dafür jede Art von großen und eher festen Blättern verwenden. Die hier vorgeschlagene Alternative ist nicht nur leichter, sondern liefert dazu noch viele wertvolle Nährstoffe und trägt einen zudem gedanklich im Nu über die Wasser-Felsen-Welt der Halong-Bucht.

FÜR 2–3 PORTIONEN ODER 10–12 ROLLEN // GF / LF / RZF / V / VGN

GEMÜSE
1 großer Kohlrabi
1 Salatgurke, halbiert, Inneres etwas weggeschnitten
1 mittelgroßer Rotkohl (ca. 250 g)
400 ml Wasser
2 EL Mirin
2 EL Reisessig
2 TL Ahornsirup oder Kokosblütenzucker
1 TL Himalajasalz
2 TL Zitronensaft

10–12 große grüne Kohlrabi-, Mangold-, Blattkohl- oder Wirsingblätter zum Einwickeln

TEMPEH
350 g Tempeh

SAUCE
1–1½ EL Tamari
3 EL Erdnussmus, geröstet, ungesüßt
1½ EL Ahornsirup oder Kokosblütenzucker
1 Limette, Saft
1½ TL Koriander, gemahlen
200–250 ml Kokosmilch
¼–½ TL Chiliflocken
2–3 TL Sesamöl, geröstet

je mindestens 1 Bund Minze, Thai-Basilikum, Koriander
Erdnüsse, geröstet, klein gehackt
1 Avocado, in feine Scheiben geschnitten
Kokosmilch oder Kokosjoghurt, ungesüßt

1 Den Kohlrabi schälen und in feine Streifen schneiden. Die Gurke in etwa 0,7 mm dicke Scheiben und diese schräg in Streifen schneiden, den Rotkohl halbieren, den Strunk entfernen und ebenfalls in feine Streifen schneiden, alles in eine Schüssel geben.
2 Das Wasser mit allen weiteren Zutaten mischen, zu dem Gemüse geben und 30–40 Minuten zugedeckt im Kühlschrank stehen lassen.
3 In einem weiten Topf genügend Wasser mit einer guten Prise Salz zum Simmern bringen, die Einwickelblätter darin kurz blanchieren, mit kaltem Wasser abschrecken, einzeln auf Küchenpapier auslegen und trocknen lassen.
4 Den Tempeh in kochendem Wasser etwa 10 Minuten kochen, kalt abspülen, dann in etwa 3 mm dicke und 7–8 cm lange Scheiben schneiden.
5 Für die Sauce sämtliche Zutaten glatt verrühren. 2–3 Esslöffel der Sauce zu den Tempeh-Scheiben geben, mit den Händen sorgfältig vermischen, in einer Bratpfanne auf mittlerer bis hoher Stufe auf beiden Seiten etwa 4 Minuten goldbraun braten. Den Rest der Sauce in einem kleinen Topf auf mittlerer Stufe 2 Minuten köcheln lassen (das Korianderpulver bindet die Sauce und macht sie etwas dickflüssiger); je nach Konsistenz etwas mehr Kokosmilch dazugeben. Die Sauce in eine Schale umfüllen, glatt rühren und etwas abkühlen lassen.
6 Um die Rollen zuzubereiten, jeweils etwas Sauce auf den unteren zwei Dritteln des Blattes ausstreichen, mit Gemüse, Tempeh, frischen Kräutern, gerösteten Erdnüssen und Avocadoscheiben belegen, von unten einmal hochklappen, die Seiten einschlagen und mit etwas Druck aufrollen. Mit einem scharfen Messer halbieren.
7 Mit der restlichen Sauce zum Dippen servieren und nach Belieben mit etwas Kokosmilch oder -joghurt beträufeln.

Tipps
- *Tempeh ist im Reformhaus erhältlich. Notfalls durch Tofu ersetzen; diesen braucht man nicht zu kochen.*
- *Die Rollen halten sich bis zu 2 Tage im Kühlschrank und eignen sich auch gut als Lunch zum Mitnehmen.*

Hoi An, Vietnam

DIE VIETNAMESISCHE KÜCHE

Was isst man wo

- Scharf, sauer, bitter, salzig und süß – eine Mischung dieser Komponenten ist in praktisch jedem Gericht enthalten.
- In Vietnam wird zu den meisten Gerichten ein mit frischen Kräutern und Salatblättern gefüllter Teller gereicht. Ob auf das Gericht (z. B. eine Suppe) gestreut, eingerollt (wie bei Sommerrollen) oder einfach nur dazu gegessen, frischen die Kräuter die Gerichte geschmacklich auf und liefern dazu noch viele wertvolle Vitamine.
- Das Essen erhält also nicht durch die Verwendung von viel Öl und Milchprodukten seinen Geschmack, sondern hauptsächlich durch die frischen Kräuter und Gewürze und ist so auch leichter.
- Durch die vielfältige Verwendung von Gemüse sind auch Vegetarier mit genügend Vitamin C, Eisen und Protein versorgt.
- Vietnamesisches Essen ist meist frei von Gluten, da als Stärkebeilage praktisch immer Reis dient (gedämpft, als Nudeln oder Reispapierblätter).
- Bei einigen typischen Gerichten (wie Banh xeo) werden viele Teller oder Schälchen mit verschiedenen Zutaten (Kräuter, Reispapier, Saucen usw.) gleichzeitig serviert, sodass man im ersten Moment nicht weiß, was man wie und womit isst. Aber keine Sorge, die Vietnamesen zeigen einem direkt am Tisch, wie man was und in welcher Reihenfolge rollt, einwickelt und isst, damit sich die Geschmackskomponenten in der Kombination optimal entfalten.

Es gibt einige Unterschiede in der Küche, von Nord- über Zentral- bis Südvietnam. Hier die grundlegendsten:

Im Norden (Hanoi) ist das Essen eher leichter; saure und salzige Noten treten in den Gerichten stärker hervor.
Typisch für den Norden Vietnams: Pho (Reisnudelsuppe), Bún riêu (Nudelsuppe mit Krabben und Tomaten), Bún cha (Reisnudeln mit gegrilltem Fleisch und frischen Kräutern), Banh cuon (gedämpfte Reismehl-Crêpes)

Im Zentrum (Hoi An) werden oft viele kleine Gerichte aufs Mal serviert. Da hier die Meeresküsten sehr nahe liegen, werden viel frischer Fisch und Meeresfrüchte verwendet.
Typisch für Zentralvietnam: Banh nâm (gedämpfte Reis-Dumplings), Banh khoai (frittierte gefüllte salzige Pancakes), Banh loc (Tapioka-Dumplings mit Shrimps)

Im Süden (Ho-Chi-Minh-Stadt) sind die Gerichte etwas mehr von der thailändischen Küche beeinflusst; sie sind schärfer, süßer und etwas schwerer als im Norden.
Typisch für den Süden Vietnams: Currys auf Kokosmilchbasis mit Reis oder Reisnudeln, große Vielfalt an Früchten

Eine Sauce, die zu praktisch jedem Gericht passt und in ganz Vietnam serviert wird, ist Nuoc Cham (Seite 234). Sie besteht aus Fischsauce, Wasser, Zucker, Limetten- oder Zitronensaft, Knoblauch und Chili.

Das beste und vor allem auch mit Abstand billigste Essen bekommt man direkt von der Straße, sofern es einem nichts ausmacht, es direkt auf dem Gehsteig auf niedrigen Plastikstühlchen sitzend einzunehmen. Am besten isst man dort, wo auch viele Vietnamesen essen; das heißt nämlich, dass es dort meist besonders lecker und authentisch ist.

Übrigens: Ein herzliches, warmes und charmantes Lachen (wie das der Frauen auf diesem Bild) erntet man überall in Vietnam. »Hello«, »How are you?« oder »Thank you« versteht aber kaum jemand. Daher empfiehlt es sich, zumindest einige wenige Wörter wie »Hallo«, »Danke« und »Bitte« auswendig zu lernen – das bricht jede Sprach- und Sympathiebarriere im Handumdrehen. Ein herzhaftes Lachen tut's aber auch. Danke, Vietnam, und bis bald!

Weiter geht es nun nach Kambodscha: In Gedanken in den Flieger steigen, zweimal umblättern – denn zuvor gibt es noch ein leckeres Kokoseis mit auf den Weg –, und schon sind wir in Siem Reap.

Kokoseis-am-Stiel mit hauchdünnem Schokoladenmantel und Knuspertopping

Wenn Eis am Stiel plötzlich wieder »in« ist.

In Hanoi waren am späteren Abend die Eisbuden der Jugendtreff schlechthin. Alle standen draußen auf den Straßen, mit einem Eis in der Hand, das sie genüsslich schleckten. Ich habe mich natürlich auch durch die diversen Sorten probiert, und Kokos war mein klarer Favorit. Für den besonderen Pfiff werden diese Kokoseisstängel, die übrigens in Nullkommanichts gemacht sind, in eine (absolut sündenfreie!) Schokolade gedippt und diese wiederum mit gerösteten Nüssen oder Kokosflocken bestreut. Cashew- oder Erdnussmus machen das Eis besonders cremig, am besten die Hälfte mit der einen, die andere Hälfte mit der anderen Variante ausprobieren. Vietnam ist übrigens weltweit der größte Exporteur von Cashewkernen, und verfügt über die besten Cashews überhaupt. Doch Fakten hin oder her, an diesem leckeren Eis führt kein Weg vorbei – bevor unser Weg uns weiterführt nach Kambodscha.

FÜR 6 EIS-AM-STIEL ODER 4–6 PORTIONEN // GF / LF / RZF / V / VGN

EIS
60–80 g Cashew- oder Erdnussmus, geröstet
200 ml Kokosmilch (oder 400 ml Kokosmilch light)
60 g Kokosblütenzucker
½–1 TL Vanillepaste
½ TL Himalajasalz

SCHOKOLADENÜBERZUG
2½ EL Kakaopulver
2–2½ EL Kokosöl
3–3½ EL Ahornsirup
2 EL Sojamilch, nach Bedarf
4–6 EL Nüsse (Erdnüsse, Mandeln usw.) oder Kokoschips, klein gehackt

nach Belieben einige Himbeeren, gefroren

1 Sämtliche Zutaten zum Eis in einem leistungsstarken Mixer glatt und cremig mixen.
2 Die Masse in die Eisformen füllen, mit dem Deckel verschließen, einen Holzstiel hineinstecken und mindestens 4 Stunden oder am besten über Nacht gefrieren.
3 Die Nüsse für das Topping im Blitzhacker (Cutter) etwas kleiner hacken und im Ofen bei 170 Grad etwa 10 Minuten leicht goldbraun rösten, herausnehmen und in einer Schale erkalten lassen.
4 Die Schokoladenmasse erst unmittelbar vor der Verwendung zubereiten. Dafür alle weiteren Zutaten in einer kleinen Saucenpfanne auf mittlerer Stufe erhitzen, mit einem Schneebesen glatt rühren, von der Herdplatte nehmen und etwas erkalten lassen.
5 Die gewünschte Anzahl Eis-am-Stiel aus dem Gefrierfach nehmen, aus den Formen lösen, kurz in die noch warme Schokolade tunken (durch den Kälteunterschied wird die Schokolade dank dem in ihr enthaltenen Kokosöl sofort fest), dann sofort in den gerösteten, klein gehackten Nüssen wenden. Nach Bedarf einige gefrorene Himbeeren daraufgeben.
6 Die restlichen Eis-am-Stiel im Tiefkühler aufbewahren. Etwa 5 Minuten vor dem Genuss aus dem Tiefkühler nehmen.

Tipps

- *Statt in Einzelportionen kann man die Eismasse in einer mit Frischhaltefolie ausgelegten Kastenform (Cakeform) gefrieren. Vor der Verwendung 5 Minuten antauen lassen und mit einem Eisportionierer Kugeln formen. Mit der Schokoladensauce beträufeln und mit gerösteten Nüssen und Beeren bestreuen.*
- *Cashewkerne aus Vietnam bzw. Südostasien findet man in Asialäden. Sie sind relativ groß, kommen immer mit der leicht knusprig gerösteten Haut in den Handel und schmecken sehr lecker.*

KAMBODSCHA

Rezepte

Jackfruit-Smoothie-Eis-Bowls
mit gebackenen Baby-Bananen im Kokos-Sesam-Mantel

Drachenfrucht-Smoothie-Bowls
mit knusprigem Hafer-Macadamia-Kokos-Granola

Schlangenbohnen-Kokos-Salat
mit Knoblauch-Tofu und Curry-Kokos-Sauce

Fisch-Amok – das kambodschanische Nationalgericht
auf meine Art

Knackiger Green-Mango-Birnen-Kohlrabi-Salat
mit Lachs-Salad-Wraps

Cashew-Zimt-Vanille-Creme
auf warmen Himbeeren mit Kampotpfeffer

Angkor Wat, Siem Reap

KAMBODSCHA

You put a smile on my heart!

Eines der ärmsten Länder der Welt, doch eines, wo das Lachen der Menschen einen ansteckt wie kaum sonst wo. Ein Land, in dem die Augen von Groß und Klein strahlen, alle unglaublich warmherzig, freundlich, offen und humorvoll sind und eine bedingungslose Großzügigkeit zeigen, ganz egal wie wenig sie selbst besitzen. Die Menschen und vor allem die Kinder, denen ich in Kambodscha begegnet bin, haben diese Reise besonders wertvoll gemacht. Sie hatten etwas Magisches an sich, lösten in mir ein großes Mitgefühl und viele Emotionen aus. Was für Geschichten verbergen sich wohl hinter ihren dunklen Augen? Sind sie glücklich oder traurig? Dieses kleine Mädchen am Straßenrand werde ich nie vergessen. Wie es da stand, in seinen alten Schlappen, mit zerzausten Haaren und schmutzigen Fingern – wie die kleine Pocahontas kam sie mir vor. Ihre Augen nahmen mich sofort gefangen, ihr Blick und das leicht verschmitzte Lächeln. Egal in welch armen Verhältnissen sie leben mochte, sie strahlte eine große Zufriedenheit aus. Die Menschen in Kambodscha, so kam es mir vor, sind echt und unverstellt, sie haben nichts zu verbergen, keine Vorurteile, keine Erwartungen und strahlen das auch aus.

Meine ersten Eindrücke von Kambodscha bei der Ankunft in Siem Reap? Es war erdrückend heiß (um sechs Uhr abends noch 36 Grad), und die Straßen und Häuser präsentierten sich von oben bis unten bunt dekoriert, überall Lichter, Laternen und ganz viele Menschen auf den Straßen. Im Taxi auf dem Weg in die Stadt (mit der Klimaanlage auf Hochtouren) wurde ich vom Fahrer aufgeklärt: Es sei gerade die heißeste Zeit des Jahres, und man feiere in diesen Tagen »Khmer New Year«. Silvester im April bei 36 Grad also! Nach Siem Reap wollte ich vor allem, um die alte Tempelstadt Angkor Wat zu sehen. Es war sehr eindrücklich, doch zu dieser Jahreszeit drängelt sich schon morgens um fünf eine Horde von Menschen vor der Tempelstadt. Kurz: Siem Reap war mir zu überfüllt mit Touristen, Partys, lauter Musik und zeigte nicht, wie Kambodscha wirklich ist. Schließlich wollte ich die Kultur und das authentische Essen des Landes kennenlernen. Dafür ging es nach zwei Tagen von Siem Reap auf einer fünfstündigen Autofahrt ins Herz des Landes zu »Smiling Gecko« (mehr dazu auf Seite 259). Hier hatte ich die Möglichkeit, das traditionelle kambodschanische Essen aus erster und bester Hand kennen- und lieben zu lernen.

Unter der mächtigen Konkurrenz der Nachbarländer Thailand und Vietnam werden die kulinarischen Spezialitäten Kambodschas völlig unterschätzt. Zu einer ersten, süß-fruchtigen Abkühlung, um sich für die Hitze Kambodschas zu wappnen, folgen zwei leckere Rezepte, die farblich und geschmacklich auf das Land der Khmer einstimmen. Ausprobieren und eintauchen in ein Land, das unglaublich eindrücklich ist und voller kulinarischer Geheimnisse steckt!

Jackfruit-Smoothie-Eis-Bowls mit gebackenen Baby-Bananen im Kokos-Sesam-Mantel

Mit der Erinnerung an den Geschmack frischer Jackfruit im Gaumen direkt in die Bowls.

Die bis zu 35 Kilogramm schwere Jackfruit ist die größte an Bäumen wachsende Frucht der Welt. Geschmacklich erinnert sie etwas an Mango, Ananas, Banane und Apfel; sie besteht zu knapp 75 Prozent aus Wasser und enthält eine Menge wertvoller Nährstoffe, darunter reichlich Vitamin C für ein starkes Immunsystem; sie dient als natürlicher Energiebooster, senkt den Blutzuckerspiegel, soll für Haut und Haare wahre Wunder wirken und, wie mir ein Jackfruit-Verkäufer in Siam Reap verriet, soll ein Extrakt aus ihrer Wurzel gegen Asthma helfen. In Kombination mit den in Kambodscha zuckersüßen Bananen schmeckt sie einfach traumhaft. Am Spieß gebratene Baby-Bananen sind in den Straßen Kambodschas ein beliebter Streetfood-Snack. In diesem Rezept habe ich sie im Kokosmantel gebacken, wodurch ein schönes Kalt-Warm-Spiel entsteht. Der dezente Geschmack von Sternanis (der in Kambodscha zwar hauptsächlich für salzige Gerichte wie Currys verwendet wird) bringt in süßer Kombination eine raffinierte, neue Note, die sogleich für den Ich-will-noch-mehr-Effekt sorgt.

FÜR 2 PORTIONEN // *GF / LF / RZF / V / VGN

BANANEN
3–4 Baby-Bananen (oder 1 große reife Banane)
4 EL Sesamsamen
4 EL Kokosraspel
ca. 2 EL Ahornsirup

3–4 EL Haferflocken (*evtl. glutenfrei)
1 gute Prise Himalajasalz

SMOOTHIE-EIS-BOWLS
400 g reife Bananen, in Scheiben, gefroren (ca. 3–4 Stück)
200 g frische Jackfruit (siehe Tipps) oder aus der Dose
100 ml Kokos- oder Sojamilch
½–1 Sternanis, ganz
nach Bedarf 2–3 TL Kokosblütenzucker oder Ahornsirup

1 Den Ofen auf 180 Grad Umluft vorheizen. Zwei Bleche mit Backpapier belegen. Die Bananen schräg in etwa 4 mm dicke Scheiben schneiden.

2 Die Sesamsamen mit den Kokosraspeln in einer Schale vermischen, den Ahornsirup in eine zweite Schale geben. Die Bananenscheiben zuerst im Ahornsirup, dann in der Kokos-Sesam-Mischung wenden, bis sie damit bedeckt sind. Nebeneinander auf einem Backblech auslegen und im Ofen 22–25 Minuten goldbraun backen.

3 Den übrig gebliebenen Ahornsirup mit der restlichen Kokos-Sesam-Mischung, den Haferflocken und dem Salz vermischen. Auf das zweite Backblech geben und ebenfalls im Ofen goldbraun backen (ca. 15 Minuten).

4 Für das Smoothie-Eis, etwa 10 Minuten bevor Bananen und Crunch fertig gebacken sind, die gefrorenen Bananen und die Jackfruit in einen leistungsstarken Mixer geben und 5–7 Minuten leicht antauen lassen (damit der Mixer nicht überstrapaziert wird). Dann Kokosmilch, Sternanis und Süßungsmittel nach Wunsch dazugeben und zu einer glatten, eiscremeartigen Masse mixen. In Schalen füllen, mit den leicht abgekühlten gebackenen Bananenscheiben und etwas vom Crunch toppen und sofort genießen!

Tipps

- *Frische Jackfruit ist in Asia- oder indischen Spezialitätenläden zu finden. Notfalls kann man auf Jackfruit aus dem Glas zurückgreifen; diese vor der Verwendung gut abspülen und abtropfen lassen. Oder ersatzweise 1 reife Mango verwenden.*
- *In 5 Minuten ist die Smoothie-Mischung fertig, wenn man die reifen Bananen bereits am Vorabend schält, in Scheiben schneidet und tiefkühlt. Für ein noch eiscremeartigeres Ergebnis die Jackfruit-Stücke ebenfalls über Nacht einfrieren.*
- *Als Topping können auch frische Bananen oder andere frische Früchte (z. B. Himbeeren, Mango) verwendet werden, wenn es schnell gehen muss.*
- *Der Crunch hält sich in einem fest verschlossenen Glas im Kühlschrank mindestens 4 Tage.*

Central Market, Siem Reap

KHMER FOOD

Eine Küche voller Aromen, die man sonst nirgendwo findet

Ich wusste nicht, welche Art von Küche mich in Kambodscha erwartet. Doch je mehr man probiert, desto mehr faszinieren die Gerüche, Aromen und Kombinationen. Die meisten denken, die kambodschanische oder Khmer-Küche sei eine Mischung zwischen der thailändischen und der vietnamesischen Küche, mit weiteren Einflüssen aus Ländern wie China oder Indien. Das trifft bis zu einem gewissen Punkt zu, so wie die Küche jedes Landes bestimmte Einflüsse aufweist, doch die Küche Kambodschas hat noch viel mehr zu bieten, ist von ganz eigener Art, mit eigenständigen Rezepten.

Noch vor dreißig Jahren glich Kambodscha nach jahrzehntelangem Bürgerkrieg und den Zerstörungen im Zuge des Vietnamkriegs einem Schlachtfeld, drohte in Aufruhr und Tumult unterzugehen. Den Menschen wurde alles genommen, und so gingen auch viele Traditionen der kambodschanischen Küche verloren. Doch sie beginnen nach und nach wieder aufzuleben und werden der Khmer-Küche hoffentlich bald mehr Ansehen verschaffen und die Menschen auf der ganzen Welt begeistern und verzaubern.

Die Gerichte sind einfach, frisch, kreativ und zeugen von einer perfekten Balance der verschiedenen Komponenten süß, scharf, bitter, salzig, sauer, cremig und knusprig, frisch und gekocht. Das Essen mag, wenn man an Gerichte wie Krabbenkopfsuppe oder Frosch-Curry denkt, zwar weniger glamourös wirken als zum Beispiel das im Nachbarland Thailand. Doch es strotzt vor Vielfalt und geschmacklichen Überraschungen, die der Gaumen zuvor noch nicht kannte. Die meisten Rezepte stehen ganz unbeabsichtigt unter dem Motto: leicht, delikat, gesund und sättigend. Das kam mir und meiner Art zu kochen (»Eat Better Not Less«) mehr als gelegen, denn genau so liebe ich es – und die folgenden Rezepte belegen es.

Wie in Vietnam schwelgt man auch in Kambodscha auf den Märkten in frischen Früchten und Gemüse; wobei ich in Vietnam mehr Gemüse und in Kambodscha mehr Früchte gegessen habe. Oder eher getrunken. In Siem Reap gab es auf den Straßen nämlich unzählige Saft- und Smoothie-Stände. Die perfekte Abkühlung bei der großen Hitze! Es gab zwar an allen Ständen genau dasselbe Angebot, nämlich das »Mix-dir-zusammen-was-du-möchtest-Wunschkonzert«, doch bei Smoothies für weniger als einen Dollar, die vor den Augen des Kunden aus zuckersüßen Früchten frisch zubereitet werden, kann, darf, sollte und möchte niemand verzichten. Meine Favoriten waren zum einen Jackfruit mit Banane, Kokosnuss, Kokoswasser und Eis, zum anderen Drachenfrucht mit Mango, Kokoswasser, Banane und Eis – einfach lecker! Wer es gleich selbst ausprobieren will, blättert für meine Interptetation des ersten einmal zurück und für die des zweiten einmal weiter. Das Schlürfen oder besser gesagt, das Auslöffeln kann losgehen...

Drachenfrucht-Smoothie-Bowls mit knusprigem Hafer-Macadamia-Kokos-Granola

Diese Bowls erwecken den Drachen in dir.

Drachenfrüchte den lieben langen Tag, bis man sich selbst fast wie ein Drache fühlt und vor Gaumenfreude Feuer speien könnte. Diese Frucht schmeckt in Kambodscha süßer als überall sonst, wo ich sie bisher probiert habe. Die besten Drachenfrüchte (auch Pittayas genannt) sind die mit knallig pinkfarbenem Fruchtfleisch. Hierzulande findet man meist nur solche mit weißem Inneren. Die pink Variante setzt zwar farblich noch einen drauf, doch egal ob weiß oder pink, diese Smoothie-Bowls sind in jedem Fall wunderbar erfrischend. Drachenfrüchte bringen noch weitere Vorteile: Sie haben einen hohen Gehalt an Vitaminen, Ballaststoffen, Antioxidantien, wirken entgiftend, steigern die Immunabwehr, sind gut für Haut, Augen, Zähne und Knochen und haben zudem einen geringen Fett-, Zucker- und Kohlenhydratanteil. Alles gute Gründe, diese wertvolle, leckere und zudem äußerst attraktive Frucht zu genießen. Nicht zu vergessen das crunchy Granola, das dem Drachen so richtig »Feuer« gibt.

SMOOTHIE-BOWL: 2 PORTIONEN, GRANOLA: 3–4 KLEINE TOPPING-PORTIONEN // *GF / LF / RZF / V / VGN

GRANOLA
60 g Macadamianüsse
40 g Kokoschips, ungesüßt
80 g Haferflocken (*evtl. glutenfrei)
2 EL Honig oder Ahornsirup
½ TL Vanillepaste
1 Prise Himalajasalz

BOWLS
1 große reife Drachenfrucht (vorzugsweise mit pinkfarbenem Fruchtfleisch)
1 reife Banane, in Scheiben geschnitten, gefroren
½ reife Mango
100 g Himbeeren, gefroren
50 ml Kokoswasser
50 ml Sojamilch (oder Reismilch)
2–3 TL Kokosblütenzucker oder Honig
1 Handvoll Eiswürfel

WEITERE TOPPINGS
Himbeeren, frisch oder gefrorene, leicht angetaut
Bananen, in Scheiben geschnitten (hier Baby-Bananen)
Honig oder Reissirup zum Beträufeln

1 Den Ofen auf 160 Grad Umluft vorheizen. Ein Blech mit Backpapier belegen. Für das Granola die Macadamianüsse und Kokoschips im Blitzhacker (Cutter) fein hacken, mit Haferflocken, Honig, Vanillepaste und Salz gut vermischen, gleichmäßig auf dem Backblech verteilen und im Ofen 15–17 Minuten goldbraun backen. Herausnehmen und abkühlen lassen.
2 Für die Bowls die Drachenfrucht halbieren, das Fruchtfleisch in einen leistungsstarken Mixer geben. Die gefrorenen Bananenscheiben, das Mangofruchtfleisch und alle weiteren Zutaten einschließlich Eiswürfel dazugeben und 1–2 Minuten glatt und cremig mixen.
3 Die kalte eiscremeartige Mischung in die Schalen füllen. Mit einer guten Handvoll Granola, einigen Himbeeren und Bananenscheiben toppen, Honig oder Reissirup darüberträufeln und sofort genießen.

Tipps
- *Drachenfrüchte findet man im Asialaden, in größeren Supermärkten oder in Spezialitätenläden.*
- *Übrig gebliebenes Granola in einem fest verschlossenen Glas bis zu 2 Wochen im Kühlschrank aufbewahren und über jegliche Art von Smoothie oder Porridge streuen.*
- *Möglichst reife Bananen bereits am Vorabend schälen, in Scheiben schneiden und portionsweise einfrieren. Am besten immer gefrorene Bananen auf Vorrat im Gefrierfach lagern; sie machen jeden Shake oder Smoothie erfrischend und sorgen für die perfekte, leicht dickflüssige Konsistenz.*

Smiling Gecko Village, Kambodscha

AUF BESUCH BEI »SMILING GECKO«

Kambodschaner für Kambodschaner

Nach einer langen Autofahrt durch Kambodscha, auf der sich das wahre Leben und die Armut der Kambodschaner mehr und mehr zeigte, kam ich auf der »Smiling Gecko«-Farm etwa achtzig Kilometer von der Hauptstadt Phnom Penh entfernt an. Dort erwartete mich Hannes Schmid, ein Schweizer Künstler, Fotograf und einer der eindrücklichsten Menschen, die ich je kennenlernen durfte. Mit über siebzig Jahren versprüht er immer noch die Energie eines Zwanzigjährigen und gibt alles dafür, den Menschen in Kambodscha zu helfen.

»Smiling Gecko« hat er vor einigen Jahren als NGO-Projekt gestartet, um den Hunger und die Armut in Kambodscha zu bekämpfen und mit nachhaltiger Hilfe zur Selbsthilfe – nach dem Motto »Kambodschaner für Kambodschaner« – Infrastruktur, Wirtschaft und Ökologie von Grund auf neu aufzubauen. Die Bildung der Kambodschaner soll bei »Smiling Gecko« auf allen Ebenen gefördert werden, um die Lebensqualität der Bevölkerung zu verbessern, ihnen eine Zukunft zu ermöglichen und ihnen zu helfen, sich zu entwickeln und sich selbst zu versorgen. Hannes klärte mich über über die aktuelle Lage in Kambodscha auf und berichtete, wie es in den Slums zu und her geht. Momentan leben zwölf Familien, die er aus den Slums in Phnom Penh geholt hat, auf der Farm. Trotz allem, was sie durchgemacht haben, haben die Menschen, vor allem die Kinder, eines nie verloren: ihr ansteckendes, ehrliches Lachen. Schaut man sich die drei Jungs auf dem Bild an, wird einem gleich warm ums Herz und man erkennt, dass es darum geht, im Moment zu leben, Freude zu schenken und gemeinsam Lebensfreude zu teilen.

Auf der »Smiling Gecko«-Farm wird jungen Kambodschanerinnen und Kambodschanern, die einst in den Slums gelebt haben, unter anderem auch das Kochhandwerk beigebracht. Mariya, die junge, sympathische Chefköchin der Farm, konnte dank »Smiling Gecko« eine Ausbildung an einer Schweizer Hotelfachschule absolvieren und so die Grundtechniken der Küche erlernen. Die traditionellen Gerichte Kambodschas beherrscht sie wie kaum sonst jemand und macht sie zu einem wahren Juwel; mit ihrem Feingefühl und ihrer großen Liebe zum Kochen bringt sie die Gerichte auf unglaublich raffinierte, fast schon gourmethafte Art und Weise auf den Teller. So, als würde sie seit hundert Jahren nichts anderes machen. Obwohl ich zwar »erst« seit etwa zehn Jahren mit neuen, eigenen Rezepten experimentiere, hoffe ich, dass die nächsten beiden Gerichte, in denen meine Kreativität sich mit der Inspiration von Mariya verbindet, überzeugen können.

Schlangenbohnen-Kokos-Salat mit Knoblauch-Tofu und Curry-Kokos-Sauce

Eine Geschmackskombination, die sogar Schlangen(-bohnen) betört.

Am ersten Abend bereitete Mariya, die Küchenfee bei »Smiling Gecko«, mit ihrem jungen Team ein sagenhaft gutes Abendessen zu. Es war eindrücklich, zuzusehen, wie diese jungen Menschen, die in den Slums Kambodschas aufgewachsen sind, mit Sorgfalt, Leichtigkeit und Freude mit den Zutaten umgingen. Genauso eindrücklich waren die Gerichte, die sie zubereiteten. Das also ist die wahre Küche Kambodschas! Unter anderem gab es einen typisch kambodschanischen Bohnensalat und ein leichtes, aber unglaublich cremiges und aromatisches Khmer-Fischcurry (Seite 263). Geschmacklich und durch all die Liebe und Emotion, die ins Essen einflossen, einfach Spitze! Aus der Erinnerung an diesen Abend und mit den Zutaten und Aromen, die ich besonders gut fand, entstand der folgende Bohnen-Kokos-Salat mit sagenhafter Curry-Kokos-Sauce. Ein Ausprobier-Muss!

FÜR 3–4 PORTIONEN // *GF / LF / RZF / V / VGN

GEMÜSE
500 g feine Schlangenbohnen
(ersatzweise normale grüne Bohnen)
200 g Mungobohnensprossen
100 g frischer Spinat
150 g Mönchsbart (siehe Tipps)
100 g Kokosraspel

SAUCE ZUM GEMÜSE
6–8 Kaffirlimettenblätter, frisch oder getrocknet
1 Stängel Zitronengras
ca. 4 EL Kokosmilch
2 EL Erdnüsse, geröstet
2 TL Kokosblütenzucker
1½ EL Limettensaft
2 TL Sesamöl, geröstet
1 kleine rote Chilischote, ¾ der Kerne entfernt
Himalajasalz und Kampotpfeffer

TOFU
200 g Tofu, natur
2 Knoblauchzehen
2 TL Sesamöl, geröstet
1 TL Kokosblütenzucker
1 TL *Tamari (oder Sojasauce, salzarm)
¼ TL Chiliflocken

CURRY-KOKOS-SAUCE
2–3 TL Sesamöl, geröstet
2 TL gelbe Currypaste
3 TL Kokosblütenzucker
250 ml Kokosmilch

frische Kräuter (z. B. Koriander), Limettensaft, Chiliflocken

1 Die Bohnen putzen, in kochendem Salzwasser 5–7 Minuten garen, sodass sie noch Biss haben und nicht zu weich sind. In kaltem Wasser abschrecken, abtropfen lassen, in etwa 1 cm breite Stücke schneiden und in eine große Schale geben. In kochendem Salzwasser die Bohnensprossen und den Spinat 1 Minute, den Mönchsbart separat 3–4 Minuten blanchieren, mit kaltem Wasser abschrecken und gut abtropfen lassen. Den Mönchsbart in 2 cm lange Stücke schneiden. Alles zu den Bohnen geben.

2 Die Kokosraspel in einer weiten Bratpfanne auf mittlerer Hitze unter ständigem Rühren goldbraun rösten. 2 Esslöffel davon beiseitestellen, den Rest in die Schüssel zum Gemüse geben.

3 Für die Sauce die Stiele der Kaffirlimettenblätter entfernen, die Enden des Zitronengrasstängels abschneiden, beides ganz fein schneiden und zusammen mit allen weiteren Saucenzutaten im Blitzhacker (Cutter) 50–60 Sekunden fein hacken. Zum Gemüse geben, alles gut vermischen und mindestens 10–15 Minuten im Kühlschrank ziehen lassen.

4 Den Tofu in ½ cm kleine Stücke schneiden. Die Knoblauchzehen fein hacken und in einer Pfanne in Sesamöl goldbraun braten. Tofuwürfel, Kokosblütenzucker, Tamari und Chiliflocken dazugeben und bei mittlerer bis hoher Hitze goldbraun braten. Die restlichen 2 Esslöffel geröstete Kokosraspel dazugeben, kurz weiterbraten, dann die Hitze stark reduzieren.

5 Für die Curry-Kokos-Sauce das Sesamöl in der Pfanne auf mittlerer Stufe erhitzen, Currypaste und Kokosblütenzucker darin anbraten, bis es gut duftet, mit Kokosmilch ablöschen, glatt und cremig rühren.

6 3–4 Esslöffel der Kokossauce unter den Salat mischen, in tiefen Tellern anrichten und mit der restlichen Sauce beträufeln. Mit frischen Kräutern nach Wahl garnieren, etwas Limettensaft darüberträufeln und nach Wunsch für mehr Schärfe Chiliflocken darüberstreuen.

Tipps

- *Mönchsbart oder Barba di frate ist saisonal erhältlich. Ansonsten 100 g mehr Schlangenbohnen verwenden. Schlangenbohnen, gelbe Currypaste und Kaffirlimettenblätter bekommt man im Asialaden.*
- *Der Salat hält sich zugedeckt bis zu 2 Tage im Kühlschrank. Die Sauce schmeckt zwar am besten frisch zubereitet, wenn man sie aber unter das Gemüse mischt, nimmt dieses die Aromen auf und behält einen genauso intensiven Geschmack.*

Das Fischgericht Amok, eines der kambodschanischen Nationalgerichte, kommt vor allem zu speziellen Anlässen auf den Tisch. Da ich zu »Khmer New Year« in Kambodscha war, kam ich in den Genuss dieses typischen Festessens. Traditionell wird der Fisch dafür in einem Bananenblatt gedämpft. Eine aromatische Grundzutat, die nicht nur in Amok, sondern in vielen kambodschanischen Gerichten wie Suppen, Currys, Gebratenem oder Gegrilltem zum Einsatz kommt, ist eine Art Kräuter-Würzpaste namens »Kroeung«. Sie besteht aus Kurkuma, Kaffirlimettenblättern, Knoblauch, Zitronengras, Galgant, Schalotten und Chilis, die im Mörser zu einer Paste zerdrückt werden. Jeder Koch, jede Köchin, jede Familie hat ihr eigenes Rezept; das Geheimnis liegt in der Frische der verwendeten Zutaten und in ihrer ausgewogenen Kombination. Der Tamarindendip ist ebenfalls typisch für Kambodscha und wird häufig zu Amok serviert; er verleiht eine süßlich saure Note, die unverzichtbar ist. Mit diesem Gericht zaubert man ganz einfach den Geschmack Kambodschas auf den Teller – ganz egal ob zu Neujahr oder sonst im Jahr.

Fisch-Amok – das kambodschanische Nationalgericht auf meine Art

Was bei uns Fondue Chinoise, ist in Kambodscha Fisch-Amok. Happy New Year, Cambodia!

FÜR 2–3 PORTIONEN // GF/ LF / RZF / V / *VGN

KROEUNG-PASTE
1 EL Galgant, frisch geraspelt
2 TL Kurkumawurzel, frisch geraspelt
2 Stängel Zitronengras, ganz fein geschnitten
6 frische Kaffirlimetenblätter, den Stiel entfernt, fein geschnitten
2 Thai-Schalotten, fein gehackt
2 Knoblauchzehen, fein gehackt
2 kleine grüne Chilischoten
1-2 EL Wasser

CURRY
4 Thai-Schalotten
2 Knoblauchzehen
1 EL Fischsauce
1 EL Tamarindenpaste
1 EL Kokosblütenzucker
½ TL Himalajasalz
1 TL Kampotpfeffer
100 ml Kokosmilch
100 ml Wasser
200 g Kürbis
1 reife (Thai-)Mango
400 g Fischfilets (Pangasius, Wolfsbarsch oder Saibling; oder Crevetten, Hummer)
1 EL Kokosöl
400 ml Kokosmilch
½ Limette, Saft

TAMARINDENDIP
4 EL Tamarindenpaste
1 EL Kokosblütenzucker
½ TL Himalajasalz

EXTRAS
ca. 120 g braune Reis-Vermicelli
Kokosmilch oder Kokoscreme zum Beträufeln
Thai-Basilikum zum Garnieren

1 Die Reis-Vermicelli nach Packungsanleitung garen, mit kaltem Wasser abspülen und abtropfen lassen. Vor dem Servieren in einem Topf mit 1 Esslöffel Wasser nochmals kurz dämpfen und erwärmen.

2 Für die Kroeung-Paste sämtliche Zutaten bis einschließlich Chilischoten im Mörser oder Blitzhacker (Cutter) zu einer Paste pürieren. Nach Bedarf 1–2 Esslöffel Wasser dazugeben, damit die Paste etwas geschmeidiger und einfacher zu verarbeiten ist.

3 Für das Curry die Schalotten in feine Scheiben schneiden, die Knoblauchzehen fein hacken. Fischsauce, Tamarindenpaste, Kokosblütenzucker, Salz, Pfeffer, Kokosmilch und Wasser vermischen. Den Kürbis schälen und raspeln, die Mango schälen, das Fruchtfleisch klein schneiden. Den Fisch in mundgerechte Stücke schneiden.

4 Das Kokosöl in einer weiten, tiefen Pfanne erhitzen, Schalotten und Knoblauch darin glasig braten, die Kroeung-Paste dazugeben und 2–3 Minuten unter ständigem Rühren bei mittlerer bis hoher Hitze anbraten, bis es gut duftet. Mit der Kokosmilchmischung ablöschen, einmal gut aufkochen, die Hitze stark reduzieren und 5–7 Minuten köcheln und etwas eindicken lassen.

5 Kürbis, Mango und die 400 ml Kokosmilch dazugeben, auf hoher Stufe 3–4 Minuten kochen, dabei gut rühren. Nun den Fisch dazugeben, den Deckel auflegen, die Hitze auf mittlere Stufe reduzieren und den Fisch 7–8 Minuten (oder falls nötig noch 2–3 Minuten länger) dämpfen, bis er durchgegart ist.

6 In der Zwischenzeit die Zutaten für den Tamarindendip in einem kleinen Topf aufkochen, bis sich der Kokosblütenzucker komplett aufgelöst hat, die Hitze stark reduzieren, 1–2 Minuten gut durchrühren, dann in eine Schale füllen.

7 Das Fischgericht umrühren, noch einmal stark erhitzen, von der Herdplatte nehmen, den Limettensaft darüberträufeln, in Schalen füllen, mit etwas Kokosmilch oder Kokoscreme beträufeln.

8 Die warmen Reis-Vermicelli, Thai-Basilikum und den Tamarindendip dazu servieren.

Tipps

- *Fisch-Amok ist ein eher mildes Gericht; wer es gerne scharf mag, gibt 2–3 Chilischoten mehr in die Kroeung-Paste oder streut am Schluss Chiliflocken über das Gericht.*
- *Für die *vegane Variante die Fischsauce weglassen oder durch Tamari ersetzen. Statt Fisch Tofu oder Tempeh nehmen.*
- *Als Alternative zu den braunen Reis-Vermicelli kann man auch Vollkornreis oder Reisnudeln servieren.*
- *Galgant- und Kurkumawurzeln, Kaffirlimettenblätter, Thai-Schalotten, Tamarindenpaste und Reis-Vermicelli bekommt man im Asialaden.*

WAS IN KAMBODSCHA TROTZ ALLEM AM HELLSTEN STRAHLT

Vorbei an Holzhäusern, die zum Schutz vor Überflutung während der langen Regenzeit auf Pfählen errichtet sind, vorbei an Kindern, die sich auf den Straßen zur Feier des »Khmer New Year« mit Wasser bespritzten und mit Babypuder bewarfen, dabei laut herauslachten und alle mit ihrem Lachen ansteckten, ging es von der »Smiling Gecko«-Farm etwas weiter aufs Land hinaus, um zu sehen und zu erfahren, wie die meisten Kambodschaner außerhalb der Städte leben.

Tevy, das kleine Mädchen auf dem Bild, lebt mit ihrer sechsköpfigen Familie in einer winzigen, offenen Holzhütte. Im ersten Moment könnte man vielleicht annehmen, sie sei traurig oder bedrückt – doch sie verstand nur nicht ganz, was das an meinem Hals baumelnde Ding war, das dauernd »click, click, click« machte. Als ich die Kamera weglegte und sie anlächelte, schenkte sie mir ein mindestens ebenso großes Lächeln zurück, stieg mit ihrem kleinen Beutel voller selbst gesammelter Steine in der Hand von der Hängematte und lief auf das Feld hinaus, wo sie mit ihren beiden Schwestern mit Stecken, dicken Gräsern und leeren Kokosschalen ein Spiel spielte.

Kambodscha ist das drittärmste Land der Welt, doch diese drei Mädchen wirkten friedlich und fröhlich und strahlten pure Lebensfreude aus. Das ist es, was mir bis zum letzten Moment in Kambodscha am stärksten Eindruck gemacht hat und am meisten geblieben ist. Die Wertschätzung des Lebens und der Menschen, die einem lieb sind, scheint bei den Kambodschanern – zumindest bei allen, die ich treffen durfte – trotz der Armut, des Leids und der Entbehrungen, die sie möglicherweise zu ertragen haben, immer etwas heller zu strahlen als alles andere.

Typisch für Kambodscha sind Salate mit grüner Mango oder Papaya. Sie sind leicht, knackig, erfrischend und zusammen mit einer guten Sauce ein wahres Geschmackswunder. Am zweiten Tag meines Besuches bei »Smiling Gecko« durfte ich zusammen mit Mariya kochen. Wir gingen frühmorgens auf dem lokalen Markt einkaufen; zurück auf der Farm pflückten wir auf den Feldern noch rasch einige frische Kräuter, und dann ging es los mit Experimentieren. Mariya ist genau wie ich sehr experimentierfreudig und sucht sich die Produkte nicht nur mit den Augen aus, sondern tastet und fühlt sie, riecht an ihnen und probiert sie. So fügen sich die Aromen und Geschmacksnoten durch alle Sinne zu einem Gericht zusammen und zaubern etwas Neues, Frisches und Leckeres auf den Teller. Dieses Gericht ist meine Inspiration aus dem, was mir von unserem Koch-Happening geblieben ist. Danke, Mariya, für das gemeinsame Kochen. Dieses Rezept ist dir gewidmet – und es schmeckt ganz einfach bombastisch!

Knackiger Green-Mango-Birnen-Kohlrabi-Salat mit Lachs-Salad-Wraps

Für Geschmacksexplosionen ist mit diesem Gericht gesorgt.

FÜR 2–3 PORTIONEN // GF / LF / RZF / *V / *VGN

LACHS
2 EL Kokosmilch
2 EL Limettensaft und etwas abgeriebene Schale
1 EL Kokos- oder Sesamöl, geröstet
2–3 TL Honig, Reissirup oder Ahornsirup
400 g Lachs
Himalajasalz, Pfeffer aus der Mühle
½ reife Mango
1–2 Knoblauchzehe
½ Bund Koriander

SALAT
200 g grüne Mango oder Papaya
200 g Birne (Williams, Kaiser Alexander oder Conférence)
200 g Kohlrabi
200 g Salatgurke, evtl. Baby-Gurken
1 kleines Bund Thai-Basilikum
1 Bund Koriander

SAUCE
¾ EL Fischsauce
1 EL Limettensaft
1 EL Kokosblütenzucker
1 EL Sesamöl, geröstet
2 EL Erdnüsse, geröstet, klein gehackt
1–2 Knoblauchzehen, fein gehackt
1 kleine rote Chilischote, fein geschnitten
etwas Kampotpfeffer aus der Mühle
evtl. 2–3 TL Wasser

1 großer Kopfsalat oder Romanasalat (Lattich), große Blätter abgelöst
geröstete Erdnüsse, klein gehackt
wenig Reissirup oder Honig zum Beträufeln
1 Limette, in Achtel geschnitten
nach Wunsch rote Chilischote, fein gehackt

1 Den Ofen auf 160 Grad Umluft vorheizen. Ein Blech mit Backpapier belegen, eine ofenfeste Schale mit Wasser bereitstellen.

2 Kokosmilch, Limettensaft, Öl und Honig vermischen, den Lachs darin mehrmals wenden, mit Salz und Pfeffer würzen und 10 Minuten marinieren.

3 Den Lachs auf ein Stück Backpapier geben, die Marinade darüberträufeln. Die Mango schälen, in kleine Würfel schneiden, den Knoblauch fein hacken, beides um den Lachs verteilen, Korianderzweige auf den Lachs legen, das Backpapier zu einem Päckchen zusammenfalten, auf das vorbereitete Blech geben und im Ofen 15–18 Minuten backen.

4 Für den Salat die grüne Mango oder Papaya, Birne und Kohlrabi in feine Streifen schneiden (Julienne-Schneider), alles in eine große Schüssel geben. Die Gurke in sehr feine Scheiben schneiden und dazugeben (bei normaler Salatgurke das Innere mit den Kernen zuvor etwas herauskratzen). Thai-Basilikum und Koriander fein hacken, hinzufügen und sorgfältig mischen.

5 Für die Sauce alle Zutaten vermischen, abschmecken. Zum Salat geben, gut vermischen und kühl stellen.

6 Die Salatblätter waschen, trocken schleudern und auf einer großen Platte auslegen. Den Lachs aus dem Ofen nehmen, 5 Minuten im Papier ruhen lassen. Den Salat nochmals mischen, auf jedes Salatblatt einen großen Löffel davon geben. Den gegarten Lachs mit den Händen in grobe Stücke reißen, gleichmäßig auf dem Salat verteilen, einige Mangostücke dazugeben, nach Wunsch mit gerösteten Erdnüssen bestreuen, mit wenig Honig und den Lachs mit Limettensaft beträufeln. Das Salatblatt von unten einklappen, die Seiten einschlagen, zu einem Wrap rollen und genießen!

Tipps

- *Grüne Mango oder Papaya sind im Asialaden erhältlich. Ersatzweise kann man auch eine feste, nicht stark gereifte Mango oder aber 300 g Birne und 300 g Kohlrabi verwenden.*
- *Für die *vegetarische und vegane Variante Fischsauce durch ¾ EL Tamari oder Sojasauce, salzarm, ersetzen, den Lachs durch Tempeh, Tofu oder Aubergine. Die Aubergine längs halbieren, die Schnittfläche einritzen und ebenso marinieren wie den Lachs; im Backpapier etwa 30 Minuten backen, herausnehmen und grob hacken.*
- *Für mehr Schärfe vor dem Einrollen der Wraps mit wenig fein gehackter Chili oder Chiliflocken bestreuen.*

LOKALES MARKTLEBEN

und die Frucht, an der die Nuss hängt

Die Märkte in Kambodscha bieten eine Menge an frischem, süßem Obst und farbigem Gemüse. Doch nicht nur das. Wenn man einen lokalen Markt auf dem Land besucht, darf man keinen schwachen Magen haben. Denn neben all den Früchten und dem Gemüse zucken lebende Fische auf Plastikplanen auf dem Boden, liegen Schweineköpfe wie Jagdtrophäen auf den Tischen, türmen sich Berge von Innereien, gibt es frittierte Spinnen und Frösche. Und über all dem liegt der Geruch von frisch geschlachtetem Fleisch, das ungekühlt und von Fliegen umschwärmt auf Käufer wartet. Nur mit den Augen schauen? Fehl am Platz. Die Einheimischen tasten erst mal alles gründlich ab, um sich dann das auszusuchen, was sie kaufen wollen.

Doch das herzhafte Lachen der Menschen machte auch hier vieles wett und brachte meine Stimmung sofort wieder auf Hochtouren. Ganz im Gegensatz zu meinem Appetit, der sich nach all den Eindrücken etwas in Grenzen hielt. Für ein paar Früchte, die ich bisher noch nie gesehen hatte und unbedingt probieren wollte, reichte aber auch der kleine Hunger vollkommen aus. Verdutzt fragte ich mich, was für eine Frucht ich da soeben probiert hatte. Ich hatte tatsächlich zum ersten Mal eine Cashewfrucht bzw. die Frucht, an welcher die Cashewnuss in einer Schale hängt (siehe Bild links), gegessen. Sie schmeckt etwas säuerlich, nur leicht süß und nicht sehr intensiv. Das Fruchtfleisch wird für Fruchtsäfte verwendet oder zu Likör destilliert.

Für das folgende Rezept bin ich dennoch bei der Cashewnuss selbst geblieben, habe sie aber ganz fruchtig und mit dem gewissen, schwarzen Etwas oben drauf kombiniert. Ein Gratiseintritt in den Cashewhimmel gefällig? Dann mal hereinspaziert.

Lokaler Markt, Nähe Udong, Kambodscha

Cashew-Zimt-Vanille-Creme auf warmen Himbeeren mit Kampotpfeffer

... und genau der Pfeffer macht dieses Dessert so einzigartig.

Die Cashewfrucht wächst in Kambodscha wie hierzulande die Äpfel auf den Bäumen. Bei uns ist die Frucht kaum erhältlich, doch in diesem Rezept geht es auch nur um die Cashewnuss. Es gibt kaum eine andere Zutat (Rahm, Butter oder Frischkäse ausgenommen), die ein Dessert so cremig, seidig und lecker macht wie Cashews. Das Geheimnis liegt darin, sie über Nacht einzuweichen. Dies sorgt nicht nur für ein geschmeidigeres Ergebnis, sondern auch dafür, dass die in ihnen enthaltene Phythinsäure neutralisiert wird, sie leichter verdaulich sind und man die Mineralstoffe besser aufnehmen kann. Und was hat der Pfeffer nun in diesem Rezept zu suchen? In Kambodscha habe ich über jedes Gericht Kampotpfeffer – den besten Pfeffer auf Erden – gemahlen. Ob am Morgen über den Joghurt, über Früchte wie Mango, über Currys, Suppen, Salate sowieso oder eben über Desserts. Der Kampotpfeffer, der nur im Süden Kambodschas in der gleichnamigen Provinz wächst, gibt jedem Gericht den perfekten Kick und das gewisse Etwas. Er hat ein leicht fruchtiges Aroma, ist rund und fein im Geschmack und in der Schärfe, ohne den typischen Pfeffer-Nachgeschmack, den manche nicht mögen. Die drei Sorten (schwarz, weiß, rot) stammen alle von derselben Pflanze; mein Favorit ist der schwarze. Ich kann also nur raten, sich schnell auf die Suche nach diesem Pfeffer zu machen und ihn auf allen möglichen Gerichten (zuerst aber natürlich auf diesem Dessert!) auszuprobieren. Es lohnt sich, denn er entfacht ein wahres Feuerwerk im Gaumen, das bis nach Thailand strahlt, wo die Reise als Nächstes hinführt.

FÜR 4–6 DESSERTPORTIONEN // GF / LF / RZF / V / VGN

CASHEWCREME
180 g Cashews
1 TL Himalajasalz
200 ml Mandel- oder Cashewmilch (oder Kokosmilch, light)
1 TL Vanillepaste (oder 1 ausgekratzte Vanillestange)
¾–1 gestrichener TL Zimt, gemahlen
¾ TL Himalajasalz
4 EL Ahornsirup oder Reissirup
2 Medjool-Datteln, entsteint

HIMBEEREN
200 g Himbeeren, frisch oder gefroren
1 EL Wasser
ca. 1 EL Ahornsirup oder Reissirup

Kampotpfeffer, schwarz
frische Himbeeren
Haselnuss-Crunch (Seite 21)

1 Die Cashews und das Salz in eine Schale geben, mit frischem Wasser bedecken und mindestens 2 Stunden oder über Nacht einweichen.
2 Die eingeweichten Cashews in ein Sieb schütten, gut abspülen und abtropfen lassen, dann in einen leistungsstarken Mixer geben. Alle weiteren Zutaten der Cashewcreme dazugeben und 4–5 Minuten sehr fein, cremig und glatt mixen. In eine Schale füllen und kühl stellen. (Durch das Mixen erwärmt sich die Cashewcreme. Wer sie kalt genießen möchte, sollte sie daher rund 2 Stunden vor dem Servieren zubereiten, kühl stellen und vor dem Servieren nochmals gut durchrühren oder 5–10 Sekunden mixen.)
3 Die Himbeeren mit Wasser und Ahornsirup in einen kleinen Topf geben und auf tiefer bis mittlerer Stufe weich kochen, mit einer Gabel etwas zerdrücken, in tiefe Teller oder Schalen verteilen.
4 Die gewünschte Menge Cashewcreme auf die Himbeeren geben, mit Kampotpfeffer bestreuen, mit frischen Himbeeren und Haselnuss-Crunch garnieren. (Den Kampotpfeffer am besten griffbereit halten, um nach Bedarf nachzuwürzen – es lohnt sich!)

Tipp
Kampotpfeffer bekommt man in Spezialitätenläden und mittlerweile auch in größeren, gut sortierten Supermärkten. Andernfalls kann man ihn auch im Internet bestellen.

THAILAND

Rezepte

Cremiges Black-Rice-Porridge
mit heißen Blaubeeren und gerösteten Kokoschips

Zitronengras-Ingwer-Curry mit Kokos-Tofu,
schwarzem Reis, Wasserspinat und Brokkoli

Karotten-Nudel-Erdnuss-Pad-Thai –
so gut, so frisch, so leicht!

Frischer Pomelosalat mit knusprig gerösteten Cashews
und unwiderstehlicher Sauce

Meine Lieblings-Tom-Yum-Suppe in vier Varianten

Mango Sticky Rice –
das heiß geliebte Thaidessert auf meine Art

Bangkok, Thailand

BACK TO BANGKOK

Sawadee kha!

Bevor es zurück nach Hause in die Schweiz ging, lag noch ein Stopp in Bangkok drin. Ich liebe diese Stadt, in der das Leben vierundzwanzig Stunden am Tag pulsiert. Ob Tempel oder Party, ob Food oder Fashion, ob alte Kultur oder Moderne, jeder lebt und liebt hier wen, was und wie er möchte. Bangkok – komplett verrückt und vollkommen normal zugleich.

Vor drei Jahren, mit achtzehn, habe ich allein einen Monat lang ganz Thailand bereist. Schon damals habe ich mich sofort in das Land und alles, was es zu bieten hat, verliebt. Das Essen, die Menschen (nicht umsonst wird Thailand auch »Land of smiles« genannt), die wunderschönen Strände – Thailand ist das Traumland für Reisebegeisterte, Abenteuerlustige und kulinarisch Interessierte. Als ich damals in Bangkok ankam, war ich zuerst einmal etwas überfordert. Was für eine riesige, chaotische Stadt! Doch dieses Gefühl verschwand schnell, sobald ich etwas Orientierung gewonnen hatte und realisierte, dass es eigentlich keine Verkehrsregeln gibt und man so im Tuk-Tuk oder Motorrad-Taxi auch keine Angst zu haben braucht, gleich mit einer Geschwindigkeit jenseits von vorstellbar und erlaubt irgendwo hineinzuknallen.

Nachdem ich mich durch die unzähligen Streetfood-Stände gegessen hatte – dies zu Preisen, für die man hierzulande nicht einmal einen einfachen Salat bekommt –, war ich mehr als zufrieden und rundum glücklich. Auf den Straßen brutzelt und brodelt es wie kaum in einer anderen Stadt. Alles ist frisch zubereitet und geschmacklich einfach himmlisch.

Daher konnte ich es also kaum erwarten, nach Bangkok zurückzukehren, neue Orte zu entdecken, die Streetfood-Stände wieder aufzusuchen, die mich vor drei Jahren so begeistert hatten, und mich aufs Neue in diese Geschmackstraumwelt zu begeben. Wer da ebenfalls hin will, ist herzlich dazu eingeladen, in das organisierte Chaos voller kulinarischer Köstlichkeiten abzutauchen und durch die von Bangkok und meiner letzten Thailandreise inspirierten Kreationen den Geschmack und die Aromen Südostasiens in seine Küche zu zaubern. Bangkok, here we come!

Nähe Wat Arun, Bangkok

Cremiges Black-Rice-Porridge mit heißen Blaubeeren und gerösteten Kokoschips

Was man mit Reis sonst noch machen kann!

In Thailand gib es keine festen Zeiten für Frühstück, Mittag- und Abendessen. Die Menschen essen, wann immer sie Hunger haben und so lange, bis sie satt sind, nicht mehr und nicht weniger. Reis gehört zu praktisch jeder Mahlzeit. Nachdem ich spätabends in Bangkok gelandet war, weckte mich am nächsten Morgen der Duft von frisch gekochtem Reis. Den morgendlichen Durst löschte ich mit dem Wasser einer frischen Kokosnuss, und schon war ein neues Frühstücksrezept geboren: ein leckeres, cremiges Reis-Porridge, anstelle des in Thailand üblichen weißen mit schwarzem Reis zubereitet; dazu heiße Blaubeeren als kulinarisches Sinnbild der warmen und intensiven Stimmung, ergänzt durch den morgendlichen Durstlöscher Kokosnuss. Schwarzer Reis ist erdiger im Geschmack, hält lange satt und schmeckt in der süß-fruchtigen Frühstücksvariante einfach traumhaft. Ein würdiger Einstieg in die magische Geschmackswelt Bangkoks!

FÜR 2 PORTIONEN // GF / LF / RZF / V / VGN

PORRIDGE
140 g schwarzer Reis
350 ml Wasser
½ TL Himalajasalz
250 ml Kokosmilch
3–5 TL Kokosblütenzucker
1 TL Vanillepaste

BLAUBEEREN
200 g Blaubeeren, gefroren
2 EL Wasser
2–3 TL Kokosblütenzucker
¼ TL Zimt, gemahlen
½ TL Vanillepaste

50 g Blaubeeren, gefroren, leicht angetaut
2 Handvoll Kokoschips, ungesüßt

1 Den Ofen auf 160 Grad Umluft vorheizen. Je nach Dicke die Kokoschips 7–10 Minuten goldbraun rösten, aus dem Ofen nehmen und auskühlen lassen.
2 Den Reis gut waschen, in einen weiten Topf geben, Wasser und Salz hinzufügen, aufkochen, dann auf mittlerer Stufe zugedeckt 35 Minuten garen.
3 Die Blaubeeren zusammen mit allen weiteren Zutaten in einem Topf aufkochen, die Hitze stark reduzieren und 5–7 Minuten sanft köcheln lassen. Auf tiefer Stufe warm halten.
4 Für den Reis die Kokosmilch mit Kokosblütenzucker und Vanillepaste vermischen, vier Fünftel davon zum gekochten Reis geben, noch einmal aufkochen und auf mittlerer Stufe 2–3 Minuten köcheln lassen (je nach gewünschter Konsistenz etwas länger kochen lassen). Gut umrühren und in Schalen füllen.
5 Mit den zusätzlichen Blaubeeren und den gerösteten Kokoschips garnieren, die restliche Kokosmilch darüberträufeln und sofort servieren.

Tipps

- *Schwarzen Reis immer in der zweieinhalbfachen Menge Wasser kochen.*
- *Den schwarzen Reis in größerer Menge zubereiten. Die nicht verwendete Menge gekochten Reis mit kaltem Wasser abschrecken, in einem verschließbaren Gefäß im Kühlschrank bis zu 4 Tage aufbewahren und für andere Gerichte verwenden (z. B. Rezept Seite 84 oder 280).*
- *Man kann das Porridge auch mit frischen Blaubeeren garnieren; die eiskalten Beeren auf dem warmen Porridge verleihen jedoch eine besondere Frische und einen schönen Kontrast.*
- *Als Topping eignen sich auch Bananenscheiben, mit etwas Honig oder Ahornsirup beträufelt.*

Ratchawat Market, Bangkok

DIE STREETFOOD-STADT SCHLECHTHIN

Ob morgens um sechs, nachmittags um drei oder mitten in der Nacht – Bangkok is(s)t Streetfood, und Streetfood ist Bangkok. Am besten stürzt man sich mit leerem Bauch in die Straßen der Millionenstadt, ganz egal wo, probiert so viel wie möglich und lernt neue Geschmacksnoten und Kombinationen kennen. Wer in Bangkok Streetfood auslässt, verpasst etwas!

Was mich in Thailand am meisten überrascht hat? Zum einen, wie unvergleichlich viel besser die typischen Gerichte, die es weltweit in alle Thai-Restaurants geschafft haben (z. B. Thai-Curry) in Thailand selbst schmecken (mehr dazu auf der nächsten Seite). Dann wiederum überzeugten mich Gerichte, die ich noch nie zuvor gesehen oder probiert hatte wie zum Beispiel die Suppe, die die Dame auf dem Bild links zubereitet hat; ich weiß nicht genau, was drin war, aber es war verdammt lecker!

Die ganze Atmosphäre – egal zu welcher Tageszeit auf kleinen Plastikstühlen zwischen unzähligen anderen Menschen, Thais und Touristen, bei über 30 Grad, mit dem Zauberduft guten Essens in der Luft – spielt natürlich eine große Rolle und lässt die Gerichte noch eine Spur geschmacksintensiver und raffinierter wirken.

Einmal umblättern, sich in diese Stimmung versetzen, die Kochlöffel tanzen lassen – und das gewisse Etwas ist garantiert!

Zitronengras-Ingwer-Curry mit Kokos-Tofu, schwarzem Reis, Wasserspinat und Brokkoli

Frisch, geschmacksintensiv, einfach und schnell zuzubereiten – dieses Curry begeistert.

Wir alle kennen und lieben sie, doch nur in Thailand schmecken Thai-Currys wirklich erstklassig und authentisch. Ganz egal ob grün, rot oder gelb, es ist die frisch gemachte Currypaste, die Kokosmilch aus frisch geriebenen und gepressten Kokosnüssen, die ein paar Tage zuvor noch an den Palmen hingen, die vielen Gemüse und Kräuter, der duftende Reis direkt aus den Reisfeldern Thailands, die diese Currys so besonders gut machen. Ich habe daher gar nicht erst versucht, ein typisches Curry nachzumachen, sondern meine eigene Version kreiert. Die Kombination von Zitronengras, Ingwer und Thai-Basilikum mit cremiger Kokosmilch, dazu Wasserspinat mit extra viel Knoblauch (wird in Thailand oft als Beilage gegessen) und schwarzer Reis, der nicht nur lange sättigt und Energie liefert, sondern auch eine etwas erdigere Note mitbringt, und nicht zuletzt die gebratenen Tofuwürfel in einer Marinade, die auch Nicht-Vegetarier sofort überzeugen. Dieses Rezept lässt die Sehnsucht nach klassischem Thai-Curry für eine Weile vergessen.

FÜR 2 PORTIONEN // GF/ LF / RZF/ V / VGN

REIS
120–160 g schwarzer Reis
(oder Vollkornreis, Quinoa usw.)

TOFU
300 g Tofu, natur
1–2 TL Sesamöl
2–3 TL Honig oder Ahornsirup
2–3 TL Tamari oder Sojasauce, salzarm
1 EL Kokosflocken

CURRY
4 Stängel Zitronengras
1 daumengroßes Stück Ingwer
4 kleine Thai-Schalotten (oder 2 normale)
2 TL Kokosöl
2 TL gelbe Currypaste
400 ml Kokosmilch
2 TL Tamarindenpaste
3 TL Kokosblütenzucker

1 Brokkoli (ca. 300–400 g)
1 Bund Thai-Basilikum, nach Wunsch
frischer Koriander
100 ml Kokosmilch
2 TL Zitronensaft

WASSERSPINAT
2–3 TL Kokosöl
2 Knoblauchzehen
200 g Wasserspinat
Himalajasalz, Pfeffer aus der Mühle
150 ml Wasser

1 Den Reis in kochendem gesalzenem Wasser 40 Minuten (oder nach Packungsanleitung) garen.

2 Den Tofu in etwa 1 ½ cm große Würfel schneiden. Alle weiteren Marinadezutaten in einer Schale verrühren, die Tofuwürfel dazugeben, sorgfältig mischen und 10 Minuten marinieren.

3 Die Zitronengrasstängel mit dem Mörserstößel etwas weich klopfen, halbieren. Den Ingwer schälen und in etwa ½ cm dicke Scheiben schneiden. Die Schalotten schälen und vierteln (normale Schalotten in 8–12 Stücke schneiden).

4 Das Kokosöl in einer Pfanne erhitzen, Zitronengras, Ingwer, Schalotten und Currypaste darin auf mittlerer bis hoher Stufe unter ständigem Rühren 3–4 Minuten anbraten (nicht zu lang braten, die Currypaste kann schnell verbrennen). Mit der Kokosmilch ablöschen, Tamarindenpaste und Kokosblütenzucker dazugeben, einmal aufkochen und dann bei geringer Hitze etwa 15 Minuten köcheln lassen.

5 Den Tofu in einer separaten Bratpfanne auf mittlerer Stufe auf allen Seiten goldbraun braten (nicht zu heiß, der Honig brennt schnell an).

6 Für den Wasserspinat das Kokosöl in einer Pfanne erhitzen, den Knoblauch fein hacken und im Öl 2 Minuten anbraten, den Wasserspinat dazugeben, mit Salz und Pfeffer würzen, das Wasser dazugeben und auf tiefer bis mittlerer Hitze weitere 2–3 Minuten köcheln lassen. Der Wasserspinat sollte noch etwas Biss haben. Von der Herdplatte nehmen, überschüssiges Wasser abgießen und nach Bedarf nachwürzen.

7 Den Brokkoli in kleine Röschen zerteilen, zusammen mit der Hälfte des Thai-Basilikums, der zusätzlichen Kokosmilch und dem Zitronensaft 3–5 Minuten im Curry mitkochen (der Brokkoli sollte noch Biss haben).

8 Das Curry in Schalen verteilen, Reis, Tofuwürfel und Wasserspinat dazugeben, mit frischen Kräutern (Thai-Basilikum, Koriander) garnieren.

Tipp

Wasserspinat, Thai-Schalotten, Currypaste und Tofu guter Qualität sind in Asialäden erhältlich. Anstelle von Wasserspinat ersatzweise gewöhnlichen Blattspinat verwenden.

Auf einem lokalen Markt außerhalb Bangkoks

DURCH ZUFALL ZU EINEM LECKEREN GLÜCKSFALL

Was sich auf diesem Bild abgespielt hat, war sozusagen der Traum eines in Gedanken erdachten Traumes, oder ganz einfach gesagt: eine der coolsten Erfahrungen überhaupt! In Bangkok kann man sich auf den unzähligen Märkten in der ganzen Stadt kaum sattsehen und sattessen. Auf diesen Markt führte mich der Zufall. Eigentlich wollte ich in eine ganz andere Gegend der Stadt auf einen riesigen bekannten Markt. Doch der Motorrad-taxi-Fahrer hatte mich falsch verstanden und fuhr mich auf einen kleinen lokalen Markt am anderen Ende der Stadt. Schlussendlich war ich mehr als froh darüber, denn erstens war da kein einziger Tourist, zweitens waren die Preise nochmals um einiges tiefer als dort, wo Touristen verkehren, und drittens waren die Menschen äußerst freundlich und luden mich sofort an ihren Tisch mitten auf dem Gehweg. Es gab nur ein Gericht: gebratene Nudeln (geschmacklich ähnlich wie Pad Thai), und dazu konnte man sich mit all den Kräutern und dem Gemüse auf dem Tisch jede Gabel ganz nach Geschmack zusammenstellen. Die Leute kamen und gingen, unterhielten sich miteinander oder aßen einfach für sich, ob jung oder alt, manche direkt aus dem Büro für ein kurzes Mittagessen.

Ich verbrachte dort etwa eine Stunde, aß eine große Portion Nudeln und dazu gefühlte fünf Kilo Kräuter und Gemüse mit extra viel scharfer Sauce. Obwohl ich schon mehr als satt war, gönnte ich mir zum Abschluss ein Kokoseis, schlenderte durch die Straßen und überlegte mir ein eigenes Rezept, inspiriert von diesem tollen Erlebnis. Was dabei herausgekommen ist? Bitte einmal umblättern, gleich selbst ausprobieren, Freunde einladen und gemeinsam genießen wie die Thais!

Karotten-Nudel-Erdnuss-Pad-Thai – so gut, so frisch, so leicht!

Pad Thai mal anders und so gut, dass man gleich mehrere Portionen davon essen könnte.

Pad Thai ist eines der bekanntesten und beliebtesten Thaigerichte überhaupt. Bei Pad Thai ist die Ausgewogenheit der Komponenten entscheidend: vom Salzigen der Fischsauce über die Schärfe der Chilis, die Säure der Limetten, die Süße des Kokosblütenzuckers bis zu den knusprig gerösteten Erdnüssen. Die Sauce kann zusammen mit der üblicherweise großen Portion Nudeln leicht zu einer wahren Kalorienbombe werden. Für eine etwas leichtere Version habe ich mich vom Erlebnis der üppigen Gemüsetafel auf der vorangehenden Seite inspirieren lassen, und so wurden aus Reisnudeln Karottennudeln. Die Karotten liefern eine natürliche Süße und harmonieren unglaublich gut mit der Sauce. An alle Pad-Thai-Fans: Dieses Karotten-Pad-Thai kann man mit bestem Gewissen so oft genießen, wie man will. Unbedingt ausprobieren!

FÜR 2 PORTIONEN // GF / LF / RZF / V / *VGN

GEMÜSE
500–600 g Karotten
50–60 g Frühlingszwiebeln, grüner Teil
250 g Mungobohnensprossen
1 Bund Koriander
1 Bund Thai-Basilikum

SAUCE
1 EL Fischsauce
1 EL Tamari (oder salzarme Sojasauce)
4–5 TL Kokosblütenzucker
1 EL Erdnussmus, geröstet, ungesüßt
2–3 TL Limettensaft
1 EL Tamarindenpaste
2 TL Sriracha (ersatzweise etwas Chiliflocken oder Thai-Chilipaste)

TOFU UND NÜSSE
2 Knoblauchzehen
1 rote Zwiebel
250 g Tofu
50 g Erdnüsse, geröstet
25 g Kokoschips, ungesüßt, geröstet
2–3 TL Kokosöl

Limettensaft zum Beträufeln
2 Limettenscheiben oder -schnitze

1 Die Karotten schälen, die Enden abschneiden, mit einem Spiralschneider in dünne lange Nudeln (oder mit Julienne-Schneider in lange Streifen) schneiden. Das Grün der Frühlingszwiebeln schräg in 1–1 ½ cm breite Streifen schneiden. Drei Viertel der Frühlingszwiebeln, der Bohnensprossen, des Korianders und Thai-Basilikums bereitstellen; den Rest für das Topping aufbewahren.
2 Für die Sauce sämtliche Zutaten gut vermischen.
3 Den Knoblauch fein hacken, die Zwiebel in feine Streifen schneiden, den Tofu in 1 cm große Würfel schneiden.
4 Falls keine bereits gerösteten Erdnüsse und Kokoschips verfügbar sind, diese zuerst im Mörser oder Blitzhacker (Cutter) grob hacken und in einer Bratpfanne auf mittlerer Stufe unter Rühren goldbraun rösten. Gemüse, Tofu und Sauce neben dem Herd bereitstellen, da es nun schnell gehen muss.
5 Das Kokosöl in einer großen Pfanne erhitzen, Knoblauch und Zwiebel kurz anbraten, den Tofu dazugeben, goldbraun braten. 4 Esslöffel Sauce dazugeben und 5 Minuten weiterbraten. Die Karotten und den Rest der Sauce dazugeben, gut vermischen und braten, bis die Karotten gar sind, aber noch Biss haben. Nun die Hälfte der Erdnüsse, Gemüse und Kräuter (Mungobohnen, Frühlingszwiebeln, Koriander, Thai-Basilikum) dazugeben und 1 Minute braten, bis Mungobohnen und Frühlingszwiebeln etwas weicher sind.
6 Auf die Teller verteilen, mit etwas Limettensaft beträufeln und die für das Topping beiseitegestellten Bohnensprossen, Frühlingszwiebeln, Kräuter und Nüsse darübergeben. Limettenscheiben oder -schnitze dazulegen. Für mehr Schärfe (bei mir ein Muss!) Sriracha darüberträufeln oder mit Chiliflocken bestreuen.

Tipps

- *Anstelle der Karotten halb Karotten, halb Zucchini verwenden. Die Zucchini ebenfalls mit dem Spiralschneider schneiden, jedoch erst mit dem Gemüse ganz zum Schluss dazugeben und nur kurz mitbraten, bis Kräuter und Bohnensprossen etwas weicher sind (sonst werden sie zu wässrig und verlieren ihren Biss ganz).*
- *Für die *vegane Variante anstelle von Fischsauce Tamari oder Sojasauce verwenden.*

Frischer Pomelosalat mit knusprig gerösteten Cashews und unwiderstehlicher Sauce

Ein leichter Salat mit einer guten Prise Dschungel-Feeling und vielen frischen Geschmacksnoten.

Auf meiner ersten Thailandreise war ich drei Tage auf einem Flussboot unterwegs, mitten im Dschungel, umgeben von zwitschernden Vögeln und wahrscheinlich einer Million anderer Tierarten. Die lokale Bevölkerung hat atemberaubende Gerichte gezaubert, die ganz einfach, aber doch äußerst raffiniert waren. Darunter ein erfrischender Pomelosalat mit Pomelos direkt vom Baum. Ich weiß zwar nicht genau, was in der Sauce war, habe den Geschmack aber heute noch auf der Zunge. So einfach, so lecker und vom ersten Bissen an zum Verlieben! Pomelos sind je nach Saison auch hierzulande erhältlich; die Wahl einer qualitativ guten, optimal reifen Frucht ist für dieses Rezept entscheidend (siehe unten). In Thailand sind die Pomelos extrem süß, saftig und nur leicht bitter. Am besten hält man nach Honig-Pomelos Ausschau. (PS: Die Sauce ist gefährlich und sollte bis zur Verwendung außer Reichweite gestellt werden, sonst ist bis zum Essen nichts mehr davon übrig!)

FÜR 2 PORTIONEN // GF/ LF/ RZF/ V / *VGN

CASHEWS
60–80 g Cashews
2–3 TL Ahornsirup, Honig oder Reissirup
½ TL Tamari (oder salzarme Sojasauce)

SALAT
1 große Honig-Pomelo (ca. 400 g Fruchtfleisch)
1 Bund asiatische Frühlingszwiebeln (oder normale), grüner Teil
1 Bund vietnamesische oder normale Minze (siehe auch Seite 234)
1 Bund Koriander
4 Kaffirlimettenblätter (ersatzweise Zitronenmelisse)
1 Stängel Zitronengras

SAUCE
1 EL Erdnussmus
2–3 TL Limettensaft
1 TL Tamarindenpaste
1 TL Fischsauce
4 TL Kokosblütenzucker (oder Ahornsirup oder Honig)
1 TL Chiliflocken
3 EL Wasser

1 Den Ofen auf 180 Grad Umluft vorheizen. Die Cashews grob hacken, mit Ahornsirup und Tamari vermischen, auf ein Backblech geben und im Ofen 10–12 Minuten goldbraun rösten, herausnehmen, abkühlen und knusprig werden lassen.

2 Die Pomelo schälen, die bittere weiße Haut entfernen (siehe Youtube-Videos), das Fruchtfleisch in kleinere Streifen reißen (kleiner als auf dem Bild) und in eine große Schale geben.

3 Den grünen Teil der Frühlingszwiebeln schräg in feine Scheiben schneiden, Minze und Koriander grob schneiden, alles in die Schüssel zum Pomelo-Fruchtfleisch geben.

4 Den Stiel der Kaffirlimettenblätter entfernen, die Blätter eng einrollen und in so feine Streifen wie möglich schneiden. Das Zitronengras mit einem scharfen Messer ebenfalls so fein wie möglich schneiden, beides in die Schüssel geben.

5 Für die Sauce alle Zutaten glatt rühren, je nach Konsistenz des Erdnussmuses etwas mehr oder weniger Wasser dazugeben.

6 Die Sauce über den Salat träufeln und alles gut vermischen.

7 Sofort servieren oder noch besser, damit sich die Aromen voll entfalten können, 30 Minuten im Kühlschrank ziehen lassen.

Wie erkennt man, ob eine Pomelo reif und süß ist?

- *Die grüngelbliche Schale muss eher matt und schrumpelig sein.*
- *Die Frucht sollte sich schwer und prall anfühlen, so als würde das Fruchtfleisch eng an der Schale anliegen. Dann enthält sie viel Saft und ist süßer.*
- *Unten sollte sich die Frucht leicht nach innen wölben (Tipp von dem Herrn, der auf dem Flussboot gekocht hat).*

Tipps

- *Für die *vegane Variante die Fischsauce durch Tamari oder Sojasauce ersetzen.*
- *Dazu passen auch gebratene Riesengarnelen oder ein Lachsfilet. Diese mit der Salatsauce bestreichen und in einer Pfanne in wenig Kokosöl anbraten.*
- *Asiatische Frühlingszwiebeln, vietnamesische (Cockscomb-)Minze und Kaffirlimettenblätter findet man in Asialäden.*

Chinatown, Bangkok

IN CHINATOWN

mit Mr. Jon

Ist es nicht wunderbar, auf Reisen Menschen zu treffen, am besten Einheimische, sich mit ihnen auszutauschen und von ihnen mehr über das Land, die Kulinarik und die jeweils angesagtesten Orte zu erfahren? Dieses Glück hatte ich, als ich – wie so oft völlig in Gedanken – durch Bangkoks Chinatown schlenderte. Ein älterer Mann um die siebzig kam auf mich zu und fragte mich höflich, ob ich etwas suche. »Den Ort mit dem besten Essen«, gab ich ihm mit einem breiten Lächeln zur Antwort. Er stellte sich als Mr. Jon vor, er sei gleich um die Ecke aufgewachsen und wisse genau, wo man hier am besten esse. Er zeige es mir gerne und würde sich freuen, mich zum Essen einzuladen. Ich war erst etwas skeptisch, doch als wir keine zehn Minuten später inmitten des Gewühls von Menschen auf kleinen Plastikstühlen saßen, wusste ich, Mr. Jon liebt sein Land, das Essen und möchte allen Menschen auf der ganzen Welt davon erzählen und sie daran teilhaben lassen. Nach weiteren zehn Minuten war unser Tisch mehr als voll gedeckt und bog sich unter frisch gebratenen Crevetten vom Grill keine zwei Meter hinter uns, einer noch im Topf brodelnden Tom Yam Gung (meine Version davon auf der nächsten Seite), einem grünen Mango- und einem scharfen Papayasalat, zwei intensiv grünen Gemüsegerichten, die nach herrlich viel Knoblauch rochen, einem Teller voller Schnecken, einer riesigen Schüssel mit Reis und einem überdimensional großen Nudelgericht. Dazu noch eine frische Kokosnuss und zwei Literflaschen thailändisches »Chang«-Bier.

Wir aßen und lachten, und Mr. Jon sprudelte über vor Geschichten über Thailand und sein Leben. Ich weiß nicht, ob das Bier einen Einfluss auf seinen Redefluss oder das Essen einen Einfluss auf mein Gehör hatte, aber irgendwann verstand ich nur noch jedes dritte Wort, der Rest ging in Lachen unter. Doch so konnte ich, ohne groß zu reden, einfach essen und genießen. Als alle Teller leer gegessen waren, schaute Mr. Jon auf die Uhr, sprang auf und erklärte, er müsse nach Hause, seine Frau habe für ihn gekocht und er dürfe nicht zu spät kommen. Ich musste schmunzeln, bedankte mich bei ihm für die tolle Erfahrung und das leckere Essen, wünschte ihm alles Gute und in diesem Fall nochmals einen guten Appetit. »Mr. Jon, you're one of a kind!«

PS: Wer in Bangkok durch Chinatown schlendert, immer gut Ausschau halten nach Mr. Jon; er weiß wirklich, wo man am besten isst, und zeigt es jedem liebend gern. Und nicht vergessen, ihm Grüße auszurichten!

Meine Lieblings Tom-Yum-Suppe in vier Varianten

Die thailändische Suppe, die auch nach dem 444sten Mal noch genau so lecker schmeckt.

Wer mag's gerne scharf? In Thailand kann man das Feuer im Mund tanzen lassen wie kaum sonst wo. Am besten setzt man sich in den kleinen Gassen dahin, wo nur die Thailänder essen, bestellt, worauf man Lust hat, und sagt dazu: »Thai spicy!« Die erste Reaktion sind dann Staunen und große Augen: »Oh, you like spicy?!« Dann bleibt einem nur noch, routiniert zu nicken und sich auf richtig viel Feuer im Gaumen zu freuen. (Gerichte für Touristen werden in Thailand nämlich häufig weniger scharf als normal gekocht.) Eine Suppe, die ich in Thailand praktisch jeden Tag bestellt habe, ist Tom Yum Gung. Mal mit Crevetten, mal mit Tofu, mal mit Reis, mal mit Reisnudeln dazu. Je nach gewünschter Schärfe und je nach Hunger schlage ich vier verschiedene Versionen meiner Art von »Tom Yum« vor. Die Mise en place ist bei diesem Gericht das A und O. Also zuerst alles schnippeln und bereitstellen, dann steht diese Suppe in nur 20 Minuten auf dem Tisch und entführt einen direkt nach Thailand.

FÜR 2–3 PORTIONEN // GF/ LF/ RZF / *V / **VGN

SUPPE
2 Stängel Zitronengras
1 daumengroßes Stück Galgant
2–4 rote Chilischoten
800 ml Wasser
1 gehäufter TL Gemüsebrühepulver
1½ EL Limettensaft
1½ EL Fischsauce
1½ EL Kokosblütenzucker oder Palmzucker
1 EL Tamarindenpaste
2–3 TL Sriracha-Sauce (scharfe Chilipaste)

2–3 TL Kokosöl
6–8 Kaffirlimettenblätter
250 g Black-Tiger-Garnelen, geschält
1 EL rote Thai-Chilipaste

GEMÜSE
6–8 Thai-Schalotten (oder 3–4 normale)
180–200 g Austernpilze
4 mittelgroße Tomaten
1½–2 Bund Koriander
1 Bund Thai-Basilikum

Nach Wunsch:
- pro Person 60–80 g Shirataki-Nudeln oder braune Reisnudeln, gekocht, kalt abgespült
- ca. 200 ml Kokosmilch
- 1 Limette
- Chilischoten für mehr Schärfe

1 Den Zitronengrasstängel halbieren, und etwas zerdrücken. Den Galgant in 2–3 mm dicke Scheiben schneiden. Die Chilischoten leicht zerdrücken.
2 Das Wasser mit dem Gemüsebrühepulver vermischen. In einer Schale Limettensaft, Fischsauce, Zucker, Tamarindenpaste und Sriracha glatt verrühren.
3 Die Schalotten schälen und vierteln. Die Austernpilze waschen, der Länge nach vierteln. Die Tomaten vom Strunk befreien und achteln.
4 Das Kokosöl in einem Topf erhitzen, Zitronengras, Galgant, Chilischoten und Kaffirlimettenblätter auf mittlerer bis hoher Stufe unter ständigem Rühren 2–3 Minuten anbraten, die Garnelen und die Chilipaste dazugeben und etwa 5 Minuten weiterbraten, bis sich die Garnelen orange färben. Mit der Gemüsebrühe ablöschen, 3–4 Minuten aufkochen, dann Limettensaftmischung, Pilze und Schalotten dazugeben und auf mittlerer Hitze 4–5 Minuten köcheln lassen. Die Tomaten, die Hälfte des Korianders und des Thai-Basilikums dazugeben und nochmals 2–3 Minuten kochen, bis die Tomaten etwas weicher sind, aber noch nicht zerfallen.

Man kann die Suppe auf vier verschiedene Arten genießen:
1 SCHARF UND LEICHT als klare Suppe: Die Suppe in Schalen anrichten, mit frischem Koriander, Thai-Basilikum und Limettenschnitzen garnieren.
2 SCHARF UND SÄTTIGEND als klare Suppe mit Nudeln: Die gekochten Nudeln zum Schluss in die heiße Suppe geben und kurz erwärmen.
3 MILDER UND LEICHT mit Kokosmilch: Die Kokosmilch während der letzten Minuten mitkochen, die Suppe in Schalen füllen und garnieren.
4 MILDER UND SÄTTIGEND mit Kokosmilch und Nudeln: Die Kokosmilch während der letzten Minuten mitkochen, die gekochten Nudeln in der Suppe kurz erwärmen, in Schalen füllen, garnieren und sofort servieren.

Tipps
- *Für die *vegetarische Variante die Garnelen durch ca. 200 g Tofu, in etwa 1½ cm große Würfel geschnitten, ersetzen. Für die **vegane Variante zusätzlich Fischsauce durch Tamari oder Sojasauce ersetzen.*
- *Man kann auch zuerst eine kleine Schale Suppe ohne Kokosmilch genießen, dann Kokosmilch dazugeben, nach Bedarf etwas erwärmen und eine zweite Schale der nun etwas milderen, cremigeren Suppe genießen.*

Brekkie Organic Café, Bangkok

SMOOTHIE-BOWLS, ZUCKERSÜSSE FRÜCHTE, MASSAGEN

Und das beste Dessert überhaupt

Nach drei Wochen in Südostasien mit einer für mich völlig ungewohnten Frühstückskultur kam es mir am letzten Tag meiner Reise perfekt gelegen, dass mich Tadita, eine neunzehnjährige Foodbegeisterte aus Bangkok, über Instagram kontaktierte, um mir ihr Lieblings-Frühstückscafé zu empfehlen. Ich schlug vor, mich mit ihr dort zu treffen, und wurde nicht enttäuscht. Bananeneis-Bowl, Açai-Bowl, Chocolate-Smoothie-Bowl – genau so, wie ich es liebe. Immer noch überwältigt von all den Gewürzen und dem scharfen Essen am Vorabend, sagte mir mein Körper: Das ist genau das, was du jetzt brauchst! Satt bis an den Schüsselrand, ließ mich die Lust auf Süßes und Fruchtiges den ganzen Tag nicht mehr los.

Nach einigen Stunden und einigen Kilometern zu Fuß durch die Stadt, saß ich mit einem Beutel voller Mangostanen, Drachenfrüchte, Jackfruit, Rambutan und Longan (Früchte, die man hierzulande kaum kennt und noch seltener bekommt) in einem Massagestuhl und ließ mir die Füße durchkneten. In Thailand reihen sich an den Straßen nicht nur unzählige Streetfood-Stände, sondern mindestens genauso viele Massageanbieter. Und das zu unglaublich tiefen Preisen. Auch die klassische Thaimassage ist durchaus zu empfehlen, allerdings nicht, nachdem man geschätzte fünf Kilogramm Früchte gegessen hat!

Was süß begonnen hatte, süß weiterging, musste auch süß enden. Da kam das im ganzen Land bekannte und beliebte Dessert »Mango Sticky Rice« gerade richtig. Was dahintersteckt und wie meine Kreation auf den Teller kam, ist auf der nächsten Seite zu erfahren. PS: Für den Genuss zu zweit gilt Dessert gegen Fußmassage. Der Deal lohnt sich – für beide!

Bangkok war für mich der perfekte Abschluss meiner Reise – eine Food-Stadt par excellence, der ich hiermit alle Ehre erweise.

Doch bevor die Reise ganz zu Ende geht, steht noch ein letzter und vielleicht sogar der wichtigste Halt bevor. Wieder geht es im Flieger um die halbe Welt, doch nun dahin, wo ich meinen Ursprung habe, wo ich aufgewachsen bin: zurück in die Schweiz, in meine Heimat, das Engadin.

Mango Sticky-Rice – das heiß geliebte Thai-Dessert auf meine Art

Oder wie es die Thailänder nennen: Khao niau mamuang.

Wer schon einmal in Thailand war, hat mit Sicherheit Bekanntschaft mit diesem unwiderstehlichen Dessertklassiker gemacht. Das Rezept ist, so wie es in Thailand gemacht wird, sehr simpel: Es braucht Klebreis (der eine leicht gummiartige Konsistenz hat), dicke Kokosmilch, Zucker, Sesamsamen und Salz. Das Salz, das mitgekocht wird, hebt die Süße des Desserts speziell hervor. Nicht zu sprechen von den süßen Thai-Mangos, die ganz einfach umwerfend schmecken und dem Dessert eine wunderbare fruchtige Süße geben. Für meine Version habe ich ein kleines Umstyling vorgenommen, das seinem Charme aber keinen Abbruch tut. Anstelle von Klebreis verwende ich Vollkornreis und Vollkornreisflocken; die Flocken mildern den etwas festeren Biss und erdigeren Geschmack des Vollkornreises und machen die Konsistenz cremiger. Das Mandelmus macht es zusätzlich weicher und cremiger in Konsistenz und Geschmack. Eine süße Mango bester Qualität rundet das Dessert perfekt ab. Achtung: erhöhtes Suchtgefahr-Potenzial!

FÜR 2–3 PORTIONEN // GF / LF / RZF/ V / VGN

REIS
600 ml Wasser
1 Prise Himalajasalz
100 g Vollkornreis
200–250 ml Kokosmilch
60 ml Reissirup (oder Honig, Ahornsirup oder 3 EL Kokosblütenzucker)
½ TL Himalajasalz
nach Wunsch 1 EL Mandelmus, hell
50 g Vollkornreisflocken

1 EL Kokosflocken
1 EL Sesamsamen
2 Thai-Mangos (oder reife Mangos bester Qualität)
1 Prise Kardamom

nach Wunsch etwas Kokosmilch, mit wenig Kokosblütenzucker oder Süßungsmittel nach Wahl und 1 kleinen Prise Salz angerührt
frische Minze, nach Bedarf

1 Das Wasser in einem weiten Topf aufkochen und salzen. Den Vollkornreis waschen, dazugeben und auf mittlerer Stufe 30 Minuten zugedeckt köcheln lassen.

2 Kokosmilch, Süßungsmittel, Salz (und nach Wunsch Mandelmus) mischen, zusammen mit den Reisflocken zum Reis geben, einmal aufkochen, gut unterrühren und auf mittlerer Stufe weiter köcheln lassen, bis der Reis eine eher dickflüssige Konsistenz hat. Von der Herdplatte nehmen und lauwarm abkühlen und etwas fester werden lassen.

3 Die Kokosflocken mit den Sesamsamen in einer Bratpfanne auf mittlerer Hitze unter ständigem Rühren goldbraun rösten, von der Herdplatte nehmen.

4 Die Mangos schälen, das Fruchtfleisch vom Stein schneiden, in Scheiben oder beliebig große Stücke schneiden. Nach Wunsch etwas leicht gesüßte Kokosmilch auf die Teller geben, den Reis daraufsetzen, die Mangoscheiben dazu anrichten, mit Kokosflocken, Sesam und frischer Minze garnieren. Lauwarm genießen.

Tipps

- *Vollkornreisflocken sind im Bioladen oder Reformhaus erhältlich.*
- *Thai-Mangos findet man teilweise in gut sortierten Supermärkten, in Asialäden und Spezialitätengeschäften.*
- *Das unter den gekochten Reis gerührte Mandelmus sorgt für einen noch cremigeren, leicht nussigen Geschmack.*

Muottas Muragl mit Sicht auf das Oberengadin

SCHWEIZ

Rezepte

Herbstliches Kastanien-Gersten-Porridge
auf warmen Waldbeeren mit Kastanienknusper

Kräuterrösti nach Großmutters Art
mit frischem Blattsalat an Mamas bester Salatsauce

Engadiner Torte mal anders –
mit Walnussboden, Mandelcremefüllung
und Florentiner-Topping

ENGIADINA

Meine Heimat, da wo meine Wurzeln und mein Herz liegen

Wenn man nach langen, intensiven Reisen nach Hause zurückkehrt, weiß man die Heimat und alles, was sie zu bieten hat, wieder viel mehr zu schätzen. Mir jedenfalls ergeht es so. Auch wenn die Schweiz ein kleines Land ist, hat sie so viele atemberaubende Orte und schöne Plätze zu bieten, dass man eigentlich gar nicht verreisen müsste und Wochen damit verbringen könnte, ihre Schönheiten zu entdecken.

Jetzt wohne ich zwar in der charmanten Stadt Zürich, doch aufgewachsen bin ich, umgeben von Bergen, Schnee und unberührter Natur, im paradiesischen Engadin. Man setzt sich in Zürich in den Zug, fährt einige Stunden gemütlich in südöstlicher Richtung durchs Land, durch Tunnels, über Brücken und Berge. Der Blick aus dem Fenster wird immer schöner und schöner, bis man schließlich im kleinen Pontresina, meinem Heimatort mit nur knapp zweitausend Einwohnern, ankommt. Ein Ort, in dem jeder jeden kennt und mit Namen begrüßt, egal wie lange man weg war, wo der Wind wunderbar frisch und das Wasser der Bergquellen so gut wie kaum sonstwo ist, wo man Energie tanken kann und sich von der umgebenden Bergwelt beschützt und darin aufgehoben fühlt. Wo wir als Kinder die Straße vor dem Haus mit Kreide bemalt und so lange draußen gespielt haben, bis es dunkel wurde und die Mama rief: »Das Essen ist bereit.«

Doch nicht nur Pontresina, sondern das ganze Tal, das Engadin, ist bezaubernd. Im Winter, wenn alles weiß verschneit ist, wenn die Seen zugefroren sind, man die Langlaufloipen und Skipisten direkt vor der Haustüre hat, die Sterne sich nachts am Himmel bei klirrender Kälte in voller Pracht zeigen oder im Sommer, wenn die Kites und Ruderboote über die blau glänzenden Seen gleiten und sich die ganze Bergwelt darin spiegelt, die kalten Bergseen perfekte Abkühlung bieten, man die Gipfel erklimmen kann und mit einer atemberaubenden Aussicht belohnt wird. Oder auch im Herbst, wenn die Bäume und Wälder in ein spektakuläres Farbenspiel getaucht sind und die Stimmung mystisch und warm ist. Der Himmel strahlt zu jeder Jahreszeit in einem solch intensiven Blau und betont die Konturen der Berge, dass jeder Blick einem Gemälde gleicht. Ganz egal ob Frühling, Sommer, Herbst oder Winter – das Engadin ist ein wahrer Kraftort, an dem Körper, Geist, Seele und Auge Energie tanken können.

Doch wie sieht es mit dem »Essen tanken« aus? Was ist typisch bei uns, zwischen Berg und Stein? Einmal umblättern bitte und sich gleich mit einem leckeren Frühstück stärken!

Stazersee, Engadin

Herbstliches Kastanien-Gersten-Porridge auf warmen Waldbeeren mit Kastanienknusper

… das genauso gut als »Birchermüesli« zubereitet werden kann.

Ende September beginnt die Marroni-Zeit. An Straßenständen werden nun überall im Land heiße geröstete Kastanien verkauft, ein typischer Schweizer »Streetfood-Snack«, den ich seit Kindertagen liebe. Nicht weit von dort, wo ich aufgewachsen bin, im Bergell, gingen wir mit der Familie selbst Kastanien sammeln. Auch die Gerste hat bei uns Tradition, wie zum Beispiel in der bekannten Bündner Gerstensuppe. Sie ist nussig und leicht erdig im Geschmack. Diese beiden typischen Zutaten wollte ich in einem Frühstück kombinieren. Da das volle Getreidekorn eine ziemlich lange Kochzeit hat, greife ich hier auf Flocken zurück, und zwar sowohl bei der Gerste als auch bei den Kastanien. Auf die Kastanienflocken hat mich der Schweizer Fußball-Nationalmannschafts-Goalie Yann Sommer gebracht, der ebenfalls leidenschaftlich gerne kocht. Er erzählte mir begeistert von seinem morgendlichen Kastanienflocken-Porridge, das nicht nur super schmecke, schnell und einfach zubereitet sei, sondern auch viel Energie liefere. Das musste ich natürlich sofort ausprobieren, und ich war begeistert. Die Kastanienflocken haben eine unwiderstehliche natürliche Süße. So ist die Idee zu diesem Rezept entstanden. Im Sommer bereitet man es einfach als Birchermüesli zu, ebenfalls ein großer Schweizer Klassiker.

FÜR 2–3 PORTIONEN // *GF / LF / RZF / V / VGN

CRUNCH (OPTIONAL)
40 g Haselnüsse oder Mandeln
20 g Kastanienflocken
¼ TL Himalajasalz
1 EL Ahornsirup oder Waldhonig

PORRIDGE
80 g Kastanienflocken
80 g Gerstenflocken, grobflockig
400 ml Hafer- oder Mandelmilch
1½ EL Mandelmus, dunkel
1-2 EL Ahornsirup oder Blütenhonig
1 Prise Himalajasalz
½ TL Zimt
150-200 ml Mandelmilch zusätzlich

BEEREN
200 g Heidelbeeren, gefroren
1 EL Wasser
2-3 TL Ahornsirup
ca. 150-200 g Heidelbeeren, frisch

Rosmarin zum Garnieren, nach Belieben

1 Den Ofen auf 170 Grad Umluft vorheizen. Für den Crunch die Haselnüsse oder Mandeln klein hacken, mit Kastanienflocken, Salz und Ahornsirup vermischen, auf einem mit Backpapier belegten Blech verteilen und im Ofen 10 Minuten goldbraun backen. Herausnehmen, vollständig auskühlen lassen.
2 Für das Porridge alle Zutaten außer der zusätzlichen zweiten Portion Mandelmilch in einen Topf geben, gut vermischen, einmal aufkochen, dann auf mittlerer Hitze 5–6 Minuten köcheln lassen, dabei ab und zu umrühren.
3 Die gefrorenen Heidelbeeren mit Wasser und Ahornsirup in einem zweiten Topf auf mittlerer Stufe erhitzen.
4 Die 150-200 ml Mandelmilch zum Porridge geben, von der Herdplatte nehmen und gut rühren, bis das Porridge schön cremig ist.
5 Die heißen Heidelbeeren in Schalen oder Gläser verteilen, das Porridge daraufgeben, mit dem Crunch und mit frischen Heidelbeeren bestreuen. Nach Bedarf wenig Honig darüberträufeln.

BIRCHERMÜESLI-VARIANTE
Bis einschließlich Punkt 4 gleich zubereiten wie oben beschrieben und in eine Schale geben. Die gekochten Blaubeeren sowie die Hälfte bis Dreiviertel des Crunchs daruntermischen. Für einen intensiveren Geschmack gebe ich gerne noch etwas mehr dunkles Mandelmus und wenig Honig dazu. Entweder mindestes 2 Stunden oder am besten zugedeckt über Nacht kühl stellen und als einfaches Frühstück (auch zum Mitnehmen) mit frischen Blaubeeren und etwas Crunch als Topping genießen.

Tipps
- *Der Crunch eignet sich auch für andere Frühstücksrezepte als Topping. Man kann das Porridge auch einfach mit gerösteten Nüssen bestreuen.*
- *Kastanienflocken und Gerstenflocken findet man im Bioladen oder Reformhaus. Anstelle von Gerstenflocken kann man auch grobe Haferflocken verwenden. Für die *glutenfreie Variante glutenfreie Haferflocken bzw. Quinoa- oder Vollreisflocken verwenden.*

DIE NATUR – MEINE INSPIRATIONSQUELLE NR. 1

Wie meine Rezepte entstehen

Wenn ich gefragt werde, wie ich auf meine Rezeptideen und die verschiedenen Kombinationen komme, sage ich immer: Ich denke in Farben und Bildern, und die Natur ist das, was mich am meisten inspiriert. Wenn man in den Bergen aufwächst, verbringt man automatisch viel Zeit draußen. Sei es beim Joggen oder Wandern, beim Langlaufen, beim Biken in den grünen Wäldern, beim Schwimmen in erfrischenden Bergseen oder einfach nur beim genussvollen Verweilen auf einer Wildblumenwiese. In der Natur werde ich von den Farben, Gerüchen und Formen der Landschaft, der Pflanzen und Wälder inspiriert wie kaum sonstwo. Sie bringt meine Kreativität und den Sinn für Geschmacks- und Farbkombinationen, Formen und Texturen richtig in Schwung und verleitet mich, jeden Tag etwas Neues auszuprobieren.

Schon bevor ich es gekocht habe, sehe ich das Gericht vor meinem inneren Auge, habe seinen Geschmack im Gaumen. Erblicke ich beispielsweise Walderdbeeren am dicht bewachsenen, in allerlei Grüntönen strahlenden Waldrand, wird daraus ein bunter Blatt- und Kräutersalat mit gebackenen Erdbeeren im Mandelmantel. Wieso Mandelmantel? Er symbolisiert den Schutz, den der dichte Wald den Erdbeeren gibt. Nun fehlt aber noch eine Farbe im Gericht. In dem Moment fällt der Blick auf eine violett blühende Blume auf der Wiese. Diese Farbe würde gut auf den Salat passen. Was gibt es für Zutaten in dieser Farbe? Radicchio Rosso? Oder Feigen? Wie wäre es mit einem Feigendressing zum Salat? Und weil gerade eine Biene vorbeifliegt, wird es eben ein Feigen-Honig-Dressing. Schon ist ein neues Gericht entstanden. Die Möglichkeiten sind unendlich, man kann sich alles denken, es gibt keine Grenzen –, und genau das ist das Tolle daran.

Wer also einen Inspirationsschub braucht, ganz egal ob in der Küche oder für seine künstlerische Tätigkeit, einfach nach draußen gehen und die Natur, ihre Schönheit und das, was sie zu bieten hat, mit allen Sinnen aufnehmen. Seinen Gedanken freien Lauf lassen, alle Regeln einmal kurz vergessen, offen sein und die Eindrücke verschmelzen lassen. So entsteht garantiert etwas Kreatives, Eigenes, Authentisches.

Einer meiner Lieblingsorte überhaupt, da, wo ich schon als zehnjähriges Mädchen Inspirationen für neue Gerichte gesammelt habe, ist der Lej da Staz (Bild links). Ein Ort, der mich jedes Mal aufs Neue in eine Traumwelt versinken, mich alles um mich herum vergessen lässt und wo ich immer wieder Kraft tanken kann wie sonst nirgendwo. Unendlich viele unvergessliche Kindheitserinnerungen (und eiskalte Abkühlungen) sind mit diesem Ort verbunden. Ebenfalls auf Kindheitserinnerungen beruht das folgende Rezept, mit dem man in Gedanken in die Engadiner Bergwelt und bis nach Appenzell, den Heimatort meiner Mutter, entschwebt.

Kräuterrösti nach Großmutters Art mit frischem Blattsalat an Mamas bester Salatsauce

Das lässt Kindheitserinnerungen aufsteigen.

Rösti ist wohl eines der bekanntesten Schweizer Gerichte. Eigentlich gibt es nichts Einfacheres: Man raspelt Kartoffeln und brät sie in der Pfanne an, meist in viel Butter oder Öl, formt dann die Masse zu einem flachen Kuchen, den man in der Pfanne beidseitig goldbraun brät. Für mich die allerbeste Rösti war die meiner Großmutter. Sie schmeckte einfach unbeschreiblich gut. Sie hat die Rösti nicht zu dem typischen kompakten Kuchen geformt, sondern eher eine lockere Rösti gemacht, die leicht zerfällt. Das hat mir damals gezeigt, dass es eigentlich keine Regeln gibt. Ob die Rösti nun rund ist oder nicht, Hauptsache, sie schmeckt, und das tat sie allemal! Meine Version enthält zusätzlich Kräuter und einen Apfel und wird begleitet von einem knackigen Blattsalat und Feigen, die eine wunderbar frische Süße in das Gericht bringen. Die Salatsauce ist die, mit der ich aufgewachsen bin, »Mamas Salatsauce«. Sie ist supereinfach, hat immer alle begeistert und schmeckt unglaublich gut. Dieses Rezept ist also meiner Großmutter und meiner Mutter gewidmet. Beide haben selbst immer frei aus der Hand, nach Lust, Laune und Gefühl gekocht, und ich habe ihnen von klein auf oft dabei zugeschaut. Grosi und Mami, danke, dass ihr mir diese Lockerheit in der Küche mit auf den Weg gegeben habt!

FÜR 2–3 PERSONEN // GF / LF / RZF / V / VGN

RÖSTI
350–400 g Kartoffeln, festkochend
1 mittelgroßer Apfel
1 EL Petersilie, klein gehackt
1 EL Schnittlauch, klein gehackt
1 TL Himalajasalz
Pfeffer aus der Mühle
ca. 2 EL Kokosöl

SALAT
1 Kopfsalat (ca. 400 g)
4–6 frische Feigen

SAUCE
1½ EL weißer Balsamicoessig
2 EL Olivenöl
¾ TL Maggiwürze
2½ TL Akazienhonig
1 gehäufter TL Petersilie, klein gehackt
1 gehäufter TL Schnittlauch, klein gehackt
½ TL Oregano, getrocknet
1 Messerspitze Cayennepfeffer
Himalajasalz, Pfeffer aus der Mühle

DIP
3 EL Kokosjoghurt, ungesüßt
(oder griechischer Joghurt)
Himalajasalz, Pfeffer aus der Mühle
1–2 TL Limettensaft
1 gehäufter TL Petersilie, klein gehackt
1 gehäufter TL Schnittlauch, klein gehackt

1 Die Kopfsalatblätter waschen, trocken schleudern, in mundgerechte Stück reißen und in eine Schüssel geben. Die Feigen vierteln.
2 Alle Zutaten zur Sauce gut vermischen.
3 Alle Zutaten für den Dip ebenfalls gut vermischen, kühl stellen.
4 Die Kartoffeln schälen, grob raspeln, in ein Sieb geben, mit kaltem Wasser abspülen,mit Küchenpapier gut trocken tupfen und in eine große Schale geben. Den Apfel mit der Schale ebenfalls raspeln, mit den Händen den Saft etwas ausdrücken, das Fruchtfleisch zu den Kartoffeln geben.
5 Petersilie und Schnittlauch zu den Kartoffeln geben, alles gut vermischen, mit Salz und Pfeffer würzen.
6 Kokosöl in einer weiten Bratpfanne auf hoher Stufe erhitzen, die Kartoffelmischung dazugeben und 2–3 Minuten unter ständigem Rühren anbraten, dann die Hitze etwas reduzieren und weitere 10–15 Minuten leicht goldbraun braten. Nur ab und an rühren, sodass sich teilweise eine Kruste bilden kann.
7 Den Kopfsalat mit der Salatsauce sorgfältig mischen, auf Tellern anrichten.
8 Die Rösti dazu anrichten. Etwas Dip daraufgeben und mit den Feigenvierteln und nach Wunsch mit frischen Kräutern, Brunnenkresse usw. garnieren.
9 Im ersten Biss sollte möglichst etwas von jeder Komponente enthalten sein, danach ganz nach Lust und Laune die Komponenten kombinieren!

Tipps
- *Für die gut schweizerische Variante zusätzlich 60–80 g geriebenen Appenzellerkäse unter die Kartoffeln mischen.*
- *Die Salatsauce eignet sich für jede Art von Salat. Am besten in doppelter oder dreifacher Menge zubereiten und in einem verschließbaren Glas im Kühlschrank aufbewahren. Vor dem Gebrauch jeweils gut schütteln.*
- *Anstelle von Maggiwürze kann man auch salzarme Sojasauce verwenden. Das ergibt jedoch einen etwas anderen Geschmack.*

Engadiner Torte mal anders – mit Walnussboden, Mandelcremefüllung und Florentiner-Topping

Der perfekte Abschluss, der ausnahmslos alle verführt – und das völlig sündenfrei.

FÜR 1 MITTELGROSSE TORTE (CA. 20 CM DURCHMESSER), ERGIBT 12 STÜCKE // GF / LF / RZF / V / *VGN

BODEN
100 g Mandeln, geschält
100 g Walnüsse
14 Medjool-Datteln, entsteint
1 TL Vanillepaste
½ TL Himalajasalz
1 EL Kokosöl
4 EL Erdmandelmehl oder Kokosmehl

FÜLLUNG
100 g Mandeln, geschält, eingeweicht
100 g Cashews, eingeweicht
200 g Seidentofu
250 ml Hafercreme Cuisine (oder Sojacreme Cuisine)
¼ TL Himalajasalz
2 TL Vanillepaste
4 gehäufte EL heller Schweizer Blütenhonig, fest (ca. 150 g)
4–5 Tropfen Bittermandelaroma, nach Wunsch

TOPPING
1 EL Kokosblütenzucker
2 gehäufte EL heller Schweizer Blütenhonig, fest
1 gehäufter EL Mandelmus oder Cashewmus
3 EL Sojamilch
1 TL Vanillepaste
100 g Mandelblättchen, geröstet
2–3 EL Sojamilch (oder Milch nach Wahl) zusätzlich
wenig Erdmandelmehl oder Kokosmehl zum Bestäuben
frischer Lavendel und/oder Zitronenthymian zum Garnieren

1 Die Mandeln und Cashews für die Füllung mit einer Prise Salz mindestens 2 Stunden mit Wasser bedeckt einweichen.
2 Den Ofen auf 180 Grad vorheizen. Die Mandeln und Walnüsse für den Boden 10–12 Minuten goldbraun rösten. Die Mandelblättchen für das Topping etwa 8 Minuten leicht goldbraun rösten, alle Nüsse auskühlen lassen.
3 Für den Boden die Mandeln und Walnüsse mit den restlichen Zutaten im Blitzhacker (Cutter) zu einer gleichmäßigen, klebrig-körnigen Masse mixen. Eine Springform mit hohem Rand mit Backpapier auslegen, den Rand mit wenig Kokosöl bestreichen. Etwa 2 Esslöffel Nussmasse für das Topping beiseitestellen. Die Hälfte der Masse in die Form geben und mit den Händen gleichmäßig flach drücken.
4 Für die Füllung die eingeweichten Mandeln und Cashews in ein Sieb geben, abspülen, gut abtropfen lassen und mit den restlichen Zutaten in einem leistungsstarken Mixer 5–6 Minuten glatt und cremig mixen. Die Hälfte der Füllung auf den Tortenboden gießen, glatt streichen und mindestens 2 Stunden gefrieren. Den Kuchen aus dem Tiefkühler nehmen, die restliche Nussmasse auf der angefrorenen Creme verteilen, leicht flach drücken, die restliche Creme daraufgeben, glatt streichen und mindestens 4 Stunden oder am besten über Nacht gefrieren.
5 Für das Topping Kokosblütenzucker, Honig, Mandel- oder Cashewmus, Sojamilch und Vanillepaste in einem kleinen Topf unter ständigem Rühren einmal aufkochen, mit dem Schneebesen glatt rühren und bei stark reduzierter Hitze 5–7 Minuten köcheln und eindicken lassen, bis der Zucker karamellisiert ist. Von der Herdplatte nehmen, fünf Sechstel der gerösteten Mandelblättchen und die zusätzliche Sojamilch unterrühren, dann in einer Schale 15–20 Minuten abkühlen lassen. Falls die Masse sehr klebrig ist, noch etwas Sojamilch dazugeben.
6 Die gefrorene Torte aus dem Gefrierfach nehmen, mit wenig Kokosmehl oder Erdmandelmehl bestreuen (damit das Topping nicht an der Füllung klebt), das Topping darauf verstreichen, die restliche Nussmischung und die restlichen Mandelblättchen darauf verteilen. Nochmals mindestens 2 Stunden gefrieren, bis das Topping leicht fest wird.
7 Die Torte 20–30 Minuten vor dem Servieren herausnehmen. Mit einem mit heißem Wasser abgespülten scharfen Messer in Stücke schneiden, mit Lavendel und/oder Zitronenthymian garnieren und genießen.

Tipps
- *Die Torte hält sich im Tiefkühlfach bis zu 2 Wochen. Nach dem Abschneiden der gewünschten Anzahl Stücke sofort wieder in den Tiefkühler geben.*
- *Statt einer großen kleine Törtchen in Schalen oder in Muffinformen machen. Diese mit wenig Kokosöl einfetten und mit etwas Erdmandelmehl ausstäuben, damit die Törtchen nicht festkleben.*
- *Für die *vegane Variante für die Füllung 110–120 ml (7–8 EL) Ahornsirup oder Vollreissirup anstelle des Honigs verwenden.*

Neben der bekannten Bündner Nusstorte, einer flachen gedeckten Torte aus Mürbeteig mit üppiger Füllung von karamelliserten Baumnüssen, gibt es in meinem heimatlichen Engadin eine weitere Spezialität: die Engadiner Torte. Diese besteht aus mehreren Schichten Teig und Nüssen, dazwischen eine Mandelcremefüllung und obendrauf eine Florentiner-Schicht (aus Butter, Zucker, Honig, Nüssen und Rahm). Eine wahre Kalorienbombe, aber sagenhaft lecker! Ich habe mich für dieses Rezept von beiden Tortenvarianten inspirieren lassen und eine genauso leckere, karamellige, nussige, cremige und knusprige Torte gemacht, doch ganz ohne Butter, Zucker, Mehl, Eier und Rahm. Und ich garantiere, dass man mit jeder Gabel davon weiter in den süßen, aber komplett sündenfreien Desserthimmel aufsteigt! Augen zu, Torte genießen, und schon sitzt man im Engadin, im achten Wolkenhimmel, und dem Gaumen entsteigt über alle Berge ein wohliges »Mmmhhhh«.

Stazersee, Engadin

ZUHAUSE IST UND BLEIBT ES AM ALLERSCHÖNSTEN

Daher werden die Koffer jetzt erst mal für eine Weile ausgepackt.

Da, wo meine Reise ursprünglich begonnen hat, wo meine Wurzeln liegen, wo ich schon seit ich zehn Jahre alt bin, ausprobiert und neue Rezepte ausgetüftelt habe, mich in der Küche eingeschlossen habe und niemand reinkommen durfte, wo ich Vier-Gänge-Menüs für meine Familie gekocht habe – Kerzen, handgeschriebenes Menü und passende Musik inklusive –, da bin ich wieder angekommen. Wenn man für eine Weile von zu Hause weg war, merkt und schätzt man erst recht wieder, wie schön es dort ist. Noch nie habe ich das Gefühl der Verwurzelung in meiner Heimat so stark gespürt.

Mit dem Blick über das heimatliche Tal ließ ich meine Reise nochmals Revue passieren. Was für eine tolle, spannende, eindrückliche Zeit! Von Brasilien, Peru, Guatemala und Puerto Rico weiter nach Indien, Israel und Marokko, ins ferne Japan, Vietnam, Kambodscha und Thailand. Ich habe viel erleben dürfen, jedes Land hat mich mit seiner Kultur, seiner Kulinarik und seinen Landschaften auf ganz eigene Art begeistert. Und so viele Menschen haben diese Reise einzigartig gemacht. Allein schon die Möglichkeit, überhaupt auf Reisen gehen zu können, ist ein großes Privileg. Reisen kostet zwar viel, macht einen aber zugleich um ein Vielfaches reicher – reich an Erfahrungen, Erlebnissen, Eindrücken und vielem mehr.

Ich hoffe, ihr habt die Reise durch die verschiedenen Länder und Kulturen genauso genossen wie ich, konntet in die verschiedenen Welten abtauchen, an meinen Erfahrungen teilhaben und die vielfältigen Geschmacksnoten, Farben und Aromen aus dem Buch regelrecht herausschmecken. Ich hoffe auch, dass die Rezepte nicht nur Gaumenfreuden bereiten, sondern auch die Kreativität anspornen und dazu motivieren, sich selbst mehr an den Herd zu stellen, sich an eigene Kreationen zu wagen und Freunde wie Familie damit zu begeistern. Denn darum geht es schlussendlich: Essen soll Freude bereiten, Menschen zusammen an einen Tisch bringen und ein Lächeln auf die Gesichter zaubern. Denn, wie ich immer sage: An Wichtigsten ist mir, den Menschen das weiterzugeben, was mir selbst Freude bereitet, was mich zum Strahlen bringt und wodurch ich mich gut fühle. Wenn es euch genauso ergeht und ich euch mit diesem Buch eine Freude bereiten konnte, macht mich das zum glücklichsten Menschen überhaupt.

Und ihr alle dürft schon jetzt gespannt sein auf das nächste Buch, denn die Reise geht weiter. Wohin? Das weiß ich selbst noch nicht genau, ich lasse mich von meiner Intuition führen. Bis dahin gilt: Die Rezepte dieses Buches ausprobieren und einfach nur genießen!

Und immer daran denken: »Eat Better Not Less!«

Eure Nadia

DANKE, THANK YOU, GRACIAS, MERCI, GRAZIE, GRAZCHA FICH

Und Danke in allen anderen Sprachen dieser Welt!

Mama, Papa und Fabia Das allergrößte und erste Dankeschön geht an meine Familie. Ihr seid mein Halt, meine besten und ehrlichsten Berater und einfach immer für mich da. Ich kann euch nicht genug danken für all das, was ihr je für mich gemacht habt und macht, eure tägliche Unterstützung, Ermutigung, Motivation und einfach dafür, dass ihr so seid, wie ihr seid. Ich bin stolz darauf, eine so tolle Familie zu haben, und liebe euch drei Goldschätze über alles (einschließlich Pipo, unsere obercoole Katze).

Den Fotografen oder besser gesagt den Freunden, die mit mir gereist sind und so viel Einsatz, Geduld und Verständnis gezeigt haben. Dass wir alle aus dem Engadin stammen, macht dieses Buch auch zu einem kleinen Engadiner Werk. Danke an:

Gian Giovanoli, der mich durch Brasilien, Peru, Guatemala, Puerto Rico, Indien und Israel begleitet hat. Von Architektur über Fashion und Food bis hin zu deiner größten Passion, der Landschafts- und Porträtfotografie, sei es in den Bergen vor deiner Haustür oder in fernen Ländern und fremden Kulturen, dein Portfolio ist beeindruckend. Ich schätze es sehr, dass du dir Zeit für diese Reise genommen hast, und ich bin beim Durchgehen der Fotos immer wieder aufs Neue begeistert, wie du vor allem in deinen Porträtbildern zugleich auch die Geschichten einfangen kannst, die sich in den Gesichtern, den Augen der Menschen spiegeln. Deine Bilder fesseln und berühren – grazcha fichun per tuot! *(Gians persönliche Projekte sind in seiner Galerie in Pontresina zu sehen: giangiovanoli.com.)*

Samira Meier, die mich durch Marokko und zurück in meine Heimat, das Engadin, begleitet hat. Ob für mein erstes Kochbuch oder für dieses, ohne dich wäre »Eat Better Not Less« (zumindest in bildlicher Form) nicht das, was es heute ist. Ein riesiges Dankeschön für deinen Aufwand, für die Sessions in eisiger Kälte am Morgen früh in den Bergen, für die Mithilfe am Cover und überhaupt für deine Unterstützung! Es macht immer extrem viel Spaß, mit dir zu fotografieren, und man fühlt sich pudelwohl vor der Kamera. Du schaffst es, Emotionen und Stimmungen so echt und authentisch (wie du selbst es eben auch bist) einzufangen. Und genau das bringt immer dieses gewisse magische Etwas in deine Bilder, das ich einfach liebe. »Sam, du bisch und blibsch eifach ›Sam the Man‹!«

Tanja Wüthrich, die mich durch Japan, Vietnam, Kambodscha und Thailand begleitet hat. Eine meiner langjährigsten und besten Freundinnen überhaupt. In jungen Jahren haben wir gemeinsam die Leidenschaft für die Fotografie entdeckt und diese in unseren »Möchtegern-Model-Shootings« ausleben dürfen. (Und wie wir das genossen haben!) Ich hätte mir niemand Besseren vorstellen können, um mich durch Asien zu begleiten, nicht nur als Fotografin, sondern auch als gute Freundin und Unterstützung. Du kennst mich in- und auswendig und weißt genau, wie du die echte Nadia auf den Fotos einfangen kannst. »Tänibanäni-Salämi«, danke tausendmal und auf weitere dreihundert Jahre Freundschaft! »Bisch eifach en Riise-Schatz!«

Carmen Imhansly, die das Cover geschossen hat, mit dem ich glücklicher nicht sein könnte. Genau so spontan, wie du bist, ist dieses Cover entstanden. Und mit genau dieser Spontanität, Lebensfreude und Freude an der Fotografie, die du in dir hast, schaffst du es, die Person vor deiner Linse genau so einzufangen, wie sie tatsächlich ist. Ich hoffe, du kannst damit noch viele weitere Menschen begeistern, und bedanke mich mit einem lebenslangen Frei-Ticket für frisch gekochtes Essen in meiner Küche! *(Mehr über Carmens Arbeit: ehfar-emotions.com/de/)*

Meinen Engadiner Chicas, Brudis, Ladies in Zürich, meiner Indian und Canadian Sister (you know who you are!) und all meinen Freunden und Verwandten. Eure Unterstützung ist viel mehr wert, als es euch wahrscheinlich bewusst ist. Ob ihr meine Rezepte probiert habt, mit Fotos und Nachrichten bombardiert wurdet – »Welches ist besser, das oder das?« – und mir immer wertvolles Feedback gegeben habt, oder ob ihr mich auch mal für ein paar Stunden aus meiner Küche entführt habt, damit ich mal abschalten kann. Danke, dass ich immer auf euch zählen und euch um Rat fragen kann und ihr auch einfach nur für mich da seid. Dass ihr die Besten seid, das weiß ich. Danke und eine dicke Umarmung (natürlich auf die »Nadia-Spinner-Art-und-Weise« – genau so, wie ihr sie kennt)!

Meinem Manager Kevin, dem ich unendlich dankbar bin für seine Unterstützung während der letzten Monate, ohne die ich ziemlich aufgeschmissen gewesen wäre. Ich könnte mir keinen besseren Manager vorstellen, der so viel Einsatz zeigt und egal ob Tag oder Nacht für Feedback erreichbar ist. Dass du in bildlichen und grafischen Belangen genau weißt, was mein Stil ist (und das ist nicht einfach!), und es zusätzlich auch umsetzen kannst und dass du mich nicht nur unterstützt, sondern auch weiterbringst, dafür ein »Big, big thank you, Kevin!« (Weisch, was i meine?!)

Dem AT Verlag. Die Zusammenarbeit mit euch war einfach genial! Ihr wart alle trotz extremem Zeitdruck so verständnisvoll und geduldig mit meinem Perfektionismus und einfach eine super Unterstützung. Vielen Dank, dass ich das Buch mit euch so realisieren durfte. Es war von A bis Z wirklich eine Freude! Ich hoffe natürlich auf viele weitere gemeinsame Bücher – let's fetz!

An FRANKE, dass ich die Möglichkeit hatte, mich in einer solch tollen (und großen!) Küche einzunisten, um dieses Buch zu schreiben, zu gestalten, zu kochen und zu fotografieren. Ein Buch mit Rezepten, die ausschließlich mit Franke-Geräten gekocht, gegart, gedünstet, gebrodelt, gegrillt und gebacken wurden, die das Kochen für mich so zu einem noch größeren Genuss machten, als es ohnehin schon ist. Danke vielmals an das ganze Team!

Dem Team von Cucina r54, dass »meine Küche« so überhaupt zustande gekommen ist. Dass ihr mich unterstützt habt und immer bereit wart, noch eines und noch eines meiner Rezepte zu probieren. Es war toll, dass ihr immer da wart, vielen Dank für alles!

Dem Team von Novissa danke für die tolle und offene Zusammenarbeit von Anfang an! Und natürlich für die genauso tollen und schönen Küchenmaschinen, mit denen ich zufriedener nicht sein könnte. Auf das, was kommt – ich kann es kaum erwarten!

KhWurtz in Dänemark für das handgefertigte Keramikgeschirr, das ich in diesem Buch verwendet habe. Als ich die Teller, Schalen, Schüsseln und Tassen zum ersten Mal in den Händen hielt, habe ich mich gefreut wie ein kleines Kind, das gerade Weihnachten, Ostern und Geburtstag zusammen hat. Danke, ich bin und bleibe ein Fan! *(Mehr dazu auf khwurtz.dk)*

Globetrotter für die Unterstützung beim Planen und Organisieren der Südamerikareise. Vielen lieben Dank!

An das Team von SWISS für die Flüge nach Asien und Marokko und das einmalige Erlebnis auf der Hinreise nach Japan mit extra Champagner und so weiter. Es war toll, vielen lieben Dank!

All den Menschen, die ich auf den Reisen getroffen haben, die ihre Geschichte mit mir geteilt haben, mit denen ich gemeinsam kochen durfte und die mir neue Einblicke in die Kultur und Kulinarik ermöglichten. Rolf Müller und Charly für euren Beitrag zu meiner Japanreise, Hannes Schmid für das, was ich in Kambodscha sehen und erleben durfte – alles einfach unbezahlbar!

Und nicht zuletzt ein riesiges Dankeschön an euch alle da draußen. Jeder, der dieses oder mein erstes Buch gekauft hat, der mir auf Social Media folgt, sei es erst seit Kurzem oder schon über mehrere Jahre hinweg, der seinen Freunden und Freundinnen davon erzählt. Jeder Einzelne von euch ist der Grund dafür, dass ich meiner Leidenschaft folgen darf und das machen kann, was mir so viel Freude bereitet. Ich hoffe, euch mit diesem Buch genauso viel zurückgeben zu können, hoffe, ihr habt Freude daran und natürlich, dass ihr noch lange Teil meines Weges seid. Denn ohne euch kein »Eat Better Not Less«. Danke, Danke, Danke!

Ich habe bis zur letzten Faser alles in dieses Buch gesteckt, doch ohne all diese Menschen wäre das nie möglich gewesen. Es ist nicht immer einfach und vor allem nicht selbstverständlich, die richtigen Leute an seiner Seite zu haben, die einem helfen, etwas so umzusetzen, wie man es im Kopf hat (vor allem bei meinem sturen Kopf!). Doch ich darf mich mehr als glücklich schätzen und bin unendlich dankbar dafür. Allein kommt man zwar weit, doch gemeinsam noch viel weiter!

Eine dicke Umarmung in die ganze Welt hinaus und ein großes »Cheers« auf das, was kommt – die Reise ist noch lange nicht zu Ende!

Nadia

ALLE REZEPTE

auf einen Blick

Frühstück

Für einen energiegeladenen Start in den Tag

Früchte und Bowls

Açaí na Tigela, die brasilianische Wunderbeere als unwiderstehliche Frühstücks-Bowl, Seite 28
Papaya-Früchteboote mit Limetten-Kokosjoghurt und Samba on top, Seite 32
The Green Glow Bowl mit Matcha-Vanille-Bananeneis und Buchweizen-Knusper-Granola, Seite 213
Jackfruit-Smoothie-Eis-Bowls mit gebackenen Baby-Bananen im Kokos-Sesam-Mantel, Seite 252
Drachenfrucht-Smoothie-Bowls mit knusprigem Hafer-Macadamia-Kokos-Granola, Seite 257
Tapioka-Crêpes nach Lust und Laune, Seite 35
Yuca-Knusper-Pommes mit Green-Glow-Sofrito und Kokos-Mandel-Dip, Seite 98
Karotten-Gewürz-Cake mit Mandel-Cashew-Ingwer-Creme, Seite 122
Zweierlei knusprige Fuji-Apfelchips mit cremiger, wärmender Buchweizenmilch, Seite 202

Porridges, Granolas, Pancakes

Rainbow-Knusper-Quinoa-Granola mit cremiger Nussmilch und warmen Kirschen, Seite 55
Quinoa-Maca-Porridge mit erfrischender Blaubeer-Randen-Creme und Minze, Seite 58
Kakao-Knusper-Granola mit unwiderstehlicher Haselnussmilch, Seite 94
Cremiges Vollreis-Pongal mit Kardamom, Brombeeren und Gewürz-Crumble, Seite 119
Unwiderstehliche Cashew-Mohn-Ovencakes mit Sommerschleier oder Winterschnee, Seite 152
10-Minuten-Müesli mit Gewürzkarotten, Himbeeren und Zitronenmelisse, Seite 182
Tahini-Hirse-Porridge mit Granatapfel-Himbeer-Chia-Marmelade, Seite 157
Frühstücks-Couscous mit Apfel-Tahini-Zimt-Creme, Feigen, Blaubeeren und schwarzem Tahini, Seite 177
Cremiges Black-Rice-Porridge mit heißen Blaubeeren und gerösteten Kokoschips, Seite 276
Herbstliches Kastanien-Gersten-Porridge auf warmen Waldbeeren mit Kastanienknusper, Seite 300

Salziger Start in den Tag

Gebackene Süßkartoffeln zum Frühstück mit allerlei Toppings, Seite 50
Maisgrieß-Tostadas mit Black-Bean-Püree, gebratenen Zucchini und Äpfeln, Avocado und Nüsslisalat, Seite 74
Frühstücks-Burritos, gefüllt mit Lebensfreude und erfrischender Zitronengrassauce, Seite 101
Ein typisch marokkanisches Frühstück, Seite 181

Snacks für zwischendurch

Wenn es schnell gehen muss und für den kleinen Hunger

Shakes, Drinks und Milch

Eiskalte Chai-Nussmilch-Gewürz-Latte, Seite 132
Erfrischende Shakes: Minze-Vanille-Banane und Orangen-Zimt-Banane, Seite 174
Zweierlei knusprige Fuji-Apfelchips mit cremiger, wärmender Buchweizenmilch, Seite 202

Aus der Hand

Tapioka-Crêpes nach Lust und Laune, Seite 35
Yuca-Knusper-Pommes mit Green-Glow-Sofrito und Kokos-Mandel-Dip, Seite 98
Karotten-Gewürz-Cake mit Mandel-Cashew-Ingwer-Creme, Seite 122
Zweierlei knusprige Fuji-Apfelchips mit cremiger, wärmender Buchweizenmilch, Seite 202

Mittag- und Abendessen

Gerichte für den kleinen und den großen Hunger, die mehr als glücklich machen

Vorspeisen und leichte Gerichte

Feijoada-Traum mit dem besten Paranuss-Farofa überhaupt, Seite 38
Farbenfroher Powersalat, der einen auf Höchstleistungen bringt, Seite 84
Platano-Tacos mit Pink-Berry-Sauce, gebackenen Auberginen, Avocado und Pistazien-Crunch, Seite 105
Papadams mit Kürbis-Mango-Kokos-Dal und Minze-Koriander-Chutney, Seite 131
Süßkartoffel-Falafel mit rassigem Aprikosen-Chutney und Randen-Hummus, Seite 163
Gebackene Auberginen mit karamellisiertem Kürbis, Apfelstreifen, Himbeeren und Dunukkah, Seite 188
Okonomiyaki-Pancakes mit Randen-Rotkohl-Salat und Sesam-Soja-Dip, Seite 218
Schlangenbohnen-Kokos-Salat mit Knoblauch-Tofu und Curry-Kokos-Sauce, Seite 260
Knackiger Green-Mango-Birnen-Kohlrabi-Salat mit Lachs-Salad-Wraps, Seite 267
Frischer Pomelosalat mit knusprig gerösteten Cashews und unwiderstehlicher Sauce, Seite 286

Für den großen Hunger

Masala Dosa mit zweierlei-Chutneys und Fancy-Masala-Füllung, Seite 124
Okra-Tomaten-Bhindi-Masala mit erfrischender Raita und Vollkorn-Chapatis, Seite 136
Blumenkohl-Linsen-Aloo-Gobi mit Gurken-Apfel-Raita und Pfannen-Rotis, Seite 141
Pflaumen-Zimt-Mandel-Tajine mit zitrusfrischer Gerste und Avocado, Seite 186
Luftiger Couscous mit Sahara-Sauce, Haselnuss-Crunch, Ofenblumenkohl und Granatapfel, Seite 194
Mori-Soba mit Sesam-Ingwer-Miso-Dipsauce, Edamame und gebratenen Pilzen, Seite 209
Banh xeo – knusprige gefüllte Kokos-Reis-Crêpes mit Nuoc Cham und frischen Kräutern, Seite 234
Fisch-Amok – das kambodschanische Nationalgericht auf meine Art, Seite 263
Zitronengras-Ingwer-Curry mit Kokos-Tofu, schwarzem Reis, Wasserspinat und Brokkoli, Seite 280
Karotten-Nudel-Erdnuss-Pad-Thai, Seite 285
Kräuterrösti nach Großmutters Art mit frischem Blattsalat an Mamas bester Salatsauce, Seite 305

Gemeinsam genießen

Weiße Maistortillas mit Blumenkohl in Mandelkruste, Sellerie-Limetten-Avocado-Salat und Koriander-Mais-Pesto, Seite 78
Salat-Tortillas mit herzhaften Patties, Randen-Mango-Chutney und gebratenen Sesampilzen, Seite 83
Goi cuon – vietnamesische Sommerrollen mit erfrischendem Zitronen-Minze-Cashew-Dip, Seite 236
Harissa-Kichererbsen-Traum auf Sesam-Knusperboden mit frischem Gewürzjoghurt, Seite 196
Halong-Bay-Rollen mit gebratenem Tempeh, knackigem Gemüse und Erdnuss-Kokos-Sauce, Seite 242

Burger, Pizza, Brote

Avocado-Cashew-Limetten-Pizzas mit gebackenen Auberginen und Dunukkah, Seite 158
Offene Blumenkohl-Zatar-Schawarmas mit Zitronen-Joghurt-Sauce und frischen Feigen, Seite 165
Zweierlei Sesam-Burger mit Tahini-Limetten-mariniertem Federkohl, Avocado und Pastinakenchips, Seite 167
Banh-mi-Toasts mit gebackenem Tofu, frischem Gemüse und rassiger Erdnuss-Zitronengras-Sauce, Seite 228

Aus dem Meer

Lachsfilet auf Sellerie-Kartoffel-Pastinaken-Püree mit Passionsfrucht-Mango-Sauce und Nuss-Crunch, Seite 62
Erfrischender Hirsesalat mit Aprikosen-Süßkartoffel-Karotten-Püree und gebratenen Jakobsmuscheln, Seite 69
Ceviche mit Süßkartoffelnestern und Mais-Mango-Koriander-Püree, Seite 66
Blumenkohl-Sesam-Makirollen oder Sushi-Bowl mit mariniertem Thunfisch, Avocado und Mango, Seite 206

Zum Auslöffeln

Avocado-Erbsen-Süppchen mit Gemüsechips, Ofenblumenkohl und Cashew-Tofu, Seite 40
Vegetarische Pho-Nudelsuppe mit extra viel Gemüse, Seite 231
Meine Lieblings-Tom-Yum-Suppe in vier Varianten, Seite 291

DESSERTS

Süße Gelüste, die komplett sündenfrei sind

Cakes, Cookies, Torten

Eiskalter Blaubeer-Zimt-Cheesecake mit Kardamom-Nuss-Crunch, Seite 145
Bombastischer roher Erdbeer-Tofu-Cashew-Cheesecake mit Erdnusskaramell, Seite 222
Engadiner Torte mit Walnussboden, Mandelcremefüllung und Florentiner-Topping, Seite 306

Unwiderstehlich Cremig und fruchtig

Knusprige Platano-Chips auf erfrischendem Piñita-Colada-Süppchen, Seite 106
Cookie Dough Shake mit den besten Kakaonib-Pekan-Cookies, Seite 112
Mango Sticky Rice – das heißgeliebte Thai-Dessert auf meine Art, Seite 294
Cashew-Zimt-Vanille-Creme auf warmen Himbeeren mit Kampotpfeffer, Seite 270

Eiscreme und kleine Versuchungen

Beijinhos de coco und Brigadeiros, Seite 44
Bananeneis mit Pekan-Haselnuss-Crunch auf Espresso-Shot, Seite 90
Kokoseis-am-Stiel mit hauchdünnem Schokoladenmantel und Knuspertopping, Seite 247

REGISTER

nach Hauptzutaten

Açaí-Beeren/-Püree
Frühstücks-Bowl 28
Feijoada 38
Amarant
Blaubeer-Zimt-Cheesecake 145
Kakao-Knusper-Granola 94
Ananas, Piñita-Colada-Süppchen 106
Apfel
Apfelchips 202
Apfel-Tahini-Zimt-Creme 177
Aprikosen-Chutney 163
Blumenkohlreis 206
Gebackene Auberginen mit Apfelstreifen 188
Gebratene Äpfel auf Maisgrieß-Tostadas 74
Green-Glow-Sofrito 98
Gurken-Apfel-Raita 141
Karotten-Gewürz-Cake 122
Okonomiyaki-Pancakes 218
Rösti 305
Aprikosen
Aprikosen-Chutney 163
Aprikosen-Süßkartoffel-Karotten-Püree 69
Sahara-Sauce 194
Auberginen
Avocado-Cashew-Limetten-Pizza 158
Gebackene Auberginen 105, 158, 188
Pflaumen-Zimt-Mandel-Tajine 186
Avocado
Avocado-Erbsen-Süppchen 40
Avocado-Limetten-Koriander-Topping 50
Avocadopüree 74, 158, 167
Garnitur 74, 84, 105, 158, 167, 186, 206
Halong-Bay-Rollen 242
Sellerie-Limetten-Avocado-Salat 78
Sommerrollen 236
Tapioka-Crêpes 35
Banane
Açai-Frühstücks-Bowl 28
Bananeneis 90, 212
Bananen-Topping 152
Buchweizen-Granola 212
Cashew-Mohn-Ovencakes 152
Cookie Dough Shake 112
Drachenfrucht-Smoothie-Bowl 257
Garnitur 28, 32, 157, 257
Gebackene Baby-Bananen 252
Kakaonib-Pekan-Cookies 112
Shakes 174
Smoothie-Eis-Bowls 252
Tapioka-Crêpes 35
Blaubeeren
Açai-Frühstücks-Bowl 28
Blaubeer-Granola-Mandelmus-Topping 50
Blaubeer-Randen-Creme 58
Blaubeer-Zimt-Cheesecake 145
Feijoada (schwarze Bohnen) 38
Frühstücks-Couscous 177
Pink-Berry-Sauce 105
Porridge mit heißen Blaubeeren 276
The Green Glow Bowl 212
Blumenkohl
Blumenkohl in Mandelkruste 78
Blumenkohl-Linsen-Aloo-Gobi 141
Blumenkohl-Sesam-Makirollen 206
Blumenkohl-Zatar-Schawarmas 165
Ofenblumenkohl 40, 194
Pho-Nudelsuppe 231
Bohnen, grüne
Schlangenbohnen-Kokos-Salat 260
Bohnen, schwarze, Kidney- usw.
Black-Bean-Püree 74
Burger 83
Burritos mit Tofu, Bohnen und Mais 101
Feijoada (Bohnen-Eintopf) 38
Powersalat 84
Bohnensprossen
Gefüllte Reiscrêpes 234
Karotten-Nudel-Erdnuss-Pad-Thai 285
Pho-Nudelsuppe 231
Schlangenbohnen-Kokos-Salat 260
Brokkoli
Pho-Nudelsuppe 231
Zitronengras-Ingwer-Curry 280
Buchweizen
Açai-Frühstücks-Bowl 28
Buchweizen-Knusper-Granola 212
Cashew-Creme 222
Erdbeer-Tofu-Cashew-Cheesecake 222
Wärmende Buchweizenmilch 202
Burger 83, 167
Cashews
Blaubeer-Zimt-Cheesecake 145
Cashew-Mohn-Ovencakes 152
Cashewmus (Grundrezept) 20
Cashewsauce 158
Cashew-Tofu 40
Cashew-Zimt-Vanille-Creme 270
Crunch/Crumble 62, 119
Engadiner Torte 306
Erdbeer-Tofu-Cashew-Cheesecake 222
Geröstete Cashews 286
Granola 28
Karotten-Gewürz-Cake 122
Kokoseis 247
Mandel-Cashew-Ingwer-Creme 122
Zitronen-Minze-Cashew-Dip 236
Ceviche 66
Chai-Nussmilch-Gewürz-Latte 132
Chapatis, Vollkorn- 136
Cheesecake
Blaubeer-Zimt-Cheesecake 145
Erdbeer-Tofu-Cashew-Cheesecake 222
Chips
Apfel- 202
Gemüse- 40
Pastinaken- 167
Platano- 106
Chutney
Aprikosen- 163
Kokos-Koriander- 124
Minze-Koriander- 131
Pfirsich-Weinbeeren- 124
Randen-Mango- 83
Cookies, Kakaonib-Pekan- 112
Couscous
Frühstücks-Couscous 177
Couscous mit Sahara-Sauce 194

Crêpes/Pfannkuchen/Pancakes
Cashew-Mohn-Ovencakes 152
Dosas 124
Kokos-Reis-Crêpes 234
Okonomiyaki-Pancakes 218
Pfannen-Rotis 138
Tapioka-Crêpes 35
Vollkornfladen 158
Crumble, Gewürz- 119
Crunch, Nuss- 21, 38, 62, 90, 105, 119, 145, 194, 252, 300
Dunukkah 18
Edamame mit Sobanudeln und gebratenen Pilzen 209
Eis
Bananeneis 90
Eiskuchen, Blaubeer-Zimt-Cheesecake 145
Eiskuchen, Erdbeer-Tofu-Cashew-Cheesecake 222
Eistorte, Engadiner 306
Jackfruit-Smoothie-Eis-Bowls 252
Kokoseis-am-Stiel 247
Matcha-Vanille-Bananeneis 212
Erdmandeln
Cookie Dough Shake 112
Falafel 163
Pekan-Cookies 112
Sesam-Burger 167
Erdnuss
Erdnusskaramell 222
Erdnuss-Kokos-Sauce 242
Erdnussmus (Grundrezept) 20
Erdnusssauce 286
Erdnuss-Zitronengras-Sauce 228
Karotten-Nudel-Erdnuss-Pad-Thai 285
Espresso-Shot 90
Falafel, Süßkartoffel- 163
Federkohl
Powersalat 84
Tahini-Limetten-marinierter Federkohl 167
Fladenbrote
Pfannen-Rotis 138
Vollkornfladen 158
Garnelen
Tom-Yum-Suppe 291
Gerste
Kastanien-Gersten-Porridge 300
Zitrusfrische Gerste 186
Gewürz-Crumble 119
Granatapfel
Granatapfel-Himbeer-Chia-Marmelade 157
Luftiger Couscous 194
Powersalat 84
Granola
Blaubeer-Granola-Mandelmus-Topping 50
Buchweizen-Knusper-Granola 212
Hafer-Macadamia-Kokos-Granola 257
Kakao-Knusper-Granola 94
Knusper-Quinoa-Granola 55
Nuss-Kerne-Granola 28
Gurke
Banh-mi-Toasts mit Tofu und frischem Gemüse 228
Green-Mango-Birnen-Kohlrabi-Salat 267
Gurken-Apfel-Raita 141
Gurken-Minze-Koriander-Raita 136
Halong-Bay-Rollen 242
Vietnamesische Sommerrollen 236
Hanfsamen
Dunukkah 18
Quinoa-Maca-Porridge 58
Haselnüsse
5-Minuten-Snickers 21
Dunukkah 18
Frühstücks-Couscous 177
Haselnussmilch 94
Kakao-Knusper-Granola 94
Nuss-Crunch 21, 62, 90, 145, 194, 300
Heidelbeeren (siehe auch Blaubeeren)
Kastanien-Gersten-Porridge/-Birchermüesli 300
Hirse
Hirsesalat 69
Knusper-Quinoa-Granola 55
Tahini-Hirse-Porridge 157
Hummus, Randen- 163
Ingwer
Apfelchips mit Ingwer 202
Mandel-Cashew-Ingwer-Creme 122
Nuoc-Cham-Sauce 234
Okonomiyaki-Pancakes 218
Pho-Nudelsuppe 231
Ramen-Suppe 214
Sahara-Sauce 194
Sesam-Ingwer-Miso-Dipsauce 209
Sesam-Soja-Dip 218
Zitronengras-Ingwer-Curry 280
Jakobsmuscheln, gebraten 69
Joghurtsaucen/-dips usw.
Gewürzjoghurt 196
Gurken-Apfel-Raita 141
Gurken-Minze-Koriander-Raita 136
Joghurt-Topping 152
Limetten-Kokosjoghurt 32
Piñita-Colada-Süppchen 106
Zitronen-Joghurt-Sauce 165
Kaffirlimettenblätter
Erdnuss-Zitronengras-Sauce 228
Pho-Nudelsuppe 231
Pomelosalat 286
Schlangenbohnen-Kokos-Salat 260
Tom-Yum-Suppe 291
Kakao/Kakaonibs
2-Minuten-Nutella 21
5-Minuten-Snickers 21
Brigadeiros 45
Cookie Dough Shake 112
Kakao-Knusper-Granola 94
Kakaonib-Pekan-Cookies 112
Schokoladenüberzug, Eis-am-Stiel 247
Karotte
Aprikosen-Süßkartoffel-Karotten-Püree 69
Banh-mi-Toasts mit Tofu und Gemüse 228
Blumenkohl-Linsen-Aloo-Gobi 141
Gefüllte Reiscrêpes 234
Gewürzkarotten 182
Karotten-Gewürz-Cake 122
Karotten-Nudel-Erdnuss-Pad-Thai 285
Karotten-Orangen-Mandel-Salat 181
Okonomiyaki-Pancakes 218
Sesam-Burger 167
Vietnamesische Sommerrollen 236
Kartoffel
Blumenkohl-Linsen-Aloo-Gobi 141
Sellerie-Kartoffel-Pastinaken-Püree 62
Rösti 305
Kastanien
Kastanien-Gersten-Porridge 300
Kastanienknusper 300
Kichererbsen
Harissa-Kichererbsen 196
Randen-Hummus 163
Kichererbsenmehl
Dosas 124
Karotten-Gewürz-Cake 122
Kokos-Reis-Crêpes 234
Maisgrieß-Tostadas 74
Platano-Tacos 105
Sesam-Burger 167
Sesam-Knusperboden 196
Kidneybohnen, Powersalat 84
Kochbananen
Platano-Chips 106
Platano-Tacos 105
Kokos (-fleisch, -flocken, -joghurt)
Beijinhos de coco (Kokosküsse) 45
Joghurt-Topping 152
Kokoseis 247

Kokos-Koriander-Chutney 124
Kokos-Mandel-Dip 98
Kokos-Reis-Crêpes 234
Kokos-Tofu 280
Limetten-Kokosjoghurt 32
Piñita-Colada-Süppchen 106
Koriander, frisch
Aloo Gobi 141
Banh-mi-Toasts mit Gemüse 228
Gefüllte Reiscrêpes 234
Avocado-Limetten-Koriander-Topping 50
Burritos mit Tofu, Bohnen und Mais 101
Gewürzmischung 83
Green-Glow-Sofrito 98
Gurken-Minze-Koriander-Raita 136
Halong-Bay-Rollen 242
Karotten-Nudel-Erdnuss-Pad-Thai 285
Kokos-Koriander-Chutney 124
Koriander-Mais-Pesto 78
Lachs-Salad-Wraps 267
Linsenfüllung für Dosas 124
Mais-Mango-Koriander-Püree 66
Minze-Koriander-Chutney 131
Okra-Tomaten-Bhindi-Masala 136
Pho-Nudelsuppe 231
Pomelosalat 286
Powersalat 84
Tom-Yum-Suppe 291
Vietnamesische Sommerrollen 236
Zitrusfrische Gerste 186
Kürbis
Fischcurry (Amok) 263
Karamellisierter Kürbis 188
Kürbis-Mango-Kokos-Dal 131
Okra-Tomaten-Bhindi-Masala 136
Pflaumen-Zimt-Mandel-Tajine 186
Kürbiskerne
Buchweizen-Knusper-Granola 212
Samen-Cracker 18
Lachs
Lachsfilet auf Sellerie-Kartoffel-Pastinaken-Püree 62
Lachs-Salad-Wraps 267
Leinsamen
als Ei-Ersatz 12, 83, 105, 122, 167, 218
Samen-Cracker 18
Limetten
Avocado-Cashew-Limetten-Pizzas 158
Avocado-Erbsen-Süppchen 40
Dunukkah 18
Ceviche 66
Limetten-Kokosjoghurt 32
Sellerie-Limetten-Avocado-Salat 78
Süßkartoffeln mit Toppings 50
Tahini-Limetten-marinierter Federkohl 167
Linsen
Blumenkohl-Linsen-Aloo-Gobi 141
Kürbis-Mango-Kokos-Dal 131
Masala Dosa mit Linsenfüllung 124
Maca
Quinoa-Maca-Porridge 58
Macadamianüsse
Dunukkah 18
Granola 94, 257
Mais
Burritos mit Tofu, Bohnen und Mais 101
Koriander-Mais-Pesto 78
Maisgrieß-Tostadas 74
Mais-Mango-Koriander-Püree 66
Sellerie-Limetten-Avocado-Salat 78
Weiße Maistortillas 78
Mandeln
Blaubeer-Zimt-Cheesecake 145
Blumenkohl in Mandelkruste 78
Buchweizen-Knusper-Granola 212
Dunukkah 18
Engadiner Torte 306
Erdbeer-Tofu-Cashew-Cheesecake 222
Green-Glow-Sofrito 98
Hirsesalat 69
Kakao-Knusper-Granola 94
Karotten-Gewürz-Cake 122
Karotten-Orangen-Mandel-Salat 181
Kastanienknusper 300
Kokos-Mandel-Dip 98
Mandel-Cashew-Ingwer-Creme 122
Mandelmus 20, 181
Nuss-Crunch 62
Pflaumen-Zimt-Mandel-Tajine 186
Mango
Aprikosen-Chutney 163
Drachenfrucht-Smoothie-Bowls 257
Fischcurry (Amok) 263
Green-Mango-Birnen-Kohlrabi-Salat 267
Kürbis-Mango-Kokos-Dal 131
Lachs-Salad-Wraps 267
Mais-Mango-Koriander-Püree 66
Makirollen 206
Mango Sticky Rice 294
Passionsfrucht-Mango-Sauce 62
Pink-Berry-Sauce 105
Randen-Mango-Chutney 83
Mangold
Halong-Bay-Rollen 242
Pho-Nudelsuppe 231
Matcha
Matcha-Vanille-Bananeneis 212
Minze/Pfefferminze
Ceviche-Marinade 66
Gurken-Minze-Koriander-Raita 136
Gefüllte Reiscrêpes 234
Halong-Bay-Rollen 242
Minze-Koriander-Chutney 131
Minze-Vanille-Bananen-Shake 174
Pho-Nudelsuppe 231
Pomelosalat 286
Quinoa-Maca-Porridge 58
Süßkartoffeln mit Toppings 36
Tapioka-Crêpes 35
Vietnamesische Sommerrollen 236
Zitronen-Minze-Cashew-Dip 236
Mohnsamen
Cashew-Mohn-Ovencakes 152
Granola 55, 212
Nudeln
Fischcurry (Amok) mit Reisnudeln 263
Pho-Nudelsuppe 231
Ramensuppe mit Reisnudeln 214
Sobanudeln mit Edamame und Pilzen 209
Tom-Yum-Suppe 291
Vietnamesische Sommerrollen 236
Nüsse siehe Crunch sowie Erdnüsse, Haselnüsse, Mandeln usw.
Nussmus (Cashew-, Mandel-, Erdnuss-)
Grundrezept 20
2-Minuten-Nutella 21
5-Minuten-Snickers 21
Cookie Dough Shake 112
Erdnusskaramell 222
Erdnuss-Kokos-Sauce 242
Erdnuss-Zitronengras-Sauce 228
Kakaonib-Pekan-Cookies 112
Karotten-Nudel-Erdnuss-Pad-Thai 285
Kokoseis 247
Mandelmus 181
Pomelosalat, Sauce 286
Okra-Tomaten-Bhindi-Masala 136
Pancakes
Cashew-Mohn-Ovencakes 152
Okonomiyaki-Pancakes 218
Papadams 131
Papaya
Früchteboote 32
Green-Mango-Birnen-Kohlrabi-Salat 267
Paranüsse
Dunukkah 18
Farofa 38
Granola 28
Passionsfrucht
Papaya-Früchteboote 32
Passionsfrucht-Mango-Sauce 62

- Pastinaken
  - Pastinakenchips 40, 167
  - Sellerie-Kartoffel-Pastinaken-Püree 62
- Pekannüsse
  - Erdbeer-Tofu-Cashew-Cheesecake 222
  - Kakaonib-Pekan-Cookies 112
  - Knusper-Quinoa-Granola 55
  - Pekan-Haselnuss-Crunch 90
  - Pistazien-Crunch 105
  - Süß-salziger Haselnuss-Crunch 21
- Pfirsich, Chutney 124
- Pilze
  - Gebratene Sesampilze 83
  - Gefüllte Reiscrêpes 234
  - Ramen-Suppe mit Tofu und Austernpilzen 214
  - Sobanudeln mit gebratenen Pilzen 209
  - Tom-Yum-Suppe 291
- Pistazien
  - Crunch 105
  - Dunukkah 18
- Platanos siehe Kochbananen
- Pomelo, Salat 286
- Quinoa
  - Knusper-Quinoa-Granola 55
  - Quinoa-Maca-Porridge 58
- Raita
  - Gurken-Apfel-Raita 141
  - Gurken-Minze-Koriander-Raita 136
- Randen (Rote Bete)
  - Avocado-Erbsen-Süppchen 40
  - Blaubeer-Randen-Creme 58
  - Linsenfüllung für Dosas 124
  - Randen-Chips 40
  - Randen-Hummus 163
  - Randen-Mango-Chutney 83
  - Randen-Rotkohl-Salat 218
  - Sesam-Burger 167
- Reis
  - Black-Rice-Porridge 276
  - Mango Sticky Rice 294
  - Powersalat 84
  - Schwarzer Reis mit Curry 280
  - Vollreis-Pongal 119
  - Zitronengras-Ingwer-Curry mit schwarzem Reis 280
- Reismehl
  - Dosas 124
  - Kokos-Reis-Crêpes 234
  - Okonomiyaki-Pancakes 218
- Reispapierblätter, Vietnamesische Sommerrollen 236
- Rotis 138
- Schokolade
  - Brigadeiros (Schokotrüffel) 45
  - Cookie Dough Shake 112
  - Kakao-Knusper-Granola 94
  - Kakaonib-Pekan-Cookies 112
  - Kokoseis mit Schokoladenmantel 247
- Sellerie
  - Hirsesalat 69
  - Sellerie-Kartoffel-Pastinaken-Püree 62
  - Sellerie-Limetten-Avocado-Salat 78
- Sesam
  - Açai-Frühstücks-Bowl 28
  - Bananen im Kokos-Sesam-Mantel 252
  - Dunukkah 18
  - Gebratene Sesampilze 83
  - Granola 212
  - Mango Sticky Rice 294
  - Sesam-Burger 167
  - Samen-Cracker 18
  - Sesam-Ingwer-Miso-Dipsauce 209
  - Sesam-Knusperboden 196
  - Sesam-Makirollen 206
  - Sesam-Soja-Dip 218
  - Süßkartoffel-Falafel 163
- Sobanudeln (Buchweizennudeln) mit Edamame und Pilzen 209
- Sojabohnen, geröstet
  - Dunukkah 18
- Sonnenblumenkerne
  - Blumenkohl-Zatar-Schawarmas 165
  - Samen-Cracker 18
  - Granola 28, 55, 94, 212
- Süßkartoffel
  - Aprikosen-Süßkartoffel-Karotten-Püree 69
  - Gebackene Süßkartoffeln mit Toppings 50
  - Linsenfüllung für Dosas 124
  - Pflaumen-Zimt-Mandel-Tajine 186
  - Süßkartoffel-Falafel 163
  - Süßkartoffelnester 66
- Tahini
  - Apfel-Tahini-Zimt-Creme 177
  - Frühstücks-Couscous 177
  - Powersalat 84
  - Randen-Hummus 163
  - Süßkartoffel-Falafel 163
  - Süßkartoffeln mit Toppings 50
  - Tahini-Hirse-Porridge 157
  - Tahini-Limetten-marinierter Federkohl 167
  - Tapioka-Crêpes 35
  - Zitronen-Joghurt-Sauce 165
- Tapioka, Crêpes 35
- Tempeh
  - Halong-Bay-Rollen 242
  - Powersalat 84
- Thunfisch, Sushi-Bowl 206
- Toasts (Banh mi) mit Tofu und Gemüse 228
- Tofu
  - Banh-mi-Toasts mit gebackenem Tofu und Gemüse 228
  - Blaubeer-Zimt-Cheesecake 145
  - Burritos mit Tofu, Bohnen und Mais 101
  - Cashew-Tofu 40
  - Engadiner Torte 306
  - Erdbeer-Tofu-Cashew-Cheesecake 222
  - Karotten-Nudel-Erdnuss-Pad-Thai 285
  - Knoblauch-Tofu 260
  - Kokos-Tofu 280
  - Pho-Nudelsuppe 231
  - Powersalat 84
  - Ramen-Suppe mit Tofu und Austernpilzen 214
  - Vietnamesische Sommerrollen 236
- Tortillas/Tostadas 74, 77, 78
- Walnüsse
  - Burger 83
  - Dunukkah 18
  - Nuss-Crunch 62
  - Walnussmilch 55
- Wasserspinat 206, 280
- Yucawurzel, Pommes 98
- Zatar, Blumenkohl-Zatar-Schawarmas 165
- Zitronengras
  - Erdnuss-Zitronengras-Sauce 228
  - Granatapfel-Himbeer-Chia-Marmelade 157
  - Kroeung-Paste 263
  - Nuoc-Cham-Sauce 234
  - Pho-Nudelsuppe 231
  - Pomelosalat 286
  - Ramen-Suppe 214
  - Schlangenbohnen-Kokos-Salat 260
  - Tom-Yum-Suppe 291
  - Zitronengras-Ingwer-Curry 280
  - Zitronengrassauce (Burritos) 101
  - Zitronen-Minze-Cashew-Dip 236
- Zitronenmelisse
  - 10-Minuten-Müesli 182
  - Blumenkohl-Zatar-Schawarmas 165
  - Burritos mit Tofu, Bohnen und Mais 101
  - Ramen-Suppe 214
  - Zitronen-Minze-Cashew-Dip 236

NADIA DAMASO

Die einundzwanzig Jahre junge Schweizerin aus dem Herzen des Engadins lebt heute in Zürich, wo sie die Film-Schauspielschule besucht hat. Sie ist erfolgreiche Kochbuchautorin sowie Food- und Lifestyle-Bloggerin. Mit ihrem ersten Buch »Eat Better Not Less« landete sie auf Anhieb einen Bestseller mit bisher weltweit rund 60 000 verkauften Exemplaren. Dank ihrer großen Leidenschaft für das Kochen und Fotografieren schafft sie es mit viel Kreativität, die Menschen zu inspirieren und in völlig neue Geschmackswelten eintauchen zu lassen. »Eat Better Not Less« zeigt, dass man auf gesunde Weise genauso lecker, sättigend und vielseitig kochen kann und es zudem eine Menge Spaß macht. Lassen Sie sich inspirieren!

Let's stay connected
Folgt mir auf Social Media

nadiadamaso.com

@nadiadamaso_ebnl

facebook.com/eatbetternotlessnadiadamaso

nadiadamaso

info@nadiadamaso.com